MINERVA
西洋史ライブラリー
⑩⑧

近世ドイツの魔女裁判

―民衆世界と支配権力―

小林繁子著

ミネルヴァ書房

はじめに——魔女迫害と国家形成

魔術という観念は世界にあまねく存在するが、それにネガティブな意味づけを与える文化は少なくない。ヨーロッパの多くの地域では他者に害悪をもたらす魔術を施した者は、その呪いの解除、追放、果ては処刑にいたるまで様々な制裁を受けた。しかしヨーロッパ史全体を通してみれば、魔術が厳密な意味で非合法であった時代は一五世紀半ばから一八世紀末の約三五〇年間とごく限られている。一六・一七世紀という啓蒙の時代の幕開けに、キリスト教圏、とりわけ神聖ローマ帝国において組織的な大規模魔女迫害が起こったことは、世界史的にも特異なことである。(1)

ゲアハルト・ショアマンは魔女裁判を「悪魔との契約」「悪魔との性的結合」、他者に損害を与える「害悪魔術」、そして「サバト（＝魔女集会）への参加」という四つの柱で定義している。悪魔との関わりを強調することは、悪魔の手下である魔女が集団で悪事を行うという考えにつながり、ひいては共犯者の名を自白するよう強要する連鎖的裁判の根本的原因ともなった。(2)この魔女観念の基本形は一五世紀に完成した。他方で、神聖ローマ帝国において魔女迫害が最も猛威をふるったのは、カール五世刑事裁判令（カロリナ）という近代刑法の萌芽ともいえる帝国法が成立し、帝国における司法秩序が整いつつあったのと同時期であった。魔女迫害は、民衆世界に息づく伝統的な魔術的世界観の中から生じ、世俗の刑事裁判という国家的装置を用いて実現されたのである。魔女迫害への問いかけは、人類に普遍的な超自然的なるものへの向き合い方と、キリスト教、そして地域ごとに様々な様相を示す政治・司法制度との絡み合いを同時に照射するものとなる。したがって魔女迫害を問うことは、近世という時代そのものの特質を問うことにもなるのである。それゆえに、近世的支配の実態、法の実践、社会的諸関係におけるコミュニケーションのあり方が魔女迫害史研究の焦点にすえられるようになった。魔女裁判が近世に行われたことに対する一つの解釈として、近代国家形成の動きが着目されているのである。

「国家」以前にはローカルな人的結合に基づく職掌未分化の機構、例えば都市参事会が統治する都市共同体、貴族家門の支配する裁判領主制などが存在した。これらは長い伝統の中で自律的に機能し、共同体内部の秩序維持から他共同体との折衝に至るまで広範囲の役割を果たしてきた。しかし人口が増加し、社会生活の在り方が多様化・複雑化するに従い、求められる機能もより専門化していく。その中で、人的・物的資源を最も効率よく利用するために、上位のシステムである「国家」による制裁・秩序維持の能力が大きな影響力を持つようになる。すなわち「国家形成」とは、地域ごとの社会的・文化的文脈にとらわれない普遍性に基づく専門分化した官僚機構である「国家」により、古いシステムが調整・統合、そして支配されるに至る過程ということができる。(3)

マックス・ウェーバーの理解に従えば、この近代国家＝合理的支配形成のプロセスにとりわけ重要なのは次の二つの要素である。(4)第一に、専門分化した官僚的な支配機構の成立、すなわち支配装置の制度化である。本書が対象とする一六・一七世紀にも、未分化であった様々な行政課題の管轄が次第に明らかになっていき、併存していた多種多様の裁判所も管轄案件ごとにその職能を制限されるようになる。もちろんその過程においては課題の重複、管轄をめぐる対立も生じた。魔女裁判においても、在地の裁判所と遠隔地の上級裁判所、さらには宮廷顧問会などの中央機関との微妙な駆け引きが見られる。魔女裁判はこれら機関が相互に影響を与えあいながら形成される過程にどのように関与したのだろうか。

第二に、支配者による支配の正当性獲得である。近世においては法が支配の正当性の基盤となりつつあった。法により暴力を独占・統制し、逸脱行為に制裁を加え、臣民の安寧を保障することは支配者に与えられた任務であり、それを遂行する限りにおいてその支配は正当とされた(5)。君主は自らにも遵法という制限を設け、法による支配をその正当性のよりどころとする一方で、法の枠外にも影響力を発揮した。法ではなく、君主その人が決定権を握る「恩赦」という制度がそれに当たる。したがって、民衆も時には法の枠外で、君主の「慈悲」に活路を求めることができたのである。魔女迫害をめぐっては、君主の支配に向き合い、時にそれを利用しようとする民衆の姿が表れてくるのである。

法を実践する機関として裁判所は重要であった。近年、これに関して「司法の利用」という概念が用いられている。マルティン・ディンゲスは、この概念を「同時代人の裁判所との付き合い方」として広く定義している。近世民衆は裁判を当局が提供する一種のサービスと捉えていた一方、裁判所の方もまた民衆にどのような需要があるかに応じて自らの役割を規定したのだという(6)。一六世紀、共同体に担われてきた流血裁判権が徐々に君主権力に吸い上げられていく中で、臣民たちは自らの判断と戦略に従い裁判所を利用することにより裁判制度の浸透と確立を助け、またそれを通じて支配構造の変化に参与することとなったのである。魔女裁判も多くは民衆からの求めによるものであり、君主の提供する裁判という枠組みを用いようとするものであった。その意味では、魔女裁判も民衆の「司法利用」の舞台となりえた。

近世の民衆がいかほどに君主の支配に対して自主的な行動の余地を持っていたのかを考えるには、アルフ・リュトケによる支配の理解が助けになるだろう。リュトケは社会的実践としての支配を一つの「力場」と理解する。ここでは、支配する側とされる側という二極ではなく、支配する側の中にある差異と同時に、支配される側の内部的差異にも目が向けられた。その力場の中では、二極化されていない複数のアクターが互いの間に関係を生じさせ、ぶつかり合い摩擦を生じ、時には協力しあい、時には互いを無視するなど多様な関わりを重ねていく(7)。ここで想定されているのは、ピエール・ブルデューの提起したような、「なかば無意識でありながら構造の再生産への多様な適合行動を含んで展開される」実践である。(8) 社会的な規範と個人の経験的な感性が結びつく時、それが新たな行動規範として獲得され、またさらに実践されていく。この過程においては一方的な命令によってではなく、互いに相手の行為を知覚し、自らの経験と規範に照らした上で、次の行為オプションが選択されていくのである。本書にこの実践概念が適用されうるとすれば、裁判実践を含む近世の社会的行動においては、支配者である領邦君主のみならず、その支配を仲介する役人、書記、裁判領主、都市支配層、都市民、農民といったアクターがそれぞれの行為オプションの選択を行っていると捉える事ができる。同様の趣旨から、ダグマール・フライストは国家形成の過程を動態的に捉えることを提唱する。異なる価値観や経験、伝統を有する集団はそれぞれ多様な行動様式を形作り、それら異なる行動様式が同時に働くことによって、また別の政治文化が生み出される。行為と行為の相互作用がさらに新しい行動規範を生むのだという。(9)

このように近世社会における支配を多様な行動様式や価値観を持つ複数の主体による相互作用として捉えるならば、魔女迫害に見て取るべきは、単に「裁く者」と「裁かれる者」の二者対立ではなく、多様な行為者による対話とその相互作用である。迫害を求める民衆に対し、支配の媒介者たる在地の役人も、時には民衆に迎合し、時には君主の指示を仰ぐ。領邦君主も魔女迫害を自明の使命としつつ、無軌道な迫害を抑えるために様々な対応を行った。魔女迫害研究は、政治、行政、司法制度の展開すなわち国家形成の動きと、民衆や支配者の心性と行動様式の転換といった問題を、ある特定の社会的背景の中で具体的に再構成しようとする試みなのである。それは、具体的な立法の内容や裁判権の制度的発展、ないしは指導的エリートの役割などに集中してきた伝統的な研究が取りこぼしてきた、対話と交渉によって展開する支配の構造を明らかにすることに寄与するだろう。

註

（1）Wolfgang Behringer, *Hexen. Glaube, Verfolgung, Vermarktung*, 4. Auflage, München 2005, S. 32–74.

（2）Gerhard Schormann, *Hexenprozesse in Deutschland*, Göttingen 1981（以下、Schormann, *Hexenprozesse in Deutschland*）, S. 22–29; ders, *Der Krieg gegen die Hexen. Das Ausrottungsprogramm des Kurfürsten von Köln*, Göttingen 1991（以下、Schormann, *Der Krieg*）, S. 14.

（3）Johannes Dillinger, Hexerei und entstehende Staatlichkeit, in : J. Dillinger/J. M. Schmidt/D. R. Bauer（Hg.）, *Hexenprozess und Staatsbildung*, Bielefeld 2008, S. 1–24, hier S. 4f.

（4）マックス・ウェーバー著、世良晃四郎訳『支配の諸類型』創文社、一九七〇年（以下、ウェーバー『諸類型』）、一三一―一三二頁。

（5）ウェーバー『諸類型』、一三一―一四頁。

（6）Martin Dinges, Justiznutzungen als soziale Kontrolle in der Frühen Neuzeit, in : A. Blauert/G. Schwerhoff (Hg.), *Kriminalitätsgeschichte. Beiträge zur Sozial- und Kulturgeschichte der Vormoderne*, UVK 2000, S. 503–544, hier S. 505. またこの概念については池田利昭『中世後期ドイツの犯罪と刑罰――ニュルンベルクの暴力紛争を中心に』北海道大学出版会、二〇一〇年、九一―一一頁によく整理されている。

（7）Alf Lüdtke, Herrschaft als soziale Praxis, in : ders.（Hg.）, *Herrschaft als soziale Praxis. Historische und sozial-anthropologische Studien*, Göttingen 1991, S. 9–63.「力場」概念については特にS. 12–18.

（8）宮島喬『文化的再生産の社会学――ブルデュー理論からの展開』藤原書店、一九九四年、一三二頁より引用。ブルデューの「実践（プラティック）」と「ハビトゥス」概念については同書と並び、石井洋二郎『差異と欲望――ブルデュー『ディスタンクシオン』を読む』藤原書店、一九九三年、一二五―一八〇頁を参照。

（9）Dagmar Freist, Einleitung, in : R. G. Asch/D. Freist（Hg）, *Staatsbildung als kultureller Prozess. Strukturwandel und Legitimation von Herrschaft in der Frühen Neuzeit*, Köln/Weimar/Wien 2005, S. 1–47, hier S. 40f.

近世ドイツの魔女裁判——民衆世界と支配権力　目次

第Ⅱ部　魔女裁判の法と現実

凡例

1　本文中あるいは註で用いた略号は以下の通りである。

AAR : Aschaffenburger Archivreste
Abt. R. : Abteilung Rheinland
Abt. W. : Abteilung Westfalen
BstA WBG : Das Bayerische Staatsarchiv Würzburg
GWU : Geschichte in Wissenschaft und Unterricht
HRG : *Handwörterbuch zur deutschen Rechtsgeschichte*
HZ : Historische Zeitschrift
KK : Kurköln
KKE : Kurköln Edikte
LdANRW : Landesarchiv Nordrhein-Westfalen
LHAKo : Landeshauptarchiv Koblenz
MDP : Mainzer Domkapitelprotokoll
MRA : Mainzer Regierungsarchiv

QRW : F. Rudolph (Gesammelt u. Hg.), *Quellen zur Rechts- und Wirtschaftsgeschichte der rheinischen Städte*, 1 : Trier (mit einer Einleitung von G. Kentenich), Bonn 1915.

RKG : Reichskammergericht

SCC : J. J. Scotti (Hg.), *Sammlung der Gesetze und Verordnungen, welche in dem vormaligen Churfürstentum Cöln über Gegenstände der Landeshoheit, Verfassung, Verwaltung und Rechtspflege ergangen sind, vom Jahr 1463 bis zum Eintritt der Königlich Preußischen Regierungen im Jahre 1816*, Erste Abteilung in zwei Teilen, Düsseldorf 1830.

SCT : J. J. Scotti (Hg.), *Sammlung der Gesetze und Verordnungen, welche in dem vormaligen Churfürstentum Trier über Gegenstände der Landeshoheit, Verwaltung und Rechtspflege ergangen sind, vom Jahr 1310 bis zur Reichs-Deptations-Schluß-mäßigen Auflösung des Churstaates am Ende des Jahres 1802*, o. O. 1832.

StA MZ : Stadtarchiv Mainz

ZHF : Zeitschrift für historische Forschung

2　〔　〕は筆者による補足説明である。

序章　研究の射程

1　魔女研究の現在

魔女研究の歴史は長く、歴史学的関心に基づく研究に限ってもその蓄積は広大無辺と言えるものであり、新たな研究も日々生み出され続けている。(1) ここでは本書の関心に沿って大まかな整理を試みるが、言及することができるのは膨大な先行研究のごく一部にすぎないことをお断りしておく。

二〇世紀以降の歴史学において、魔女迫害は教会のみならず世俗当局によっても後押しされた民衆文化に対する「上からの規律化」と解釈された。ゲアハルト・エストライヒによって提唱された「社会的規律化（Sozialdisziplinierung）」論が魔女迫害史にも適用されたと言えよう。エストライヒは絶対主義時代における国家による公的・私的生活領域への統制、および新たな社会モデルのための広範囲に及ぶ干渉を念頭に「社会的規律化」という言葉を用いた。社会的規律化は外面的な制度にとどまらず、人間の精神的・倫理的および心理的構造にも影響を及ぼし、異なる身分や職業団体を包み込んで内面的に規律化された近代人の原型を形成したという。(2) この「社会的規律化」

は、近世の歴史的発展過程において魔女迫害現象を解釈する上でも重要な概念となった。

ロベール・ミュシャンブレッドによる「文化変容」論も大きくはこの社会的規律化論に属する。彼はフランス王国で魔女迫害が発生した一五八〇～一六六〇年の時期を、社会的・宗教的危機の時代と位置づけた上で、細分化された社会が一様で均質的なものに統合されていく過程の中に、魔女迫害を見ている。特定の観念、思考様式、実践的な行為を含む民衆文化は、一六世紀までその価値を保ち続けた。そこで魔術とは、不合理ではあるものの、日々の不安を克服しながら生き抜く、首尾一貫した戦略として有効性を持っていたのである。しかし、それらも一七世紀には宗教改革と対抗宗教改革に端を発するキリスト教的倫理の浸透、絶対主義国家による規律化という強制的な「文化変容」に巻き込まれる。その背景には共同体内部の格差拡大による緊張の高まりがあり、新しい価値観を受け入れた農村の上層階級も魔女裁判に関与したという。ミュシャンブレッドは社会が異端的なものと正統的なものを再定義する過程で、社会的危険分子とみなされたのが魔術また魔術を用いる魔女だったのであり、魔女裁判は「文化変容」の副産物だった、とする。(3)

しかし民衆文化対エリート文化という二極化は後の批判の対象となった。ヘアバート・アイデンはミュシャンブレッドの指す「エリート」の範疇には暗黙のうちに国王からローカルな、時として文盲の裁判官までが含まれていることを指摘し、ミュシャンブレッドがエリート層内部の差異を等閑視することを批判する。(4)ロートリンゲンを調査したロビン・ブリッグスもまた、ミュシャンブレッドのエリートによる規律化説あるいは宗教対立・身分間の葛藤という説明を退けている。悪魔学者は真剣に魔女迫害を説いたものの、しばしば彼らの訴えに誰も耳を傾けないことをこぼしており、彼らの熱心な論議がエリートの共通理解であったとはとても言いがたいとしている。さらに農村で連鎖的な裁判が起こる場合、しばしばローカルな裁判所で素人が裁判官を務めた場合が多く、逆に学識法曹が法廷を占めたパリ高等法院では迫害が抑えられたという。ブリッグスは迫害の前提は害悪を与える魔女の実在に対する人々の信仰であり、魔女に対する法的措置が可能となれば当然それに対する迫害が起こるとした上で、むしろ重要なのはなぜ迫害が起こったかということよりも、なぜそれ以前には起こらなかったか、またなぜある地域では迫害が抑えられたのか、という要因を探ることであるという。エリートの迫害支持はその迫害拡大への必要条件だったとしても、その根本原因ではなかったのである(5)。

ドイツ地域研究においては、ゲアハルト・ショアマンがケルン選帝侯領における魔女迫害を「選帝侯主導の魔女撲滅計画」と解釈し、魔女迫害をホロコーストになぞらえている(6)。彼は当時魔女迫害の文脈でしばしば用いられたラテン語の extirpatio（「根絶」）という言葉に着目し、二〇世紀のユダヤ民族殲滅という「最終的解決」との類似性を見たのである。彼の議論は個々の裁判記録ではなく主に宮廷顧問会の議事録に基づいている。魔女迫害自体は君主の自明の義務であると当時は考えられていたことから、顧問会議事録だけから解釈するならば「上からの迫害」という像が導き出されるのは不可避であった。しかし後に見るように、顧問会議事録の中にも魔女裁判を求める下からの突き上げの痕跡が認められる。そのことからも、中央主導の計画的魔女迫害をただちに結論することは妥当ではないだろう(7)。

他方、魔女迫害研究に新たな視座をもたらしたのは、迫害現象を民衆の内在的論理から引き出そうとするアプローチである。エセックスの魔女狩りを調査したアラン・マクファーレンによれば、近世の農村民の日常において魔術は非常に大きな役割を果たしていた。その上で、「未開社会」において日常生活の中での隣人同士の対立を原因として魔術の告発がなされるように、農村の魔女裁判は外部の魔女狩り人や当局によってもたらされたものではなく、共同体内部において起こっていたという。しかしマクファーレンはそのような潜在的な要因のみならず、一六世紀後半の迫害の高まりにも着目している。その時代の人口バランスの変化、つまり人口増と貧農層の増加を指摘した上で、共同体内部の葛藤という社会人類学的側面から告発の発生を説明したのである。人々は何らかの不幸を、偶然や自分の失敗ではなく、魔術に帰することを好んだ。さらに魔女が自分に悪意を抱いており、またその悪意が根拠のあるものとして感じられている時に、はじめて告発は行われるという。たとえば隣人として当然の義務である喜捨を拒否することは、断る側にとっても良心のとがめるところであった。それゆえに、魔女である貧しい隣人は喜捨を拒絶された復讐のために魔術をかけると解釈されたのである。マクファーレンは農村における魔女迫害に相互扶助など伝統的倫理観の崩壊と、私有財産意識に見られる資本主義社会への移行を読み取っている[8]。

このテーゼは従来の上からの一方的な迫害像を大きく塗り替えるインパクトを持つものであった。魔女迫害を「社会的葛藤」から読み解こうとする社会学的あるいは民俗学的な試みはドイツの地域研究においても実を結んでいる。リッペ伯領を対象に、ライナー・ヴァルツは共同体内部で生じる葛藤・抗争、そこにおいて用いられる魔術的・儀礼的なコミュニケーションを分析している[9]。そこでは魔女であるという噂に対して、疑いをかけられた者がどのような態度を取るべきなのかというコミュニケーション戦略、そして疑いを晴らす、あるいは逆により強めることに作用した占いや水審といった魔術的手段に、高度に社会化された営みを見ることができる。

また他方で、このような民俗学的あるいは社会学的アプローチは告発までは説明できても、その後の裁判の進行や大規模迫害への拡大までは必ずしも説明できていない。魔女裁判が公的な司法機構にのっとって行われるものである以上、政治的・法制史的側面も考慮していかねばならない。

上意下達的な魔女迫害モデルが一旦否定され、さらに人類学的アプローチによる民衆内部からの魔女迫害欲求への視点の転換を経て、「支配実践」や「裁判実践」というキーワードが再度浮上する。それは上述の社会的規律化や魔術の犯罪化といった支配者の視点からのモデルから、さらに一歩踏み込んだものである。ブライアン・リヴァックは神聖ローマ帝国における魔女迫害が北東地域では（メクレンブルク公領の例外を除いて）比較的抑制され、南西部の中小領邦では大規模化したとする[10]。同様にショアマンはブランデンブルク、ザクセン、バイエルンなど強大な領邦では迫害は小規模にとどまり、逆に領邦内の政治的統合が遅れた領邦、すなわちロートリンゲン公領、トリーア選帝侯領、ヴェストファーレン公領などの地域で猖獗を極めたことを指摘している。[11] またバイエルンで裁判機構の中央集権が進み、地方における独断が抑えられたこと、魔女や魔術犯罪に対して厳しい証明基準が設けられたことが迫害の抑制に大きな役割を果たしたとするウォルフガング・ベーリンガーの研究も、リヴァックやショアマンのテーゼに裏付けを与えている。[12] いくつもの領邦に分裂していた神聖ローマ帝国では、魔女迫害が抑制されるのか無軌道に大規模化するのかは、領邦君主ないしは裁判所当局の態度にかかっていたという傾向が明らかにされたのである。

これらの成果を踏まえ、裁判当局が魔女裁判において重要な役割を果たしたことは自明の前提とした上で、どのような社会的・政治的利害が刑事裁判において追求されえたのかということが次に問われている。マクファーレンのテーゼが民衆側の動機を説明するものであるとすれば、裁判権の確立や支配領域拡張に魔女裁判を利用しえたのかという君侯や裁判当局の側の動機が、改めて問題とされているのである。

このような関心から浮上してきたのが「魔女迫害の道具化（Instrumentalisierung）」というモデルである。ある特定の政治的意図や個人的利害を達成するために、魔女裁判にかこつけて敵対勢力の排除、ないし敵方に対する裁判権の示威が行われたというものである。しかし「道具化」という概念は、それが意図的に行われたものを指すのか、それとも無意識のうちに行われたものも含むのか、厳格な定義がなされることのないまま頻繁に用いられている。ゲルト・シュヴェアホフは魔女迫害が社会的紛争解消のために利用された可能性、物質的・政治的ないし社会的な利害追求に普遍的・宗教的な名目を与えた可能性を認めつつ、そのような利害のためだけに魔術的世界観が建前として前面に押し出されたとすることには懐疑的である。[13] モーゼル・ザール地域の魔女迫害を調査したヴァルター・ルンメルもまた、隣人間の諍いなど様々な社会的利害対立が迫害の陰に働いていたことを示しつつも、この「道具化」が無意識に行われたものか、意図的に行われたものか区別することはできないという。[14] さらに、支配の強化という領邦国家的政治目標の点からみるならば、在地裁判所の暴走や法の恣意的な解釈を許さないという領邦君主側からの働きかけは、しばしば結果的に魔女裁判を抑制することになった。支配者の側からの支配の拡充や裁判権行使の要求は必ずしも魔女迫害と結びつくことにはならない。したがって、「道具化」説は魔女裁判への動機を単一的に説明するものではなく、重要な視点の一つとして、他の要素と併せて補完的に考察に取り入れるべきであろう。

ここまでの議論が「なぜ」という疑問に答えようとするものだとすると、「どのように」という疑問には裁判実践レベルでの考察が不可欠である。魔女裁判の実態は、ローマ法に根ざした規範とローカルな慣習法ないし個人の恣意との間で、裁判所ごとに大きく揺れ動く。規範と実践との間の葛藤に満ちた相互影響関係を明らかにするためには、具体的な手続きの詳細と、裁判の舞台となる個々の裁判所から領邦レベルまでの多層的な関係、すなわち領邦君主、監督機関となるような高等裁判所、裁判領主、在地役人、共同体住民といった各レベルの間にある諸関係がまずは論じられねばならない。二〇〇二年に刊行された論文集『魔女裁判と裁判実践』はまさしくこの問題を様々な個別事例から考察するものである。[15] 何を逸脱・犯罪と見なし、どのように刑罰・制裁を実行するのかという犯罪史研究の観点は、魔女迫害史研究においても焦点に据えられるようになっている。[16] 魔女迫害を「司法の利用」という文脈で考える時、問われるべきは魔女に対する根源的な恐怖心がどのように司法機関を利用して具体的に迫害へと結晶化していったのか、当局はそのような「需要」に対してどのように反応したのかということである。それは、民衆がなぜ迫害を求めたのかに着目したマクファーレン・テーゼでは説明しきれなかった問題を明らかにすることでもある。

以上のような研究状況は、全体に敷衍しうるようなテーゼ構築をいったんペンディングし、多くの事例研究を積み重ねて行こうという地道な志向を示している。そこに本書が何らかの貢献をなしうるとすれば、それは民衆の裁判に対する態度、中間権力・地方役人らの役割、領邦君主の中央集権化への努力とそれに対する応答を問い、対象地域の魔女迫害の構造にある一定の型を示すことであろう。

2　魔女迫害の中心としての司教領邦

本書の対象地域は神聖ローマ帝国西部に位置するトリーア、ケルン、マインツ選帝侯領である。これらはいずれも大司教が世俗の支配権を持った領邦（＝司教領邦）であり、宗教改革を経てもカトリックに留まり続けた。さらに司教領邦という特徴からは、家門による継続的な領域政策が不可能であったこと、重要なラント等族であった聖堂参事会との協調が領邦政治において不可欠であること、しかし経済的には多額の債務を抱え領地の多くを売却ないし抵当に入れたことにより、隣接する中小領邦との間で複雑なモザイク状の支配関係を生じせしめていたことが共通項として挙げられる。しかしまた、ライン・マイン川という大動脈に接する経済的な先進地域であり、農民の自立が比較的早く進んだ地域でもある。

この地域の魔女迫害を比較研究すべき理由として、大きくは以下の三つが挙げられよう。

第一に、この三つの地域はいずれも激しい魔女迫害を体験し、神聖ローマ帝国における迫害の中心地となっている。今日、ヨーロッパ全体の魔女迫害の犠牲者数は約四万人と見積もられているが、その多くがドイツ語圏で生じている(17)。その中でも、人口約七万五〇〇〇人であったトリーア選帝侯領で一〇〇〇人以上、二二万人のケルン選帝侯領で二〇〇〇人以上、三五万人のマインツ選帝侯領で一八〇〇人以上の犠牲者が出たとされる(18)。一六〇〇年ころ九〇万人の人口を抱えていたバイエルンで迫害期全体を通して処刑者数が約二〇〇〇人以下に留まることを考えれば(19)、これら三領邦での迫害の集中度合いが突出していることが分かるだろう。上述のリヴァックやショアマンのテーゼに従うならば、他の司教領邦と同様、この地域も領主権力が弱く、自立性の強い共同体が求める魔女裁判を制御しきれなかった、と簡単に説明することも可能なように思われる。しかし興味深いことに、これら地域で生じた魔女迫害はそれぞれ異なった特徴を示している。トリーア選帝侯領とケルン選帝侯領の一部では「委員会（Ausschuss）」と呼ばれる民衆組織が魔女裁判の運営に深く関わり、マインツ選帝侯領では選帝侯や在地役人の下に魔女裁判を求める請願が相次いだ。他方、ケルン選帝侯領では中央機関が地方の魔女裁判運営に介入しようとせず、魔女裁判監督官（Kommissar）[20]を現地に派遣するという方式がとられた。このような差異があらわれるのは一体なぜなのか。

第二に、これらが司教領邦として共通の特色を有しており、比較による検討が有効であることが挙げられる。カトリック領邦は、世俗領邦に比して領地の分散、領邦内部における錯綜した法・権利関係、求心的権力の欠如、財政的逼迫といった典型的問題を解決できないまま、一九世紀初頭の最終的な世俗化＝解体の過程をたどるという消極的な評価をされてきた。そのため、近世における司教領邦の行政上の具体的な取り組みについては研究上の空白であったが、とりわけ八〇年代からの「宗派化」[21]論との関連で、司教領邦の行政に新たな関心が向けられている。とはいえ、対象は主に都市ないしは特定の選帝侯の時代などに限定され、領邦全体をある程度の時間的幅をもって見渡した研究は未だに少ないと言わねばならない[22]。この地域の魔女迫害について詳細な比較分析を行うには、一六世紀の司法・行政構造への考察を避けることはできない。それはひいては行政史や国制史的関心にも答えることになるだろう。

本書では、とりわけ裁判の現場である地方裁判所と、しばしばそれを監督・助言する立場にあった高等裁判所ないし中央司法機関との関係が重要であると考える。一六世紀にはそれぞれの領邦で学識法曹を主な構成員とする宮廷顧問会などの中央機関が形成されていくが、その働きの実態は異なっている。このことは、先述した迫害形態の差異と密接に関わるだろう。

第三に、この領域の魔女裁判研究に関しては先行研究が豊かであり、史料調査の道筋をつけるのが比較的容易であるということがある。[23] しかし、そのような先行研究の成果がありながら、この三選帝侯領における魔女迫害構造の在り方を比較分析する試みはドイツにおいても今まで現れていないのである。

3　史料と方法論――請願とポリツァイ

次に、史料状況について概観してみたい。トリーア選帝侯領の魔女裁判に関しては、トリーア大学の一九九〇年代の研究プロジェクト以降、多くの研究成果が出版されているものの、その豊かな成果とは対照的に史料状況は非常に乏しいと言わざるをえない。裁判記録のみならず、中央行政を担ったはずの宮廷顧問会の議事録なども喪失してしまっている。[24]

ケルン選帝侯領の史料も散逸してしまっており、一九世紀における組織的・意図的な史料破棄が疑われるほどである。[25] しかし、ショアマンが主要な史料として用いた宮廷顧問会議事録は一五七九～一六八五年まで六八巻にわたってほとんど欠如なく保存されており、そこには多くの魔女裁判案件が記録されている。[26]

マインツ選帝侯領ではライン右岸の上管区（Oberes Erzstift）に関しては比較的豊かな史料が残されている。ローア（Lohr）、ミルテンベルク（Miltenberg）、ディーブルク（Dieburg）などの管区における魔女迫害に関しては、ほぼ完全な裁判史料がヴュルツブルク・バイエルン州立文書館に保存されている。マインツ選帝侯領の飛び領地であるアイヒスフェルト（Eichsfeld）とエアフルト（Erfurt）市に関しては、魔女裁判は散発的な現象に留まり、また史料も乏しいことから本書の対象からは除外する。

これらの断片的な裁判記録を一つひとつ拾い上げ再構成することは、筆者の力量では不可能である上、すでに多くの地域研究によって取り上げられている以上、もはや有意義とは言えない。そこで、本書では対象史料のジャンルをさらに絞り、そこに分析の光を集中的に当てることとする。「請願状」と「ポリツァイ条令」である。

(1) 請願状

本書における中心的な分析対象として請願状を挙げた理由として、第一に史料としての豊かな可能性、第二に魔女迫害史研究における空白が挙げられる。まずは様々な研究視角から検討されてきたこの史料の特性を整理する。そして、今まで請願状を中心的な分析対象としてこなかった魔女迫害史研究にこれらの成果がどのように活かされるべきかを示したい。

請願状をめぐる研究

請願状は Supplikation, Supplik, Bitte, Bittschrift, Klagzettel, Memorial, Gesuch, Ansuchen, Anbringen, Vorstellung, Beschwerden, Appellation など、様々な用語で表される概念の訳語にあたる。本書では、請願状を上位権力者に宛てられた、上位権力の許可・恩赦ないし助力を乞う、個人的あるいは集団的な願い出という広い意味で用いる。請願状の名宛人は時には領邦君主その人であったり、時には在地の領主や役人ないし裁判所であったりと多様である。請願は成文法に根拠を持つものではなく、伝統的な慣習として古くは口頭によって、一五世紀後半からは主に書面によって実践されてきた。刑罰の軽減を訴えるもの、不当な裁判の取り消しややり直しを訴えるもの、地方行政における不備や役人の不正を訴えるものから日常的な問題に関わるものまで、請願の内容は多岐にわたり、原則的には誰しもが請願を行いえた。(27)

ここでいう請願は近代的な「請願権」の意味で法的に保証されたものではなく、あくまでも個人が当局の関心を引く可能性を示していたにすぎない(28)。当局もまたそれに対する応答を法的に義務付けられていたわけではなかったが、キリスト教的統治者の義務という観点から自らの支配権を正当化するためにも臣民の声を聞き、それに応えることを期待されていた(29)。

請願状は、近代的な請願権に結実する、民衆による上位権力に対する伝統的な働きかけの方法として、様々な角度から扱われてきた。ヘルムート・ノイハウスによる国制史的観点からの請願状研究はその草分けとみなされている。彼は帝国レベルにおいては一五二一年に帝国議会内に設置された請願状処理機関「請願委員会（Supplikations-ausschuß）」の構造とその職能を明らかにした一方で(30)、領邦レベルにおける実証的な事例研究としてヘッセン伯領における膨大な請願状を分析し、社会史的観点から請願人とその内容との関係、さらには請願状から読み取れる近世臣民の自己像、自己規定の在り方に迫っている(31)。ペーター・ブリックレは一六世紀のティロルやバイエルンの事例から、民衆が請願を繰り返したことがラント条令その他ポリツァイの制定につながったことを示した。請願状を含めた民衆側からの不平・不満申し立てと行政・法手続は密接に関わるものであり、その相互の交わりが近世的支配の特徴であったという(32)。服部良久氏はティロルにおける農民の共同体自治の伝統を、一六世紀における領邦政府に対する苦情や改革要求といった濃密な共同行為の基盤ととらえる。そこでは苦情書を受けて領邦議会が一つのフォーラムとして機能し、君主と領邦住民の相互交渉によって領邦令が成立することが活写される(33)。レナーテ・ブリックレは請願状の機能を臣民の視点から説明している。彼女はバイエルンにおける地方当局と農民とのいさかいから領邦君主に提出された請願状を取り上げ、農民が有した様々な紛争解決の手段の一環として請願を位置付けている。そして、請願と命令・規律は循環的なコミュニケーションシステムを構成しているという(34)。また、ロージー・フュアマン、アンドレアス・ヴュルグラー、ベアト・キューミンらは異なる地域での様々な請願実践について比較分析を行い、イングランド、ヴュルテンベルク公領、ヘッセン＝カッセル方伯領という三地域の請願実践に共通性を見出している。これらの地で請願はしばしば集団的な形をとって現れ、共同体の中に噴出する様々な社会的不満を当局に対して表明するための安全弁として機能した。これは当局の側からしてみれば、地方における弊害や危機的状況をいち早く察知するための、いわば初期警報システムとして貴重な情報源になったという。(35)

以上のように、これら一連の研究において請願はある種の民主主義プロトタイプとして、多くは身分制議会という舞台において集団的な政治的影響力を行使するものと位置付けられてきた。

他方、刑事裁判においても人々は請願を通じて恩赦を求めた。近世の刑事裁判では恩赦による減刑あるいは刑罰の完全免除が行われたが、その実践は地域によって大きな差があった。恩赦権（Gnadenrecht）はまさに君主の恣意に留保されたものであり、君主の裁判高権に属するものだったのである。(36) そのため、犯罪史研究においては恩赦請願が法の規定の外にあるもう一つの近世的な秩序の在り方として注目されている。(37) その中で異彩を放つのは、ナタリー・Z・デーヴィスによるフランス国王への恩赦嘆願に民衆の側の「物語る技巧」を見てとる視点であろう。彼女が着目するのは、国王への恩赦嘆願書において語られるものが歴史的事実かどうかではなく、むしろ嘆願する側が、いかなる技巧やレトリックを用いて彼らの言い分に説得力を持たせようとしたかである。(38) 請願状は原則的には民衆の価値観を反映したものと言えるが、最終的には上位権力者によって読まれ、その要求を受け入れさせることを目標とする以上、そこで用いられる言説はいわば民衆と当局の価値観の結節点にあると言える。請願のレトリックの分析を通じて、君主と民衆との何らかの関係性が浮かび上がってくると言えるだろう。

魔女迫害史研究における請願状

このように請願状が国制史、社会史の枠組みを超えて豊饒な成果をもたらしてきた一方で、これまでの魔女裁判研究においては、請願を一つの史料群として分析した例は少ない。

帝室裁判所における魔女裁判事例について精緻な史料調査を行ったペーター・エーストマンは、帝室裁判所に様々な請願が寄せられたことを確認している。(39)とりわけ魔女裁判被告による請願状においては、迫害を受けた側から裁判実践について詳細な叙述がなされていることから、告発状、大学法学部の鑑定書、自白記録、判決文といった領邦裁判所に残る通常の裁判史料には見られない「迫害される側」からの貴重な情報の宝庫であるとしている。(40)しかし、その陰にはまた多くの棄却された請願がある。一七九〇〜一八〇五年の間に請願状の約半数が棄却されたことが明らかにされているが、エーストマンは一六・一七世紀の請願受理状況がいかなるものであったのかは史料状況から知るすべがなく、今後の研究でも解明は難しいだろうと慎重に予測する。(41)

メクレンブルクの事例を分析したカトリン・メラーによれば、領邦レベルでの魔女裁判において請願状は速やかに裁判を中止させるための有効な手段であり、また同時に秩序ある手続きを求める、ないし弁護のための主な手段として用いられたという。(42)請願はここでは名誉棄損訴訟やその他の弁護の試みと並ぶ非公式な調停ないしコミュニケーション戦略の一環として、時には規範から逸脱するような遡及的な運用を求める手段となり、すでに判決の下った魔女犯罪への制裁が免除されるようなケースも生じたという。(43)

リタ・フォルトマーはメラーが示したメクレンブルクでの事例と類似した傾向を、ルクセンブルク公領において見出している。ここでも村落や中小都市の指導層という出自の人々が、いかに自らが、あるいは彼らの家族や友人が仇敵によって魔女に仕立て上げられ、さらにラント条令に違反する不当な扱いを受けているか主張した。このような請願によって、しばしば在地裁判所に対するルクセンブルク州顧問会（Provinzialrat）からの雪冤状（Lettre de purge）を勝ち取ることができたという。(44)

このように先行研究においては、迫害される側ないしは迫害によって何らかの損失を受けた側からの請願が主に取り上げられてきた。その中で、マインツ選帝侯領での請願は特異な傾向を示す。マインツ選帝侯領の魔女裁判について一九八八年に博士論文を著したヘアバート・ポールは、魔女裁判の開始にあたっての請願の重要性をすでに指摘している[45]。カール・ヘルターもまた、一六世紀末にはマインツ選帝侯領で刑事司法全般における請願の急激な増加を確認しているが、その多くは魔女裁判の開始を求めるものであったという[46]。民衆から発せられたテキストである請願状は、被害者側の論理のみならず迫害要求の論理をも解明する鍵となる史料群なのである。

対象地域の中では、マインツ選帝侯領で比較的多くの請願状の存在が確認される。この中には請願状原本のほか、請願について引用・言及した役人の書簡なども含まれる。マインツ選帝侯領では在地の裁判領主ではなく中央機関（選帝侯／宮廷顧問会）に宛てられた請願状が多い一方、トリーア選帝侯領では請願状はほんのわずか見られるに過ぎず、この差異も興味深い。ケルン選帝侯領では請願状そのものは残存していないケースが多いものの、宮廷顧問会の議事録からは少なからぬ請願が寄せられていたことが分かる。このような数量的な差異、また請願に対する選帝侯のリアクションも、それぞれの行政・司法機構の分析と比較考察抜きには説明することはできない。

請願史料の特性

つぎに、この史料を扱うに当たってどのような点に留意すべきか検討してみたい[47]。

第一に、どの請願が残され、どの請願が失われたのか、そもそもの全体像が分からない以上は、現存するものから抽出した結果を扱うにも注意を要する。計量的な分析は不可能としても、その残存状況から何を読み取れるかが重要である。本書の対象地域となる三領邦では、それぞれ請願状の現れ方が異なる。マインツ選帝侯領には先述のとおり比較的多くの請願が残されており、また役人間の書簡においては請願がしばしば口頭でなされたことが触れられている。ケルン選帝侯領の宮廷顧問会議事録には、多くの請願の記録が残り、請願に応えることそれ自体が近世においては当局の重要課題であったことを示している。しかし、宮廷顧問会議事録に現れる魔女迫害関連の議題一〇四三件について調査したペーター・A・ホイザーによれば、民衆からの魔女裁判を求める請願が扱われたのはたった六％に過ぎないという。[48] ここからは、請願が中央機関である宮廷顧問会ではなく、在地の中間権力へと届けられた可能性も考慮せねばならない。トリーア選帝侯領では、請願はごく例外的に見られるにすぎない。このことは、宮廷顧問会議事録がトリーア選帝侯領には残されていないことを勘案しても、領邦君主の支配権の脆弱さ、それに反比例した共同体の自律性と無関係ではないだろう。[49] 請願状の残存状況は、領邦内の社会的背景、地方と中央とのコミュニケーションの度合いを相当程度反映しているのではないだろうか。

第二に、請願が書かれた目的に留意すべきである。請願状が民衆にとって自らの窮状を訴え、裁判における不正を弾劾するツールとなったことを思えば、請願状は近世民衆の生活世界を知り、また裁判実践における現実を知る上で貴重なエゴ・ドキュメントとして捉えうる。しかし、請願状がある種の利害をもって当局にアピールすることを目的とし、またおそらくは教育を受けた書記や公証人の少なからぬ関与を経たものである以上、純粋なエゴ・ドキュメントとして扱うことには当然慎重であるべきである。[50] 重要なのはむしろ、それが純粋なエゴ・ドキュメントであったか否か、そこに書かれていることが事実かフィクションかではなく、請願人がどのような戦略をもって当局の関心を引こうとしたのか、ということであろう。自らの要求をできるだけ説得力豊かに、また支配者に受け入れられやすくするために、請願人は自らをどのように演出し、どのような役割を引き受けたのか。彼らを取り巻く社会的状況、裁判所や当局との関わり、またおそらく彼らが親しんだであろう特定の議論の「型」に留意すべきであろう。

本書では、主に請願の原本が多く残るマインツ選帝侯領を質的分析の対象とする。請願状をめぐる経過とその帰結が比較的明らかにできるケースを分析し、請願人が魔女迫害をどのように知覚し、それをどのように支配者と自身との間の関係に位置づけたのかを考えてみたい。

ヘルターは刑事司法における請願の機能として、「犯罪行為の報告・裁判の開始要求」「在地の裁判実践における不法・不当の報告」「厳格な法規定に対する抗議、ないしは法の厳格化要求」「刑罰の軽減・猶予の要求」の四つを挙げている。[51] これに従い、本書でも魔女裁判における請願の機能を分類するが、大きくは魔女裁判を推進するもの、魔女裁判に反対するものという二つの分類が可能であろう。前者、魔女裁判を推進する側が用いるロジックは、しばしば悪魔学の著作や魔女裁判記録からもよく知られた、「迫害する側」の認識である。国家や司法機関により「書かれた」記録では、そこにたとえ農民や一市民の証言があったとしても、彼らの日常的な言葉は法的専門用語に翻訳されてしまっている。裁判での証言なども、当局により本来とは異なる意味づけを与えられ、その構造やスタイルないしは内容もが変えられている可能性に留意しなければならない。[52] 他方、反魔女迫害の立場から書かれたものも、同様の制約を受けることを見過ごしてはならない。犠牲者ないしその近しい人々、弁護士などによって書かれた文書にも、同様に書記や公証人側からの書き換えがあり、自らの主張に説得力を持たせるための特定のトポスが現れてくるのである。迫害する側の悪意・嫉妬・憎しみ、金銭的欲求などは迫害者を非難する定型句であるが、それだけをもって、迫害者の側の真実の動機として認識することにもまた慎重であるべきだろう。

(2) ポリツァイ条令

本書のもう一つの柱となる史料はポリツァイ条令である。「ポリツァイ」という言葉は、一六世紀のドイツ語圏では「公共のよき秩序」、また「よき秩序を保ち、もたらすような働きかけ」という二つの意味で用いられる。公衆衛生の保持、防火、共有地の利用、水資源の分配、公正な価格・度量衡基準の遵守、治安の維持、橋梁や街路など公共建築の建設とその維持、風俗や社会秩序に関する諸規定など、およそ共同生活を送る上での全ての事象がポリツァイの対象であった[53]。治安維持という意味において、当時犯罪として認識された「魔女」を取り締まることもポリツァイの範疇に含まれている。

秩序を創出し、維持するための装置として用いられたのは、君主の側から制定される法・命令であった。ここではそれを「ポリツァイ条令」と総称する。ポリツァイ条令には様々な形式が含まれている。ラント等族による承認を必要とし、複数の規範対象に対する広範な内容を持ついわゆる「ポリツァイ・ラント条令（Policey- und Landordnung）」、個別の規範対象に関する「特別条令（Ordnung）」、ごく短く章立てや条項を持たない「命令（Verordnung）」、そして上級当局から下級当局への書面回答であったのが、単なる指導の枠を越えて規範的価値を持つに至った「通達（Reskript）」などが挙げられる[54]。近世に発せられたポリツァイ条令は、狭い範囲に限定された細かなものが圧倒的に多い。それらはラント等族の承認を必要とせず、個々の問題に対応してその都度発せられるものであり、ゆえに変化する状況により素早く対応できたからである[55]。君主がポリツァイをその政治目標として掲げるようになる一六世紀、ポリツァイ条令発布回数の著しい増加が多くの領邦で確認されるようになる[56]。当然、魔女迫害とポリツァイにも議論すべき点が多々あり、本書においては「ポリツァイ」はキーワードの一つとなる。まずは近年のポリツァイ研究の議論を概観した上で、魔女迫害史研究との交わりの中でさらに追究すべき点を明らかにしたい。

ポリツァイ研究の動向

ポリツァイ研究は、長らく一六・一七世紀のポリツァイ論をめぐる同時代の政治思想の文脈の中で論じられ、前近代の政治概念と一八世紀におけるその発展に論点が置かれてきた。しかし、研究の関心は次第にそのポリツァイ理論がいかにして実践に移されたのかということに集中する。すでに触れたエストライヒの「社会的規律化」テーゼにおいても、ポリツァイは重要な役割を与えられている。ポリツァイ条令は君侯による社会の根本的な規律化プロセスである近世国家の基本構造変革に重要な役割を果たしたとされる。ポリツァイ条令は支配者の規律化意志の表出であり、手段だったのである。[57]

この規律化テーゼは八〇・九〇年代における活発な議論を喚起し、その結果多くの論点が新たに提起されている。例えば、神聖ローマ帝国の多くの領邦で条令や法規の数が一六世紀ころに飛躍的に増大することはすでに述べたが、九〇年代以降のポリツァイ研究においては、ポリツァイ条令は多かれ少なかれ法的実効性を与えられうるのか、相当程度に遵守されたのかと問われるようになった。この議論の口火を切ったユルゲン・シュルムボームは近世の行政機構の整備が不十分であったゆえに、このように法規が守られる、すなわち貫徹されることは難しかったとする。その半面、法の公布は「良き当局」としての領邦君主の姿を誇示する自己表現の場であり、一種の劇場的効果を持ったのだという。[58]

これに対してヘルターは、当局が刑事司法などの形で意図的・組織的に規範を貫徹させようとする垂直的・長期的局面と、家族・隣人関係・職業団体や教会による相互監視などのインフォーマルで水平的な局面を結び付ける。すなわち、法の発布はシュルムボームの言うような単なるパフォーマンスに留まるものでなく実際に長期的効果を持ったのであり、また臣民の中でそれがある程度受け入れられることで犯罪予防の効果をもたらしたのだという。ここではある秩序を要求することは「規範を与える当局」と「規範の受け手」との間のコンセンサスの表れとして捉えられる。違反に対する制裁が請願などの手段を通じて交渉可能であったことは、規範が受け入れられることを促進した。ポリツァイ条令そのものにすでにその交渉可能性が示されていることも制裁への恫喝と実際に行われる刑罰との隔たりを示すものだという。[59]

さらにアーヒム・ラントヴェーアは「規範の貫徹」という概念をいったん離れることを推奨する。規範の多様な社会的作用の可能性を視野におさめるためには、むしろ「貫徹」よりも「履行（Implementation）」を、つまりその時々の特定の社会的・政治的・文化的・経済的・宗教的関係においてポリツァイ条令がいかに作用したのかが重要であると主張する。[60] 規範と実践を循環的プロセスを構成する一部として捉え、多様な社会的集団がいかなる理由からどのように規範と向き合ったのかを問うべきであるという。

また、規範の受け手としての臣民の役割も注目されている。シュルムボームはポリツァイ法が貫徹されるために臣民の協力が不可欠であるとして、「法を遵守する主体」としての臣民の重要性を指摘した。[61] またラントヴェーアは、臣民が自らの利害関心に基づいて法の整備を求める手段として請願が少なからぬ役割を果たしたという。当時臣民には違反があった場合には当局に報告することが義務付けられており、ポリツァイ規範の監視は臣民の幅広い協力があって初めて可能となるものだった。しかし臣民は実際には自らの関心や価値観に基づいて、ポリツァイ規範を無視したり、違反の報告を拒んだりするなど多様な選択肢を持ったという。[62] このように様々な行為者がどのように規範を求め、どのように規範に対して行動するのかという動態的な視座は、近世的支配は多様な主体の相互作用によって実践的に生起されるというブリックレらの理解とつながっていくのである。

魔女迫害に関わるポリツァイ条令

本書の対象となる三聖界選帝侯領では、一六世紀末〜一七世紀に魔術や魔女犯罪に関わるポリツァイ条令が発布されている。『ポリツァイ条令目録シリーズ』第一巻では、トリーア選帝侯領で三回、ケルン選帝侯領で一回、マインツ選帝侯領で五回の魔術ないし魔女関係のポリツァイ条令を確認することができる。[63] これらは、第一に当時の裁判運営の実態をうかがわせるものとして貴重な史料である。

第二に、これらポリツァイ条令は領邦君主がどのような司法の秩序を目指していたのかを示すものでもある。そこからは、魔女の災厄を取り除くことを自らの使命としつつも民衆の暴走と法からの逸脱を防がねばならなかった姿が見て取れる。

また本書ではとりわけ、ポリツァイ条令と請願との関係に着目する。ポリツァイ条令に臣民の請願は反映されていたのか。また、ポリツァイに対して臣民はどのように反応したのか。ブリックレが示したような、請願とポリツァイの循環的プロセスは魔女迫害においても妥当するものなのだろうか。これを明らかにするために、ポリツァイ条令の内容そのものと合わせて、そこで用いられているレトリックの分析を行う。そこには請願の痕跡、ないしは請願で用いられたレトリックとの対応関係が見られるのではないか。そして、その上で問われるべきは、ポリツァイ条令が実際の魔女裁判の場面においてどのように機能したのか（あるいはしなかったのか）、三つの対象地域においてその通用の程度に違いが見られるならば、それはどの要因に求めるべきなのか、という問題であろう。

4　本書の構成

本書は請願とポリツァイ条令を主要史料に、広域における魔女迫害を比較検証する試みである。三選帝侯領の魔女迫害現象に見られる相違はどのような政治的・社会的・経済的背景によるものなのか。どのような行為者がどのような背景においてどのように行動した結果、どのような迫害が生み出されたのか。これを明らかにするために、本書では以下のように分析を進めたい。

第Ⅰ部は第一章と第二章の二つの章から構成され、魔女迫害の背景を検討していく。第一章では魔女迫害の枠組みとして対象地域の行政・司法機構を整理する。とりわけ、各選帝侯領で行政・司法の中核的な役割を担った宮廷顧問会の機能、選帝侯とラント等族・在地役人らとの関係、実際にローカルなレベルで裁判を担っていた人々の職掌を問う。

続く第二章では対象地域で見られた魔女裁判の地域的・時間的分布から共通性と差異を考察する。また、その時期に魔女迫害が起こったことの背景として、魔女観念の成立、拷問を用いた糾問訴訟の世俗裁判所への浸透、そして宗教改革の影響を分析していこう。

第Ⅱ部は本書の核に当たり、裁判実践に焦点が当てられる。迫害の法的枠組みとなるポリツァイ諸条令とその実践を分析するために、三つの章に分けて裁判におけるそれぞれ異なる相に着目する。第三章は裁判の開始、第四章はそれに対する被告側からの抵抗を、そして第五章では裁判費用の問題を中心に扱う。ポリツァイ条令において選帝侯たちはどのようなレトリックを用いて、どのような秩序を目指したのか。また、それらはどのような現実を反映していたのか。ポリツァイ条令の受け手たちは、どのようにこれに対応したのか。さらに、各領邦におけるポリツァイ条令の比較分析により、これら選帝侯が抱えていたそれぞれの問題も明らかにされるだろう。

第Ⅲ部ではまた、請願に在地支配者がどのように向き合い、それを領邦君主にどのように伝えたのかを、中央機関と在地の支配の媒介者の間に存在した意志伝達の在り方を、我々は見ていくことになるだろう。そして、魔女迫害における請願の多様な機能も明らかにされるだろう。そこからは、交渉と対話による支配の在り方が浮かび上がってくる。終章ではこれら考察を踏まえた上で、近世の三聖界選帝侯領における臣民・役人・領主という関係性から魔女迫害が生じた意味を分析していこう。

註

（1）　魔女迫害研究史については以下を参照。Wolfgang Behringer, Geschichte der Hexenforschung, in: S. Lorenz (Hg.), *Wider alle Hexerei und Teufelswerk. Die europäische Hexenverfolgung und ihre Auswirkungen auf Südwestdeutschland,*

Ostfildern 2004, S. 485–668 ; Monika Neugebauer–Wölk, Wege aus dem Dschungel. Betrachtungen zur Hexenforschung, in : *Geschichte und Gesellschaft* 29/2（2003）, S. 316–347; Rita Voltmer, Netzwerk, Denkkollektiv oder Dschungel? Moderne Hexenforschung zwischen “global history” und Regionalgeschichte, Populärhistorie und Grundlagenforschung, in : *ZHF* 34/3（2007）, S. 467–507. 邦語ではすでに一九八六年に井上正美氏、さらに一九九七年に牟田和男氏によって詳細な研究動向の紹介がなされている。浜林正夫・井上正美『魔女狩り』教育社、一九八六年、二二五―二四〇頁、牟田和男「魔女狩りの研究史と現状」上山安敏・牟田和男編『魔女狩りと悪魔学』人文書院、一九九七年、三一五―三四五頁。

（2）ゲアハルト・エストライヒ著、成瀬治編訳『伝統社会と近代国家』岩波書店、一九八二年、二四五頁以下を参照。

（3）Robert Muchembled, *Kultur des Volks — Kultur der Eliten. Die Geschichte einer erfolgreichen Verdrängung*, Stuttgart 1978, S. 232–276.

（4）Herbert Eiden, Elitenkultur contra Volkskultur. Zur Kritik an Robert Muchembleds Deutung der Hexenverfolgung, in : R. Voltmer/G. Gehl（Hg.）, *Alltagsleben und Magie in Hexenprozessen*, Weimar 2003, S. 21–32. Hier S. 29.

（5）Robin Briggs, *Witches and neighbours. The social and cultural context of European witchcraft*, Penguinbooks 1996（以下 Briggs）, pp. 397–411.

（6）ショアマンはしばしば魔女迫害を「ホロコースト」と表現しており、中世および二〇世紀のユダヤ人迫害と魔女迫害が社会に及ぼした機能の類似性を論じている。Schormann, *Der Krieg*, S. 14–21.

（7）本書の第三章第３節で詳述する。

（8）Alan Macfarlane, *Witchcraft in Tudor and Stuart England. A regional and comparative study*, Routledge & Kegan Paul 1970. ただし、のちにマクファーレン自身は一六・一七世紀間のイングランドで前資本主義社会から近代資本主義社会への大転換が起こったというウェーバー以来の枠組みを誤りであるとしている。彼は一三世紀という想定されていたよりもずっと早い段階で資本主義、個人主義といった要素が確立したとし、しかもそれらが小農社会の一部をなしていたとする。したがって、近代資本主義の勃興と小農社会の解体という枠組みにおいて論じられた魔女迫害の構造もまた、再考を迫られている。アラン・マクファーレン著、酒田利夫訳『イギリス個人主義の起源――家族・財産・社会変化』リブロポート、一九九〇年、七―一〇頁、三一一―三三四頁。

（9）　Rainer Walz, *Hexenglaube und magische Kommunikation im Dorf der frühen Neuzeit. Die Verfolgungen in der Grafschaft Lippe*, Paderborn 1993（以下、Walz, *Hexenglaube*）.

（10）　Brian P. Levack, *The witch-hunt in early modern Europe*, New York 1987（以下、Levack）, pp. 176-182.

（11）　Schormann, *Hexenprozesse in Deutschland*, S. 65.

（12）　Wolfgang Behringer, *Hexenverfolgung in Bayern. Volksmagie, Glaubenseifer und Staatsrason in der Frühen Neuzeit*, München 1987（以下、Beringer, *Hexenverfolgung in Bayern*）, S. 417f.

（13）　Gerd Schwerhoff, Hexerei, Geschlecht und Regionalgeschichte. Überlegungen zur Erklärung des scheinbar Selbstverständlichen, in : G. Wilbertz u. a.（Hg.）, *Hexenverfolgung und Regionalgeschichte. Die Grafschaft Lippe im Vergleich*, Bielefeld 1994, S. 325-353, hier S. 349.

（14）　Walter Rummel, *Bauern, Herren und Hexen. Studien zur Sozialgeschichte sponheimischer und kurtrierischer Hexenprozesse* 1574-1664, Göttingen 1991（以下、Rummel, *Bauern*）, S. 317.

（15）　H. Eiden/R. Voltmer（Hg.）, *Hexenprozesse und Gerichtspraxis*, Trier 2002.

（16）　シュヴェアホフは魔女迫害史研究がドイツ語圏における犯罪史研究の先鞭をつけてきたと位置付けている。Schwerhoff, Kriminalitätsgeschichte im deutschen Sprachraum. Zum Profil eines “verspäteten“ Forschungszweige, in : A. Blauert / G. Schwerhoff（Hg.）, *Kriminalitätsgeschichte. Beiträge zur Sozial- und Kulturgeschichte der Vormoderne*, Konstanz 2000, S. 21-67, hier S. 26.

（17）　Wolfgang Behringer, “Erhob sich das ganze Land zu ihrer Ausrottung“. Hexenprozesse und Hexenverfolgungen in Europa, in : R. van Dülmen（Hg.）, *Hexenwelten. Magie und Imagination vom 16.-20. Jahrhundert*, Frankfurt a.M. 1987, S. 131-169. 特にドイツに関しては以下を参照。S. 164f. スイスに関しては以下を参照。S. 161f.

（18）　Walter Rummel/Rita Voltmer, *Hexen und Hexenverfolgung in der Frühen Neuzeit*, Darmstadt 2008（以下、Rummel/Voltmer）, 76ff.

（19）　Levack, p. 178.

（20）　Kommissar には通常「委員」という訳が当てられるが、本書では「委員会」との混同を防ぎ、かつ学識法書が在地で魔女裁判を監督するという働きを明示するため「魔女裁判監督官」という訳を用いる。

(21) 宗派化とは、各宗派が説教や教理問答集、学校教育や宗教裁判などを通じて、信徒の公的および私的な日常生活に深く鍬を入れ、宗派のアイデンティティと同一化させるプロセスである。そこでは結婚や家族、貧民や養老の問題に対する国家的な取り組みは、教会による規律への取り組みと並行している。国家的、世俗的課題と教会の宗教的課題は一致していた。すなわち教区民に、その宗派の世界観にかなった宗教的倫理的な規範に対する忠誠を誓わせ、また同時に臣民として規律化され合理的に組織化されることが目指されたのである。前近代のヨーロッパにおいては政治と宗教は互いに関連付けられ、教会と国家は社会の中心軸を形成していたことを踏まえるならば、宗派化とはまた宗教的文脈のみならず社会的政治的文脈においても根本的過程と言える。Heinz Schilling, Die Konfessionalisierung im Reich. Religiöser und gesellschaftlicher Wandel in Deutschland zwischen 1555 und 1620, in: *HZ* 246 (1988), S.1-45, hier S. 3-7, 31f. 邦語では踊共二「宗派化論——ヨーロッパ近世史のキーコンセプト」『武蔵大学人文学会雑誌』第四二巻第三・四号(二〇一〇)、一〇九—一五八頁に詳しい。

(22) たとえばカール・ヘルターのマインツ選帝侯領に関する研究はその嚆矢である。Karl Hälter, *Policey und Strafjustiz in Kurmainz. Gesetzgebung, Normdurchsetzung und Sozialkontrolle im frühneuzeitlichen Territorialstaat*, Frankfurt a.M. 2005（以下、Härter, *Policey und Strafjustiz*).

(23) それぞれの領邦についての地域研究については以降の章で適宜引用、言及するが、ここに代表的な著作のみ挙げておく。トリーア選帝侯領について以下を参照。Johannes Dillinger, *Böse Leute. Hexenverfolgungen in Schwäbisch-Österreich und Kurtrier im Vergleich*, Trier 1998（以下、Dillinger, *Böse Leute*）; Rummel, *Bauern*; Rita Voltmer, Monopole, Ausschüsse, Formalparteien. Vorbereitung, Finanzierung und Manipulation von Hexenprozessen durch private Klagekonsortien, in: H. Eiden/R. Voltmer（Hg.）, *Hexenprozesse und Gerichtspraxis*, Trier 2002, S. 5-67（以下、Voltmer, Monopole）. ケルン選帝侯領について以下を参照。Schormann, *Der Krieg*; Thomas Paul Becker, Hexenverfolgung im Erzstift Köln, in: S. Lennartz/M. Thomé（Redaktion）, *Hexenverfolgung im Rheinland: Ergebnisse neuerer Lokal- und Regionalstudien*（*Bensberger Protokolle* 85）, Köln 1996, S. 89-136（以下、Becker, Erzstift）; Rainer Decker, Die Hexenverfolgungen im Herzogtum Westfalen, in: *Westfäliche Zeitschrift* 131/132（1981/1982）, S. 339-386（以下、Decker, Herzogtum Westfalen）.

マインツ選帝侯領について以下を参照。Horst Gebhard, *Hexenprozesse im Kurfürstentum Mainz des 17. Jahrhunderts.* (*Veröffentlichungen des Geschichts- und Kunstvereins Aschaffenburg 31*), Aschaffenburg 1989（以下、Gebhard, *Hexenprozesse*）; Herbert Pohl, *Zauberglaube und Hexenangst im Kurfürstentum Mainz. Ein Beitrag zur Hexenfrage im 16. und beginnenden 17. Jahrhundert*, Stuttgart 1998.（以下、Pohl, *Zauberglaube*）.

(24) トリーア選帝侯領の史料状況に関しては以下を参照。Rummel, *Bauern*, S. 20; ders, Phasen und Träger kurtrierischer und sponheimischer Hexenverfolgungen, in : G. Franz/F. Irsigler (Hg.), *Hexenglaube und Hexenprozesse im Raum Rhein-Mosel-Saar*, Trier 1995, S. 256-331（以下、Rummel, Phasen und Träger）, hier S. 255f. またトリーア市に隣接し、トリーア選帝侯と対抗関係にあった聖マクシミン修道院の裁判権下で行われた裁判については、膨大な証言リストが刊行されている。R. Voltmer/K. Weisenstein (Bearb.), *Das Hexenregister des Claudius Musiel. Ein Verzeichnis von hingerichteten und besagten Personen aus dem Trierer Land (1586-1594)*, Trier 1996（以下、Voltmer/Weisenstein）. このリストにはトリーア市民ほか選帝侯領の領民も多く含まれるため、適宜参照する。

(25) Schormann, *Die Hexenprozesse in Deutschland*, S. 181f.

(26) Schormann, *Der Krieg*, S. 8.

(27) 請願状に関わる研究史については、以下が詳しい。Andreas Würgler, Bitten und Begehren. Suppliken und Gravamina in der deutschsprachigen Frühneuzeitforschung, in : C. Nubola/A. würgler (Hg.), *Bittschriften und Gravamina. Politik, Verwaltung und Justiz in Europa (14.-18. Jahrhundert)*, Berlin 2005（以下、Nubola/Würgler, *Bittschriften*）, S. 17-52（以下、Würgler, Bitten und Begehren）, S. 17-33. また刑事司法における請願の実践については以下を参照。Karl Härter, Das Aushandeln von Sanktionen und Normen. Zu Funktion und Bedeutung von Supplikationen in der frühneuzeitlichen Strafjustiz, in : Nubola/Würgler, *Bittschriften*, S. 243-274（以下、Härter, Das Aushandeln）を参照。

(28) J. H. Kumpf, Art. Petition, in : *HRG*, Bd. 3 (1984), Sp. 1639-1646.

(29) Gerd Schwerhoff, Das Kölner Supplikenwesen in der Frühen Neuzeit. Annäherungen an ein Kommunikationsmedium zwischen Untertanen und Obrigkeit, in : G. Mölich/G. Schwerhoff (Hg.), *Köln als Kommunikationszentrum. Studien zur frühneuzeitlichen Stadtgeschichte*, Köln 1999, S. 473-496, hier S. 488f. 一八世紀にはケルン市において、請願状への応答は当

局の重要な、時にはむしろ主要な任務となっていたというが、これはある程度他領邦一般にも当てはまることであろう。

(30) Hermut Neuhaus, *Reichstag und Supplikationsausschuß. Ein Beitrag zur Reichsverfassungsgeschichte der ersten Hälfte des 17. Jahrhunderts*, Berlin 1975（以下、Neuhaus, Reichstag).

(31) Hermut Neuhaus, Supplikationen als landesgeschichtliche Quellen. Das Beispiel der Landgrafschaft Hessen im 16. Jahrhundert, 1. Teil, in : *Hessisches Jahrbuch für Landesgeschichte* 28 (1978), S. 110–190.

(32) Peter Blickle, Beschwerden und Polizeien. Die Legitimation des modernen Staates durch Verfahren und Normen, in : ders. (Hg.), *Gute Policey als Politik im 16. Jahrhundert. Die Entstehung des öffentlichen Raumes in Oberdeutschland*, Frankfurt a. M. 2003, S. 549–568, hier S. 557f.

(33) 服部良久『アルプスの農民紛争――中・近世の地域公共性と国家』京都大学学術出版会、二〇〇九年（以下、服部『農民紛争』）、特に第七章。

(34) Renate Blickle, Supplikationen und Demonstrationen. Mittel und Wege der Partizipation im bayerischen Territorialstaat, in : W. Rösener (Hg.), *Kommunikation in der ländlichen Gesellschaft*, Göttingen 2000, S. 263–317, hier S. 289.

(35) Rosi Fuhrmann/Beat Kümin/Andreas Würgler, Supplizierende Gemeinden. Aspekte einer vergleichenden Quellenbetrachtung, in : P. Blickle (Hg.), *Gemeinde und Staat im Alten Europa*, München 1998, S. 267–323.

(36) Harriet Rudolph, *Eine gelinde Regierungsart. Peinliche Strafjustiz im geistlichen Territorium. Das Hochstift Osnabrück (1716–1803)*, Konstanz 2000（以下、H. Rudolph, *Eine gelinde Regierungsart*), S. 266. またフランス王国については福田真希による通史的研究がある。福田真希『赦すことと罰すること――恩赦のフランス法制史』名古屋大学出版会、二〇一四年。

(37) 恩赦請願についてはフォアアルルベルクの一五・一六世紀の恩赦事例を扱った以下の文献がある。Andreas Bauer, *Das Gnadenbitten in der Strafrechtspflege des 15. und 16. Jahrhunderts*, Frankfurt a. M. 1996. そのほか、一八世紀のオスナブリュックの刑事裁判での恩赦を扱った以下の研究などがある。H. Rudolph, *Eine gelinde Regierungsart*. シュヴェアホフは犯罪史研究の古典的な史料として請願状をあげている。Gerd Schwerhoff, *Aktenkundig und gerichtsnotorisch. Einführung in die Historische Kriminalitätsforschung*, Tübingen, 1999, S. 34. また池田利昭「中世後期・近世ドイツの犯罪史研究と

「公的刑法の成立」——近年の動向から」『史学雑誌』第一一四編第九号（二〇〇五）、六〇—八四頁が恩赦請願と「司法の貫徹」の問題について整理を行っている。池田『犯罪と刑罰』は、刑罰と和解のコンビネーション、恩赦の請願について中世後期のニュルンベルクにおける豊かな事例を提示している。

（38）　ナタリー・Z・デーヴィス著、成瀬駒男・宮下史朗訳『古文書の中のフィクション——一六世紀フランスの恩赦嘆願の物語』平凡社、一九九〇年。

（39）　エーストマンは裁判開始を要求する帝室裁判所に寄せられた訴状を一貫して Supplikation と表記している。史料にも Supplikation という語が用いられ、差出人も「原告（Kläger）」ではなく「請願人（Supplikant）」と表記されている。Peter Oestmann, *Hexenprozesse am Reichskammergericht*, Köln 1997（以下、Oestmann）, passim. その意味ではこれらはやはり「訴状」ではなくノイハウスのいう司法請願 Justizsupplikationen に相応すると考えてよいだろう。ノイハウスは上位権力に何らかの厚意や引立て、あるいは特権の維持を求める請願状を「恩徳請願（Gnadensupplikationen）」、司法・行政の分野において特定の敵対者について何らかの不平申し立てや訴えを行うものを「司法請願（Justizsupplikationen）」として区分した。司法請願は、とりわけ裁判手続きの中で自らの弁護、ないしは手続きの遅延を意図して用いられたという。Neuhaus, Reichstag, S. 114ff., 118ff.

（40）　Oestmann, S. 65.

（41）　Ebd., S. 519f.

（42）　Katrin Moeller, *Dass Willkür über Recht ginge. Hexenverfolgung in Mecklenburg im 16. und 17. Jahrhundert*, Bielefeld 2007（以下、Moeller）, S. 325–330.

（43）　Ebd., S. 479.

（44）　Rita Voltmer, ...ce tant exécrable et détestable crime de sortilege. Der “Bürgerkrieg” gegen Hexen und Hexenmeister im Herzogtum Luxemburg（16. und 17. Jahrhundert）, in : *Hémecht. Revue d'histoire Luxembourgeoise. Zeitschrift für Luxemburger Geschichte* 56（2004）, S. 54–92, hier S. 64f.

（45）　Pohl, *Zauberglaube*, S. 155f.

（46）　Härter, *Policey und Strafjustiz*, S. 30, 502.

（47） 請願状の史料上の特性とその史料批判的考察については以下を参照。Brigit Rehse, *Die Supplikations- und Gnadenpraxis in Brandenburg-Preußen. Eine Untersuchung am Beispiel der Kurmark unter Friedrich Wilhelm II.*（*1786–1797*）, Berlin 2008（以下、Rehse）, S. 64-71; Rita Voltmer/Shigeko Kobayashi, Supplikationen und Hexereiverfahren im Westen des Alten Reichs. Stand und Perspektiven der Forschung, in: *Kurtrierisches Jahrbuch* 51（2011）, S. 247-269（以下、Voltmer/Kobayashi）, hier S. 254f.; Würgler, Bitten und Begehren, S. 41-43.

（48） Peter Arnold Heuser, Eine Auseinandersetzung über den Indizienwert der Kaltwasserprobe im Hexenprozeß. Studien zur Rick-Delrio-Kontroverse 1597–1599 und zur Zurückdrängung der Kaltwasserprobe aus kurkölnischen Hexenprozessen im 17. Jahrhundert, in: *Rheinisch-westfälische Zeitschrift für Volkskunde* 45（2000）, S. 73-135（以下、Heuser, Kaltwasserprobe）, hier S. 128.

（49） Voltmer/Kobayashi, S. 253.

（50） Würgler, Bitten und Begehren, S. 42f.

（51） Härter, Das Aushandeln, S. 246.

（52） Rehse, S. 66f.

（53） 松本尚子「近世ドイツの治安イメージとポリツァイ——廷吏から治安部隊へ」林田敏子・大日方純夫編『ヨーロッパの探求13　警察』ミネルヴァ書房、二〇一二年、一七—七〇頁、ここでは特に二六—二九頁。またポリツァイ概念史についてはイゼリの概説書が手頃である。Andrea Iseli, *Gute Policey. Öffentliche Ordnung in der Frühen Neuzeit*, Stuttgart 2009（以下、Iseli）, hier S. 14-31. 規律化とポリツァイをめぐる研究動向については佐久間弘展「ドイツ中近世史におけるポリツァイ研究の新動向」『比較都市史研究』第二五巻第一号（二〇〇六）、服部『農民紛争』、一七五—一八三頁、柴垣聡「ドイツ中近世の地域社会における秩序形成をめぐる研究状況」『パブリック・ヒストリー』第九号（二〇一二）、三七—四六頁、辻泰一郎「ポリツァイ条令立法史研究の歩みを振り返って」『明治学院法学研究』第九八号（二〇一五）、一—六一頁などを参照。

（54） 松本尚子「ドイツ近世の国制と公法——帝国・ポリツァイ・法学」『法制史研究』第四八号（一九九八）、一八六—一九四頁、ポリツァイ条令の発布形態については一八七—一八八頁。本書においてはこれら発布形態をあえて訳し分けることはせず、「ポリツァイ条令」と総称する。

(55) この時期のポリツァイ指令は「法律」と職務命令との中間的性格のものであり、限定された通用力しか有していなかった。ミヒャエル・シュトライス著、和田卓朗訳「初期近代〔＝近世〕のポリツァイ条令における「規範の現実的通用」とは何を意味するか」『大阪市立大学法学雑誌』第四九号第二巻（二〇〇二）、三三一—三六五頁、特に三五九頁。Harriet Rudolph, "Löblich und wol regiert"? : Strafjustiz in Kurköln in der frühen Neuzeit, in : F. Irsigler (Hg.), *Zwischen Maas und Rhein. Beziehungen, Begegnungen und Konflikte in einem europäischen Kernraum von der Späantike bis zum 19. Jahrhundert*, Trier 2006, S. 199–221（以下、H. Rudolph, Strafjustiz in Kurköln), hier S. 203.

(56) Iseli, S. 87.

(57) Iseli, S. 116f. 千葉徳夫氏による解題と合わせてゲルハルト・エストライヒ著、阪口修平・千葉徳夫・山内進訳『近代国家の覚醒——新ストア主義、身分制、ポリツァイ』創文社、一九九三年、一二七—一四五頁を参照。

(58) Jürgen Schlumbohm, Gesetze, die nicht durchgesetzt werden : Ein Strukturmerkmal des frühneuzeitlichen Staates? in : *Geschichte und Gesellschaft* 23 (1997), S. 647–663（以下、Schlumbohm), hier S. 660.

(59) Härter, *Policey und Strafjustiz*, S. 9–12; Iseli, S. 131f.

(60) Achim Landwehr, Die Rhetorik der "Guten Policey", in : *ZHF* 30 Bd. (2003), S. 251–287（以下、Londwehr, Die Rhetorik), S. 253f.

(61) Schlumbohm, S. 661–663.

(62) Achim Landwehr, Policey vor Ort. Die Implementation von Policeyordnungen in der ländlichen Gesellschaft der Frühen Neuzeit, in : K. Härter (Hg.), *Policey und frühneuzeitliche Gesellschaft*, Frankfurt a. M. 2000, S. 47–70, S. 61ff.

(63) Karl Härter (Hg.), *Deutsches Reich und geistliche Kurfürstentümer* (*Kurmainz, Kurköln, Kurtrier*), Frankfurt a. M. 1996（以下、Härter, *Deutsches Reich*). 帝国およびトリーア・ケルン・マインツの三選帝侯領のポリツァイ条令の目録が納められているが、この目録では、ケルン選帝侯領の一六〇七年および一六二八年の魔女裁判関係法令が扱われていない。

第Ⅰ部　迫害の枠組み

第一章　対象地域の概観

本章では、魔女迫害の背景となった対象地域の一六・一七世紀における国制および司法・行政制度の概観を試みる。

三聖界選帝侯領の政治体制を構成する要素は、大きくは選帝侯、聖堂参事会、その他のラント等族の三つであった。領邦君主である選帝侯は同時に司教であり、聖堂参事会による選挙で選出された。さらに選出に際しての選挙協約を通じて、選帝侯は常にその支配権を聖堂参事会によってある程度制限されていたといえる。一種の共同統治者であった聖堂参事会員は例外なく貴族からなり、世俗領域でも大きな影響力をふるった[1]。第三の勢力であるその他のラント等族は、聖堂参事会員に含まれない貴族あるいは諸都市からなる。とりわけ貴族たちは後述するように管区長ないし下級役人として直接的、間接的に魔女裁判に関与した。

このような国制上の特質に留意しながら、まずは第1節で各領邦の領域を概観しよう。司教領邦の特徴である領域の分断、一体性の欠如を確認できるだろう。第2節では行政、司法の在り方を中央のレベル、中間層である地方役人のレベル、そして共同体という三層から比較検討する。その際、一六世紀に本格化する中央からの統制の試みと、伝統的な共同体の秩序維持の在り方とがどのように関係していくのか論じてみたい。

1　領域と行政管区

各選帝侯領の地理的概観に入る前に、簡単に用語の整理をしておきたい。まず、大司教領（Erzstift）は大司教区（Erzbistum）とは全く別のものである。大司教領とは大司教の世俗統治が及ぶ地域であり、トリーア・ケルン・マインツの大司教領においては同選帝侯領（Kurfürstentum）と同義である。混乱を避けるために本書では「選帝侯領」という語を一貫して用いる。ローマ・カトリック教会による区分である大司教区は大司教領＝選帝侯領よりはるかに広い領域を指す。

三聖界選帝侯領にはそれぞれ Ober- Unter（Nieder-）stift という行政区分が存在する。Stift は教会や修道院を指す言葉でもあるが、ここでは選帝侯の実質的な支配領域を指すので、世俗的な区分として上管区・下管区という訳語を用いる。ただし、ケルン選帝侯領に関してはこの上下管区は後述するようにライン部にのみ適用され、ヴェストファーレンとフェスト・レックリングハウゼンには用いられない。そのため、ケルン選帝侯領の Oberstift には上ライン部、Niederstift には下ライン部という訳を当てることとする。

トリーア選帝侯領は、南はザール（Saar）川からモーゼル川に至る地域、そしてモーゼルから西へフンスリュック（Hunsrück）、アイフェル（Eifel）山地を超えてライン川まで至り、その中に多くの飛び地を抱える複雑なモザイクをなしていた。一五世紀以降は大きな領地の変更はなく、[2] 面積約五四〇〇平方キロメートル、約七万五〇〇〇人の人口を抱える小領邦であった[3]（図1）。産業は農業が中心で、モーゼル沿いに点在する中小都市も農地と隣接した半農村の性格を色濃く残している。住民の大多数は農村部に居住して畑作やワイン醸造業に従事しており、一八世紀に至っても都市居住者は一〇％に満たなかった。[4] 行政区分としては、トリーア市を中心とする上管区（Ober-

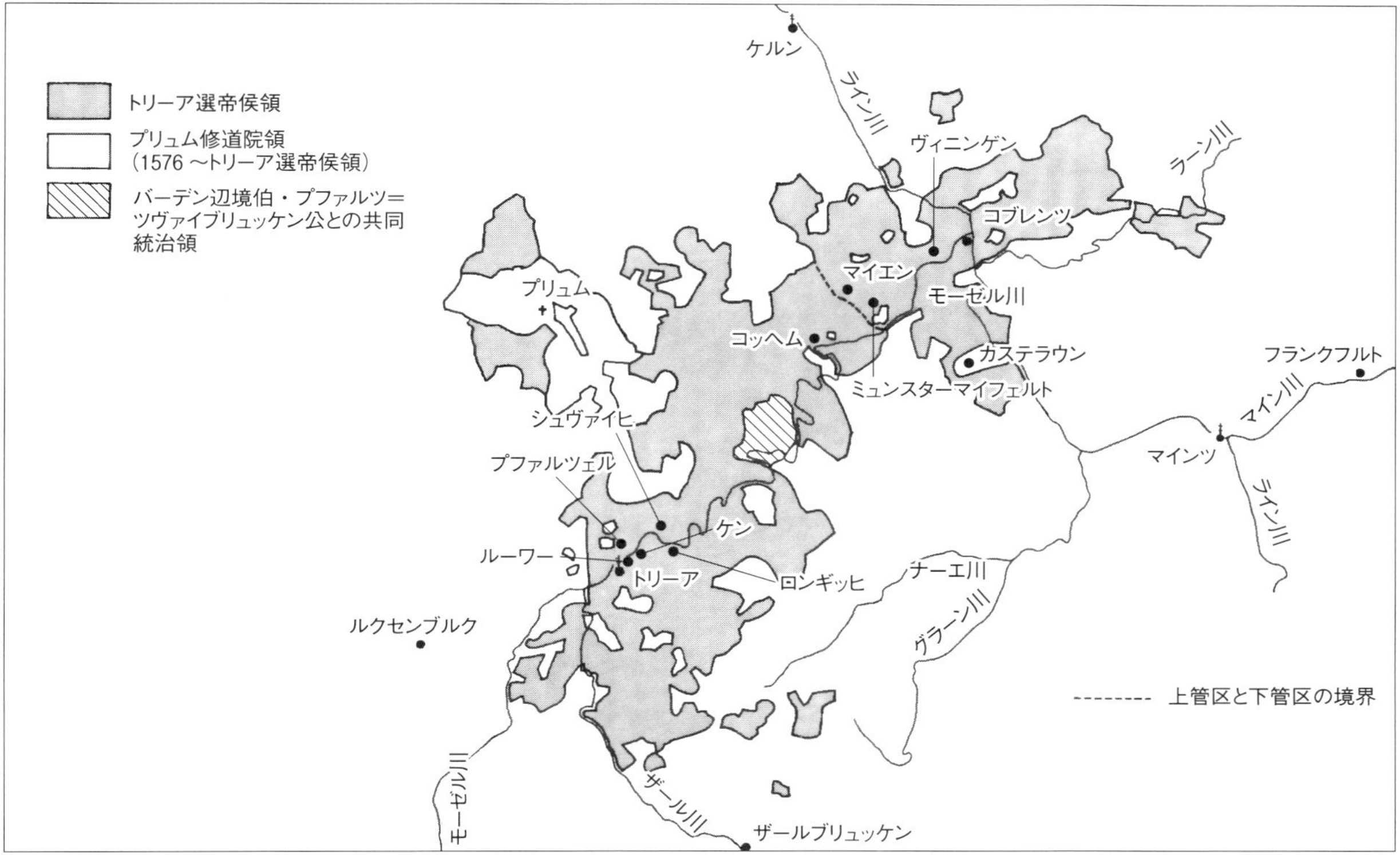

図１　16世紀のトリーア選帝侯領

出典：Anton Schindling/Walter Ziegler (Hg.), *Die Territorien des Reichs im Zeitalter der Reformation und Konfessionalisierung. Land und Konfession 1500–1650*, Bd. 5 (Der Südwesten), Münster 1993, S. 50.

stift）とコブレンツを中心とする下管区（Unterstift）の二つに大きく分かれる。一六・一七世紀には、約四〇の管区が選帝侯の直接的支配のもとにあった[5]。大司教の居城はもともと司教座の置かれたトリーア市であったが、一六世紀以降徐々にコブレンツに居住することが多くなっていった。コブレンツに築かれたエーレンブライト城塞は軍事上の要地であり、モーゼルとラインの結節点に当たる地理上の利点もあったからであろう[6]。

北部でスペイン領ネーデルラント、西部でフランスと境を接するトリーア選帝侯領は、ハプスブルク家のヨーロッパ戦略において地政学的に大きな意味を持った。フランスとの近接、ラインの大動脈へと通じるモーゼル川の水運、選帝侯領を南北に縦断しネーデルラントへと通じる「スペイン街道」の存在が、トリーア選帝侯領を軍事上の要地としたのである。スペイン領ネーデルラントの一州であったルクセンブルク公領と同様に、トリーア選帝侯領の西部および南部が一六・一七世紀の戦争において軍事行動の舞台となり、理想的な宿営地とされたことは、地政学的に当然のことであった[7]。

トリーア選帝侯領内に散在するいくつかの小所領の中でも、魔女迫害の文脈で特に挙げておかなければならないのは聖マクシミン修道院であろう。聖マクシミンはトリーア市に隣接する大所領を持ち、強大な権勢を誇ったベネディクト派の帝国修道院である[8]。トリーア市に隣接する二四の村落においても同修道院が上級裁判権を有しており、そこで行われた魔女裁判はトリーア市にも飛び火した。選帝侯の権力の中枢たるトリーア市周辺すらも、この修道院の勢力下にあったのである。同様に、トリーア選帝侯領に隣接するシュポンハイム伯領カステラウンおよびトリーア選帝侯領内の同伯領の飛び領地ヴィニンゲン（Winningen）、シュポンハイム伯とトリーア選帝侯の共同統治領ベルトハイムも魔女裁判の舞台として先行研究では度々言及されている[9]。

ケルン選帝侯領は一五八〇年頃には約八七〇〇平方キロメートルの領土と約二〇万人の人口を擁する中規模領邦であり、やはり多くの飛び領地からなる分裂した領域を形成していた[10]（図２）。この領邦は大きくライン部（das rheinische Erzstift）、ヴェストファーレン公領（Herzogtum Westfalen）、フェスト・レックリングハウゼン（Vest Recklinghausen）の三つの領域に分かれる。この三領域は一四世紀にはすでに各々一体性のある地域として形成されており、相互の関係もほぼその当時のまま引き継がれてきた。これら三領域はケルン選帝侯の領有とされたものの、これらが一つの支配地域となることはなく――すなわち、この地域に共通する確固とした行政システムは存在しないまま――ケルン選帝侯とヴェストファーレン公を兼ねる領邦君主個人にそのつながりがかろうじて保持されていた。[11] それぞれの地域にはそれぞれの固有のラント法とラント等族が存在していた。

ライン部は南北一〇〇キロメートルほどライン川に沿って細長く広がり、ケルンより北部は上ライン部（Oberstift）、南部は下ライン部（Niederstift）とさらに区分される。[12] 東側はライン川がほぼ境界線となっており、西側ではゲルデルン公領（Herzogtum Geldern）とユーリヒ公領（Herzogtum Jürich）に接する。[13] 図2を一瞥すれば容易に見て取れるように、周囲の諸領邦が領域内に複雑に入り組み分断されているライン部は、ヴェストファーレンやレックリングハウゼンに比べて領域的一体性に欠ける。ボン（Bonn）やブリュール（Brühl）を中心とする領域が選帝侯領の実質的核をなすが、バート・ゴーテスベルク（Bad-Gotesberg）を南の境として、さらに南部にアルテナー（Altenahr）管区、ニュルブルク（Nürburg）管区、アンダーナハ（Andernach）管区、アルテンヴィード（Altenwied）管区という飛び領地を抱えている。[14]

ここで注意すべきは帝国都市ケルンの存在であろう。ケルン市は一三世紀にケルン選帝侯からの政治的独立を勝ち取り、選帝侯はボンへと居を移した。しかしこのことはケルン市とケルン選帝侯領が無関係になったことを意味するわけではない。後述するように、ケルン市にはケルン選帝侯領を管轄する裁判所が置かれ、一五九七年までは選帝侯の顧問の多くがケルン市民であった。本書ではケルン市の魔女裁判の事例には深く立ち入らないものの、選帝侯領と帝国都市との深い関係には留意しなければならない。[15]

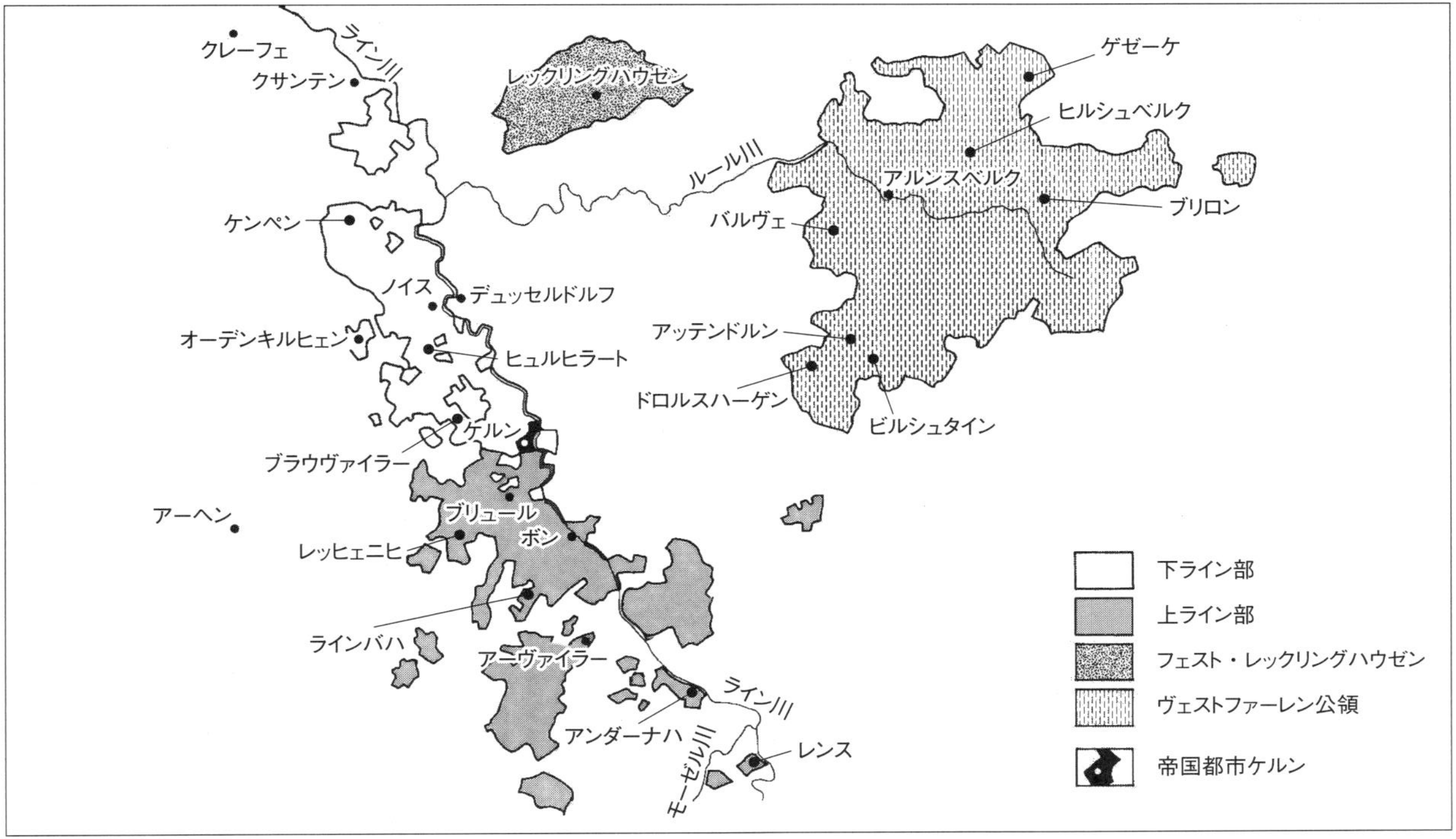

図2　16世紀のケルン選帝侯領

出典：Anton Schindling/Walter Ziegler (Hg.), *Die Territorien des Reichs im Zeitalter der Reformation und Konfessionalisierung. Land und Konfession 1500–1650*, Bd. 3 (Der Norwesten), Münster 1995, S. 58.

ライン部からライン右岸ベルク公領（Herzogtum Berg）を挟んで東に大きく離れたヴェストファーレン公領は、南はロタール山地からザウアーラント（Sauerland）とルール川渓谷を超え、北はゾースト（Soest）とリップシュタット（Lippstadt）の南側まで達し、面積約三七五〇平方キロメートルとライン部についで大きな領域を形成している。一部選帝侯の支配権に服さない土地領主の所領も残っていたものの、ヴェストファーレン公領の行政組織化は一五世紀にはほとんど完成し、ケルン選帝侯領の他地域と同様、管区（Amt）が重要な行政単位となった。選帝侯の代理人であるラント代官（Landdrost）とヴェストファーレン顧問会がアルンスベルク（Arnsberg）に置かれたことから、このルール川沿いの都市がヴェストファーレンの行政の中心地となる。[16]

第三の、そして最も小さな領域を形成するのが北部のフェスト・レックリングハウゼンである。一三世紀にケルン選帝侯から都市法を授与されたレックリングハウゼンとドルステン（Dorsten）の二市が、ケルン選帝侯による領域支配のスタート地点となった。この両都市は地理的にはヴェストファーレンと隣接していたが、政治的にはむしろライン部との接近を見せ、一四世紀の新大司教への誠実宣誓に際して、ヴェストファーレン諸都市ではなくライン諸都市に連なっている。レックリングハウゼンには選帝侯の代官が居住しており、この地の行政を管轄した。[17]

マインツ選帝侯領は一六世紀初頭には約三二万人の人口を擁する人口・面積ともに最大の司教領邦である[18]（図3）。選帝侯の実質的支配の核は、ライン・マイン流域の一一五平方マイルからなる地域にあった。居城都市マインツを中心としラインガウを包摂する下管区（Unterstift）、上流のアシャッフェンブルクを中心とし、マイン川に沿うように広がる上管区（Oberstift）に分かれる。上管区はライン・マインの大河に恵まれ、重要な遠隔地商業の舞台となった。司教座がおかれたマインツ市は一三世紀には自由都市として都市特権を認められる。しかし一四六二年、大司教位を争うフェーデの際にアドルフ・フォン・ナッサウ（Adolph von Nassau　一四二三―一四七五、在位一四六一―一四七五）は、対立候補側に回ったこの都市を軍事的に征服し、領邦都市として君主直轄領へと組み込んだ。[19]

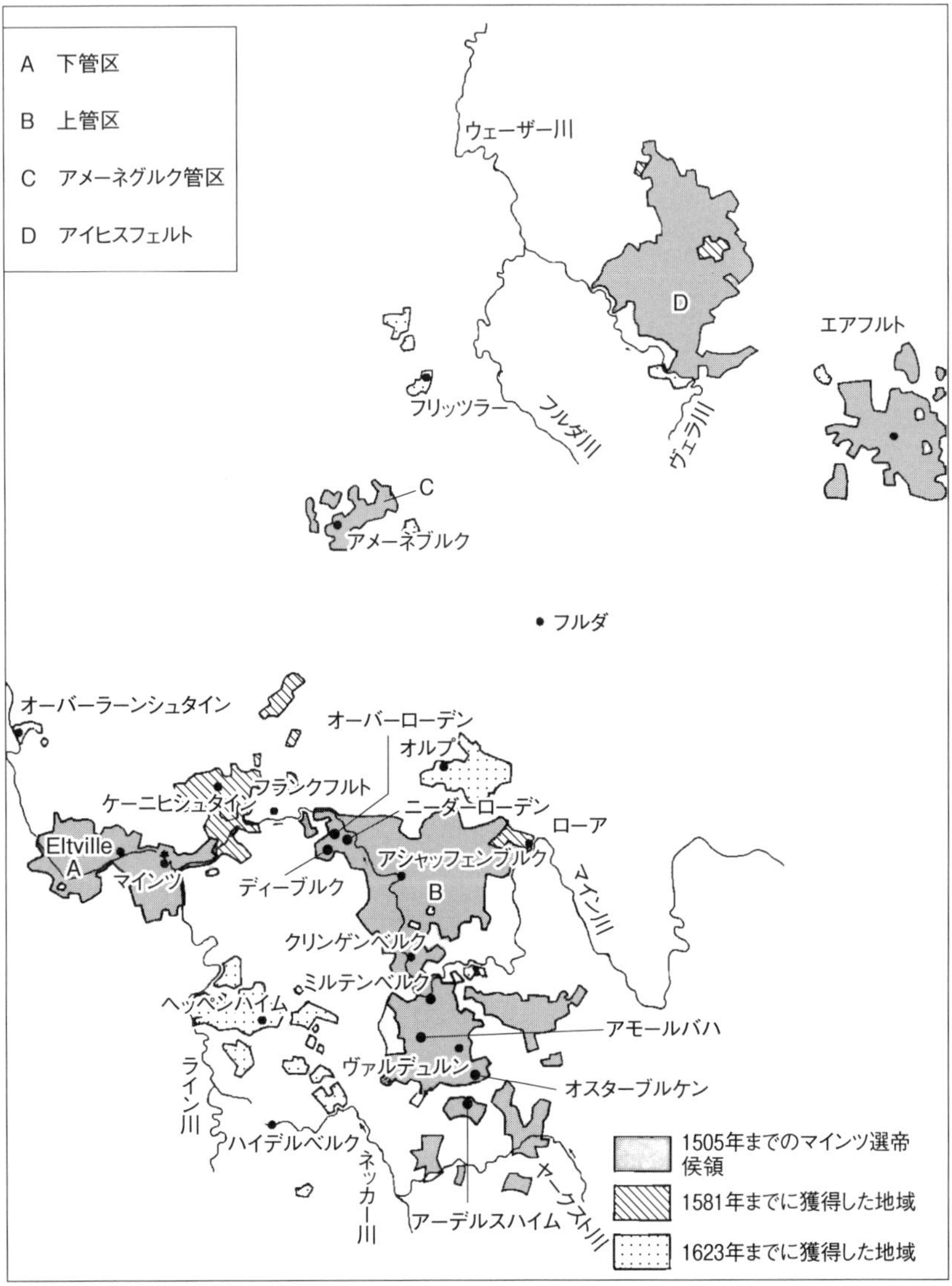

図3　16世紀のマインツ選帝侯領

出典：Anton Schindling/Walter Ziegler (Hg.), *Die Territorien des Reichs im Zeitalter der Reformation und Konfessionalisierung. Land und Konfession 1500–1650*, Bd. 4 (Mitteleres Deutschland), Münster 1992, S. 60.

以降、マインツ市は一二四四年以来謳歌してきた都市特権を失い、選帝侯の権力中枢として機能することになる。マインツ選帝侯領には管区（Amt）の他、代官管区（Vizedomamt）や上級管区（Oberamt）といった区分が存在していたが、管区に対して後二者が管轄や権能において優位であったわけではない。下管区はマインツ市・マインツ代官管区（Vizedomamt in der Stadt Mainz/Vizedomamt Mainz）、ラインガウ代官管区（Vizedomamt des Rheingau）を中心とした七つの行政区に分かれる[20]。選帝侯直属のこれら管区のほか、聖堂参事会が直轄するビンゲン（Bingen）、モンバハ（Mombach）、ホッホハイム（Hochheim）の各管区もあった。さらに、ツェント（Cent/Zent）という古い裁判管区・城塞管区に基づいた行政管区も同時に存在している[21]。

上管区の北半分には上管区における宮廷顧問会の所在地であるアシャッフェンブルク代官管区（Vizedomamt Aschaffenburg）、その西にはツェント・ディーブルク（Zent Dieburg）、ツェント・ゼーリゲンシュタット（Zent Seligenstadt）などがあり、南側にはミルテンベルク管区（Amt Miltenberg）が連なっている。南側の西半分は広大なアモールバハ管区（Amt Amorbach）、ツェント・オスターブルケン（Zent Osterburken）、ツェント・ムーダウ（Zent Mudau）によってほぼ占められている[22]。

2　行政・司法と在地役人

三聖界選帝侯領は近世の中小司教領邦として似通った行政・司法システムを持っていた。これらを（一）選帝侯に直属する中央機関、（二）管区（Amt）、（三）在地の三層に分けてそれぞれ概観してみよう。

（一）一六世紀には、いずれの領邦においても宮廷顧問会（Hofrat）（後のラント政府）が中央行政府として確立されている。しかし、その管轄や影響力の程度には大きな差があった。また司法制度に関して三選帝侯領に共通していたのは、オーバーホーフ（Oberhof）という上位裁判機関を持ったことであろう。カロリナではオーバーホーフによる地方裁判所の監督が定められており、[23]一六世紀の全般的な傾向として上位裁判所による司法の監督、権威の確立といった流れが認められる。

（二）いずれの領邦においても、行政・司法の基本単位となったのは管区（Amt）である。[24]それぞれの管区で選帝侯の俗権を行政と司法にわたって代行したのが、選帝侯によって任命される管区長（Amtmann）であった。彼らは中央機関である選帝侯宮廷顧問会と共同体の間に立つ中間機関となった。とはいえ、一六・一七世紀には近代的に整備された一貫したシステムは言うまでもなく存在していなかった。管区という行政区分をとっても、管轄地域の大小には大きな差があり、地理的に離れた地域を一つの管区としている場合もある。[25]さらに選帝侯領には共同統治地域、特権を与えられた小領主など管区に含まれない、ないし選帝侯の裁判権に必ずしも属さない地域もある。その特権の度合い、とりわけ認められた裁判権の範囲も多様であった。したがって、近世の管区制度は一貫性のある近代的な行政システムとは全く別のものと考えねばならない。

（三）在地レベルには刑事・民事の一審裁判所が存在していたが、中世以来複雑に発達した複数の裁判機構が時には管轄領域を重複させ合い競合しながら並存する状況であった。主に聖職者に対する裁判や信徒の宗教的・道徳的な逸脱や結婚に関することを扱う宗教裁判所、森林利用に関する裁判所、その他民事裁判を行う領主裁判所、都市裁判所などがそれにあたる。しかし今は、魔女裁判を含む刑事案件を管轄する裁判所に限定して話を進めよう。すでに繰り返し述べてきたが、神聖ローマ帝国では一六世紀末に至り、領邦君主による刑事裁判権の貫徹と同時に在地レベルでの裁判権の制限が国家的課題とみなされるようになる。徐々に君主への従属が強められる中で、伝統的な在地裁判所とそれを担ってきた住民たちは、新しい刑事司法においてどのような役割を果たし得たのだろうか。

(1) トリーア選帝侯領――管区長・共同体役員・参審人

トリーア選帝侯領では、選帝侯ヤコブ・フォン・エルツ（Jakob von Eltz　一五一〇―一五八一、在位一五六七―一五八一）の時代、顧問会が宮廷から独立した組織として発足している。しかし魔女裁判の起こった時期のこの機関に関する記録は残っておらず、先行研究もこの時代の顧問会に関してはほとんど言及していない。宮廷顧問会が最高行政・司法機関とされ、構成員一五人の定員が定められたのは一八世紀の司法・行政改革に至ってからである。宮廷顧問会は学識法曹と貴族によって占められたが、学識法曹の重要性が社会のあらゆる場面で高まっていたにも関わらず、この両者並立は選帝侯領解体まで変わることはなかった。これもトリーア選帝侯領における貴族ないし聖堂参事会の勢力の強さを示している。宮廷顧問会は顧問会から分かれた宮廷裁判所と同様、コブレンツに置かれた。[26]

上級裁判所としては、一五三七年の裁判条令によりトリーアとコブレンツにそれぞれ置かれた高等裁判所が上下管区に属する在地の参審裁判所を監督することとなった。とりわけ刑事裁判の困難な案件に関して在地から記録送付を受けた高等裁判所が在地裁判所に指示を与えることで、地方の裁判権やその管轄を制限するはずであった。また、その照会先をトリーア・コブレンツ両高等裁判所に限り、他の領邦やトリーア大学法学部への照会を禁じたことも、法的基準の統一という目的に合致する。コブレンツとトリーアの二都市において宗教改革導入の試みが頓挫し、結果選帝侯の影響力がむしろ強まったことはすでに多くの地域研究が示しているが、[27]選帝侯のより強い支配下に置かれた両都市の高等裁判所は司法における選帝侯の権威の確立、ひいては領邦君主の支配強化に寄与するはずだった。[28]しかし後に見るように、記録送付を通じた地方裁判所に対する高等裁判所による監督は、魔女裁判の時代には必ずしも有効には機能しなかった。[29]

管区のレベルに目を向けてみよう。管区長は選帝侯および大司教の俗権、特に司法の権限を代表し、選帝侯にのみ責任を負うとされた。一六世紀までは管区長は下級貴族から任命されているが、市民出身の学識法曹であることもあった。[30] 彼らの重要な任務として、軍事・行政と並び裁判運営があった。一五六二年コブレンツ都市条令は、一五八〇年のトリーア都市条令と並びトリーア選帝侯領の刑事司法の基礎となっている。そこでは「犯罪や悪習の処罰」、「ポリツァイや秩序の管理」「刑事および民事訴訟の正しき討議」が管区長の任務として定められている。[31] 管区長は糾問訴訟に際して職権により手続きを開始すると同時に、管区内の下級裁判所における裁判官としての役割も果たした。彼らはまた臣民を恣意によって不当に投獄することのないよう義務付けられていた。もし管区長の職権乱用が明らかになった場合には、選帝侯が臣民からの異議申し立てを領邦君主の権限により調査するとされている。[32] これは、我々の目下の関心である請願が、在地役人の不正を糺す手段として認識されていたことを示すものである。

管区長は管轄地域に居住することを義務付けられていたが、実際は近隣管区の兼任は常態であった。[33] したがって彼らの任務はしばしば下級役人の代行するところとなり、管区長職が単なる貴族の名目的ポストとなることにもつながっていった。またエルツ（Eltz）家、ケッセルシュタット（Kesselstatt）家、メアル（Merl）家やシャーフェンシュタイン（Scharffenstein）家のようにトリーア選帝侯領に隣接する世襲家領を持つ貴族たちは、選帝侯領における任務よりも領地の維持と家門の発展のために自身の利害を追求した。[34] それゆえに、彼らが必ずしも忠実な選帝侯の手足とはならなかったことには留意しておくべきであろう。

このような管区を単位とし、管区長に大きな権限が与えられた新しい司法システムは一六世紀に徐々に共同体へ浸透していった。しかし、選帝侯が一元的で完結した裁判制度を打ち立てることは困難を極めた。コッヘム（Cochem）管区を例に取ってみよう。ここには選帝侯の裁判権に服する四つの裁判所があったが、一部村落には刑事裁判権を持たず民事のみを管轄するなど、これら裁判所が一円に均質的な裁判権を行使したわけではなかった。[35] さらに、トリーア選帝侯の刑事裁判権に属さない、あるいはその所属をめぐる係争のある裁判所や、土地領主が独自に下級裁判権を行使する下級裁判所も複数あった[36]。一六・一七世紀には自生的な裁判機構と選帝侯の裁判機構とが競合しながら、複雑に共存しあっていた。

魔女裁判の舞台となる刑事裁判に目を向けてみよう。在地レベルの裁判実践では、民事・刑事ともに在地裁判所[37]が一審裁判所となった。上述のように、魔女裁判における上級裁判所の監督機能は必ずしも機能せず、在地裁判所が決定的な役割を果たすことは、第四章以下で見ていくことになるだろう。

一つの管区には、その規模に応じて複数の在地裁判所が存在した。例えばコッヘム管区にはコッヘム都市裁判所、ルッツェラート（Lutzerath）、クロッテン（Klotten）、ポンメルン（Pommern）、ハムバハ（Hambach）の五つの裁判所があった[38]。これらは通常、月に一回、定められた日に開廷された。中には年に三～四回しか開廷されない裁判所もあったが、告訴や刑事犯罪の情報が管区長に伝わればその都度招集された[39]。在地裁判所は管轄共同体の規模に応じて七～一四名の参審人と選帝侯の役人シュルトハイス一名から構成され、参審人が判決を発見する参審人裁判が行われた。参審人は共同体の成員で「誠実で経験豊かな、名誉ある生まれの良き出自と態度をもった[40]」人物の中から選出される。欠員が出た場合は参審人団が領主に候補者を提案し、選帝侯はその中の人物を任命することになっていた[41]。その意味で、参審人は領主と共同体両方の側に属する立場であった。コブレンツやトリーアのような主要都市ではしばしば参審人は法学の素養を備え、参事会員を兼任するような名望家であることが多かったが、農村部においては法律の知識などは問題とならなかった。農村においては慣習法が依然強い効力を持ち、参審人はそのような伝統的な司法を代表する人々であったといえる[42]。参審人は最終的な判決発見のみならず、尋問や拷問にも臨席した。カロリナでは逮捕後の尋問および拷問に際して二名の参審人と裁判書記の立会いを要求しており、一五八〇年トリーア都市条令においても同様に尋問における参審人の立会いが求められている[43]。

参審人とともに在地裁判所を運営するシュルトハイスは、管区長と同様に選帝侯によって任命され、その土地に居住することを義務付けられていた。彼らの多くは選帝侯のミニステリアーレンに由来する家門の出であり、選帝侯の裁判高権を代表する者とされた(44)。シュルトハイスの主な任務は裁判の定期的開廷と運営であり、実質的な裁判官でもあった。確かにカロリナの規定では裁判官は判決の言い渡しという極めて儀礼的な役割しか持たなかったものの、シュルトハイスは意見調整という形で参審人の審議に介入することも可能だったと考えられる(45)。

他方で、共同体の中で伝統的に治安維持の任務を負ってきた機関も生き続けている。モーゼル流域の農村共同体では、ツェンダー（Zender）という役職があった。その多様な職域から、共同体役員という訳語を当てておきたい(46)。共同体役員という役職名は行政職務全般を行う共同体の管理者を指して用いられている。土地の売買、隣接共同体との紛争などに際して、必ずと言っていいほど「共同体役員と全共同体（Wir zender und ganz gemeinde zu……）」という表現が用いられている(47)。その任期は一年であったり終身であったり共同体により様々である。ニコライ＝パンターが分析したメアル（Merl）村の史料によれば、共同体役員は共同体成員の多数決か全員一致により選出された。選出後にトリーア選帝侯により任命されていることから、共同体役員が共同体に対してのみならず、裁判権保持者としての選帝侯に対しても責を負っていたことが分かる。共同体役員は、共同体側と領主側、相異なる二つの立場に立っていたといえよう。

彼らの働きは刑事裁判の場面においても見られる。一五八〇年トリーア都市条令では、共同体役員は「総督（ここでは管区長と同義）、市長、参審人、参事会の命令と通知によって逮捕・拘束を行」い、さらに刑事事件に際しての差し押さえ、収監費用の出納を管理するとある。共同体役員の任務に関しての宣誓は、選帝侯ではなく総督（管区長）、市長、参審人、参事会に対して行われており、共同体役員はこれら役職の補助的任務を担ったと考えられる。

（2）ケルン選帝侯領――三領域とケルン市の相互関係

ケルン選帝侯領では一五九七年、当時の選帝侯エルンスト・フォン・バイエルン（Ernst von Bayern　一五五四―一六一二、在位一五八三―一六一二）の甥であり、当時まだ協働司教であったフェルディナント（Ferdinand von Bayern　一五七七―一六五〇、在位一六一二―一六五〇）によって行政条令が発布された。これにより、常設の顧問会を置くこと、顧問会には聖堂参事会から二名を加えること、それら顧問会と官房の所在地はボンとすることなどが定められた。これ以降、ボンは宮廷都市としての地位を確立させ、選帝侯は顧問会とこれまでより一層密接な関係を築くこととなる。というのも、これまで多くの顧問がフェルディナントからすれば「外国」であるケルン市に在住しており、会議が開催されるのも不定期かつ開催地もバラバラであったからである。顧問はフェルディナントによって任意に任命され、その定員も経済状態に応じて変動しえた。貴族と学識法曹から成る約一五人の顧問たちは立法、軍事、司法の監督、レーエンや税など一般的な行政の諸問題を管轄した。のちには地方行政の長としての管区長も、この宮廷顧問会に属するものとされた。ここで、宮廷顧問会がライン部のみならずフェスト・レックリングハウゼン、ヴェストファーレン公領までを含めた全選帝侯領の最高中央機関として創設されたことが重要である(48)。フェスト・レックリングハウゼンの代官、ヴェストファーレンのラント代官と顧問による合議制の行政機関は宮廷顧問会の下に属するものとされた。ただし、自らの独立性を重視したヴェストファーレン等族によって、この試みは大きな抵抗を受ける。フェルディナントは現実に機能する機関を設立したというよりは、あくまでも達成すべき目標を掲げたものとみなさねばならない(49)。現に、魔女裁判においてはヴェストファーレンから宮廷顧問会に提出された請願がヴェストファーレンの代官に差し戻されるケースを、我々は後に何度も目にすることになる。

領邦の中心的な裁判所としてはケルン市の高等世俗裁判所が重要であり、ライン部のほとんどの裁判所にとって当該裁判所が鑑定機関であった。一五世紀の後半にはかわりにボンの裁判所が次第に鑑定機関としての地位を固めていくこととなり、一六世紀にはケルン市裁判所が下ライン部の、ボン市裁判所が上ライン部の民事裁判案件の上訴機関とされた。ただし、刑事裁判においてはライン部、ヴェストファーレン、フェスト・レックリングハウゼンを含む領邦全体を管轄する上訴機関は存在していない。後二者の流血裁判権はその領域内で完結していた。[50]

管区は選帝侯の代官である管区長に任せられていた。中世の城代の流れを汲むこの役職にはトリーア選帝侯領と同様、行政・司法・治安維持、さらには徴税など多くの任務が課せられていた。その中でもとりわけ継続的に法を執行し、それにより裁判権者たる選帝侯の支配権を維持・強化していくという任務が重要であった。[51] 管区長職は土着貴族の子弟によって受け継がれ、僅かな例外を除いて市民出身者に明け渡されることはなかった。管区長職は次第に貴族の名誉職となり、しばしば他の宮廷官職と兼任されるようになった。また一つの共同体から成るごく小さなものから複数の都市村落を包摂するものまで管区の規模も様々であったため、一名が複数管区の管区長を兼任することもまま生じた。したがって管区長の実際の職務は、管区管理役（Amtsverwalter）や市民層出身の下級役人たちが担っていくこととなる。[52] ヴェストファーレンにおいても管区が成立しており、選帝侯の裁判権および行政権を行使する役人には「代官（Drost/Schulte）」という呼称が用いられた。[53]

近世を通じて、ケルン選帝侯も都市や貴族の裁判権を軽犯罪に対するものまで制限することに成功していた。ケルン市ですら流血裁判権はついに持つことはなく、犯罪人の逮捕、聴取は都市の権利として認められたが、判決を下すことは選帝侯に留保されていたのである。[54]

ケルン選帝侯領における裁判制度の複雑さも、トリーア選帝侯領に劣らない。世俗裁判所だけに限っても、都市参事会裁判、騎士身分や伯が裁判権を行使する家産的な土地領主裁判、管区長やケラーといった役人による軽犯罪に対する罰金裁判が行われていた。これらがそれぞれ管轄地域を重複させ、競合していたことも同様である。[55]

魔女裁判の舞台となったのは、やはり各管区に一つないし複数ある在地裁判所であった。[56] ケルンとボンの参審裁判所がケルン選帝侯領における鑑定機関となったことは上述の通りであるが、ほかノイス（Neuss）、アンダーナハ、レッヒェニヒ（Lechenich）という主要な都市裁判所も都市の一審裁判所であると同時に、在地裁判所に対する監督機関であった。これらの都市裁判所は、徐々にボンとケルンにのみ上訴が制限されるようになった後も、記録の送付を受けるという形で周辺の在地裁判所を監督した。(57) 在地裁判所でも都市裁判所でもシュルトハイスないしフォークトが裁判官を務めたが、彼らはトリーア選帝侯領と同様に選帝侯によって任命され、選帝侯に直属する役人であった。(58) シュルトハイスないしフォークトによって一週ないし二週に一度開廷される在地裁判所は、その規模に応じて七～一二名の参審人が判決発見人として裁判に従事し、軽犯罪への制裁から身体刑に至るまでの刑事裁判権を行使した。(59) 裁判官を務める役人と、共同体の代表者としての参審人が共同して判決を下していたのは、トリーア選帝侯領と同様である。参審人は共同体の中から選出されたが、都市では参審人はしばしば都市参事会員を兼ねていたし、農村共同体では参審人が共同体の代表であった。その意味で、参審人は都市・農村いずれにおいても共同体全体の利害の番人であった。彼らの任務は裁判に限られず、徴税、新兵の徴用、土地の売買、またとりわけ共同体の安全、治安維持を選帝侯の役人と共に遂行することにあった。(60) しかし、ケルン選帝侯領の魔女裁判において参審人は中央から派遣される魔女裁判監督官の支配下に置かれ、積極的な役割を果たすことはなかった。(61)

（3）マインツ選帝侯領――宮廷顧問会と地方役人

マインツ選帝侯領(62)では他の二領邦に先駆けて、大選帝侯アルプレヒト・フォン・ブランデンブルク（Albrecht von Brandenburg　一四九〇―一五四五、在位一五一四―一五四五）により一五二二年に宮廷顧問会が設立されている。同選帝侯は一五三二年の宮廷条令、一五四一年の顧問および官房条令によって顧問会の管轄領域を明瞭化し、これを立法機関、最高裁判所また地方行政の最高監督機関とした。宮廷顧問会は後に財政機能を宮廷財務局（Hofkammer）に、民事裁判の監督権を宮廷裁判所（Hofgericht）に譲ったものの、選帝侯国の行政・司法の中心機関としての地位を保ち続けた。なかでもポリツァイに対する不平、刑事裁判における恩赦を求める請願も宮廷顧問会の管轄となったことは本書の関心にとって重要である。ラント等族が独自の集会を持たなかったマインツ選帝侯領では、請願の主な宛先は選帝侯とその顧問会になった。裁判や地方行政における不備は請願を通じて選帝侯とその顧問会に伝えられ、貴重な情報源となったのである(63)。

顧問会の構成員としては、一五四五年以降二名の聖堂参事会員が選帝侯によって任命されその長を務めることになっていたが、ここでの聖堂参事会の影響力は僅かであった。この時期の司法、行政、立法の役割分担はいまだ不明瞭であったとはいえ、中央権力の強化、管轄領域の分担と聖堂参事会の影響力の排除、地方権力と中央機関との有機的な結節という点で、マインツ選帝侯領は一六世紀には近世的な行政国家を志向しつつあったと言える。中世よりとりわけ強い自立性を保っていた上管区の九都市も、一五二五年に農民戦争に加担しこれに敗れたことで全ての特権を選帝侯により剥奪された(64)。さらにもともと特筆すべきラント貴族の存在しなかったマインツ選帝侯領では、ケルン市に当たるような都市勢力もなかった。したがって、前述の二領邦と比較するならば、マインツ選帝侯領は中央集権体制の実現に、比較的有利な条件下にあったと言えよう。

マインツ選帝侯領ではすでに一六世紀初頭、オーバーホーフへの照会は無用な費用増大を産むとして禁止されている。その代わりに、都市ないしツェント裁判所はラント政府、管区長またはマインツ市の学識法曹に照会を行うよう定められた。一五四一年の宮廷顧問会条令では、管区長からの照会に際しては宮廷顧問がこれに応え、有罪の場合には刑罰を下し、無罪の場合には様々な調整を行うことが定められた。これにより、宮廷顧問会はとりわけ流血裁判に際して最終的な決定機関となり、他の上級裁判所や大学法学部などとの競合は除かれたのである(65)。

次に、管区長職について見ていこう。管区長職は世襲ではなかったが、一五世紀以来これに就くのは聖堂参事会員を輩出する貴族家門の出身者であり、人事が縁故によって決定されることはままあった。[66] 一五二六〜二八年にかけて公布された都市およびラント条令においては、司法を含めた地方行政の管轄権が選帝侯によって任命された管区長にのみ認められ、市参事会やその他の共同体組織は管区長に服するものとされた。しかし選帝侯領全体が管区に整然と分けられ、管区長の支配下に収まっていたわけではない。前述したように、ツェントやケラー管区といった行政区分は選帝侯領の範囲を超え、隣接領邦にまたがることもあった。一六世紀の段階ではマインツ選帝侯領の管区制度は統一された完結したシステムではなく、自生的・伝統的なシステムと共存していたことが分かるだろう。

そのような過渡的状況は当然司法制度にも反映されていた。この時期には、様々な裁判権者が同時に存在し、管轄を重複させ合いながら様々なレベルで裁判権を行使していた。ここでは森林利用の違反や風紀違反等に対する下級裁判、民事裁判について細かく論じることはできないが、マインツ選帝侯領で主要な役割を果たした在地裁判所としてツェント裁判所を取り上げたい。ツェント裁判所はマインツやアシャッフェンブルクなどの主要な都市裁判所と並び、一六世紀に至るまで下級裁判権から身体刑を含む上級刑事裁判権までを行使していた。ツェント裁判所ではマインツ選帝侯が下級および上級裁判権者であったが、裁判の運営形態は仲間団体的性格を色濃く残している。ツェント内に居住する二五歳以上の男性家長はツェント裁判開廷日の出席を義務付けられており、ツェント内の諸費用を負担した。ツェント裁判所の参審人も彼らの中から輩出され、通常最大一四名が置かれた。参審人の多くが参事会など共同体の指導層に属していたことは、他の二領邦と同様である。彼らに法学の学識は問われず、ツェント独自の伝統的な法判告に基づく判決発見を行うことが期待されていた。しかし在地裁判所が完全に自律的な裁判運営を行ったわけではなく、他の二領邦と同様、選帝侯の機関と複雑な関係を保ちながら発展した。[67]

この在地裁判所に対する「国家化」は一六世紀から始まる。選帝侯に任命された役人（ツェントグラーフないしシュルトハイス）はツェント裁判所の裁判官を務め、手続きの指揮をとり判決を下した。[68] またツェントが存在しない管区では管区長が裁判権を担うことになった。一五二六年および二八年のラント条令では、裁判共同体は参審人のうち若干名を推挙できたにすぎず、管区長やシュルトハイスなど選帝侯の役人が選帝侯の名のもとに参審人を任命することになった[69]。一六〇四年の選挙協約では、ツェント裁判所が独自に拷問を行うことが禁止され、選帝侯の役人である裁判官や裁判吏が同席することが義務付けられた[70]。ヘルターは、このような拷問使用基準の厳格化を魔女裁判の直接的な影響とみている。君主とその宮廷顧問会は魔女裁判とそれに付随して生じた様々な弊害を、ツェント裁判所から決定権限を最終的に奪う機会として利用したのだという[71]。魔女裁判の時代には中央機関である宮廷顧問会が役人を通じて地方裁判所に対する監督を行い、記録送付と鑑定によってローカルな慣習法が徐々に排除されていくことになるのである。このように一七世紀はツェント裁判所が次第にその裁判権を選帝侯に明け渡していく時期でもあった。糾問訴訟は在地役人抜きには遂行しえなくなり、調査それ自体や判決発見へ及ぼす参審人の影響力は極めて限定されるようになった[72]。

以上のように、対象地域においては民事・刑事、下級・上級裁判権の管轄は極めて不明瞭であり、複雑に発達した種々の仲間団体的な裁判機関が互いに競合していた。それゆえに、一六世紀の領邦君主にとっては地方によってバラバラな法体系を整備し、中央機関による監督を強め、ひいては中央集権的な司法体制を敷いていくことが最重要課題となったのである。時期的に多少のばらつきがあるとはいえ、宮廷顧問会がいずれも一六世紀に設立されていることはそれを端的に表している。しかしその宮廷顧問会の役割も、それぞれ微妙な違いを見せる。そして、管区単位で行われる地方行政を担った役人たちの働き、選帝侯との関係の密度も多種多様である。さらに、共同体の治安維持の伝統の中で培われてきた裁判における様々な働きは、魔女裁判の場面においても用いられることになった。規律化と司法の中央集権化とは決して自明の現象ではなく、選帝侯による支配貫徹の試みとそれに対応する共同体、役人たちの反応の中で長い時間をかけて生成したものなのである。このことは、第四章の裁判実践を検討する中でより詳しく見ていくことになるだろう。

次章では、いよいよ魔女迫害そのものの検討に移ろう。

註

（1）トリーア選帝侯領における選帝侯、聖堂参事会、ラント等族の関係については以下を参照。Edwin Haxel, Verfassung und Verwaltung des Kurfürstentums Trier im 18. Jahrhundert, in: *Trierer Zeitschrift* 5（1930）, S. 47-88（以下、Haxel）, hier S. 48ff. ケルン選帝侯領でもラント等族と聖堂参事会とが厳然たる発言力を持った。Ferdinand Walter, *Das alte Erzstift und die Reichsstadt Köln*, Bonn 1866（以下、Walter）, S. 43f. 有力ラント貴族が存在しなかったマインツ選帝侯領でも、聖堂参事会は選挙協約によって選帝侯の世俗権限を制限していた。Karl Härter, Kurmainz, in: Härter, *Deutsches Reich*, S. 107-133（以下、Härter, Kurmainz）, hier S. 113f.

（2）一六世紀以降の獲得領地として、プリュム修道院領（Abtei Prüm）、ザイン伯領（Grafschaft Sayn）、ニーダー・イーゼンブルク（Nieder-Isenburg）、ファレンダール（Valendar）とオーバーシュタイン（Oberstein）が挙げられる。Härter, Kurtrier, in: Härter, *Deutsches Reich*, S. 601-621（以下、Härter, Kurtrier）, hier S. 601-616.

（3）Härter, Kurtrier, S. 602; Rummel/Voltmer, S. 77.

（4）Härter, Kurtrier, S. 602.

（5）Dillinger, *Böse Leute*, S. 74. 一六世紀のトリーア選帝侯領の行政区については以下が詳細な情報を与えてくれるが、全ての管区を網羅したものではない。Peter Brommer（Hg.）, *Die Ämter Kurtriers. Grundherrschaft, Gerichtsbarkeit, Steuerwesen und Einwohner. Edition des sogenannten Feuerbuchs von 1563*, Mainz 2003（以下、Brommer）; Franz Roman Janssen, *Kurtrier in seinen Ämtern vornehmlich im 16. Jahrhundert: Studien zur Entwicklung frühmoderner Staatlichkeit*, Bonn 1985（以下、F. R. Janssen）. アムトは城塞を中核として一四世紀ころから成立し、フランス革命軍による占領（一七九四年）まで各管区が選帝侯の地方行政の細胞となった。特に一四世紀の城塞区を中心とした管区制度の発展に関しては、

櫻井利夫『中世ドイツの領邦国家と城塞』創文社、二〇〇〇年（以下、櫻井『城塞』）が詳しい。
（6）Haxel, S. 52.
（7）トリーア選帝侯領の地政学的意義については以下を参照。Rita Voltmer, „Krieg, uffrohr und teuffelsgespenst". Das Erzbistum Trier und seine Bevölkerung während der Frühen Neuzeit, in: B. Schneider (Hg.), *Geschichte des Bistums Trier, Bd. 3, Kirchenreform und Konfessionsstaat 1500-1801*, Trier 2010, S. 20-37（以下、Voltmer, Krieg), hier S. 24-30.
（8）この修道院の帝国直属性をめぐっては同時代以来の激しい論争があった。修道院は帝国直属を主張したが、帝室裁判所は一五七〇年にその主張を退け、トリーア選帝侯への帰属を命じている。しかし修道院は形式的に選帝侯に忠誠誓願を行いつつも、管区には独自に管区長を任命するなど免属を名乗り続けた。一六〇〇年にもラント議会で決定されたラント税の支払いを拒否し、ルクセンブルク公と結んで軍事的にもトリーア選帝侯に抵抗するなど、はっきりと対抗姿勢を貫いている。トリーア選帝侯は修道院の帝国直属を承認せず、自らのラント支配下にあるものとし、一六六九年には最終的に選帝侯のラント高権に服属させることに成功している。この経緯については以下を参照。Rita Voltmer, Einleitung, in: Voltmer/Weisenstein, *Das Hexenregister*, S. 9*-104*（以下、Voltmer, Einleitung), hier S. 27*. このことから筆者はかつて「聖マクシミン管区」という表記を用い、これをトリーア選帝侯領に属する独立性の高い管区と捉えたが、やはり聖マクシミン修道院の勢力範囲をトリーア選帝侯領の一部と捉えるのは実態に即していないものと訂正しなければならない。小林繁子「トリーア選帝侯領・聖マクシミン管区における魔女迫害」『地域文化研究年報（東京大学大学院総合文化研究科）』第二号（二〇〇八）、九〇―一〇八頁（以下、小林「聖マクシミン」)。トリーア選帝侯の命で行われた一五六三年の租税調査において、プファルツェル管区からの報告には「これら以下に述べる村落は聖マクシミン修道院の領主裁判権および上級裁判権に属している」として二四の村落の名を挙げており、当時すでに聖マクシミンが一定の領域において独自の裁判権を持っていたことが分かる。Brommer, S. 479-484. 従って、聖マクシミン修道院の帝国直属が正式に認められなかったからと言って、支配権の中核をなす上級裁判権を聖マクシミン修道院が行使している以上、これを選帝侯のラント高権に属するものとすることはできないであろう。
（9）シュポンハイム伯領は一五五七年にはルター派となっていたが、一五九五～一六七一年にはカトリックであるバーデン辺境伯、ルター派であるプファルツ＝ツヴァイブリュッケン公によって統治権が分割されていた。この地域を詳細に扱った研究としては以下のものがある。Rummel, *Bauern*; 牟田和男「村の魔女狩り――民衆司法のメカニズム」上山安敏・牟田和男編『魔女狩りと悪魔学』人文書院、一九九七年、二一三―二四六頁（以下、牟田「村の魔女狩り」）。

（10） Franz Bosbach, Köln. Erzstift und Freie Reichsstadt, in: A. Schindling/W. Ziegler (Hg.), *Die Territorien des Reichs im Zeitalter der Reformation und Konfessionalisierung. Land und Konfession 1500-1650*, Bd. 3 (Der Nordwesten)^{2}, Münster 1995, S. 58-84（以下、Bosbach), hier S. 60.

（11） Thomas Simon/Markus Keller, Kurköln, in: Härter, *Deutsches Reich*, S. 423-445（以下、Simon/Keller), hier S. 424.

（12） Bosbach, S. 60; Walter, S. 19ff. またこの地域における管区制度の成立については林毅『ドイツ中世都市と都市法』創文社、一九八〇年（以下、林『ドイツ中世都市』）、六七―六八頁を参照。

（13） Walter, S. 22.

（14） Simon/Keller, S. 423.

（15） この問題については多くの文献があるが、とりわけ林氏の諸論考を参照されたい。林『ドイツ中世都市』一〇二―一一六六頁、二八九―二九一頁、同『西洋中世自治都市と都市法』敬文堂、一九九一年、四七―八三頁。

（16） Decker, Herzogtum Westfalen, S. 339. アッテンドルフ（Attendorf）、ブリロン（Brilon）、ゲゼーケ（Geseke）などの都市は一三世紀初頭にケルン大司教エンゲルバート・フォン・ベルクによって都市法を与えられている。彼の後継者である大司教コンラート一世によってハレンベルク（Hallenberg）、シュマレンベルク（Schmallenberg）、ヴィンターベルク（Winterberg）の諸都市が建設され、この地方における大司教の支配がさらに強められた。一四世紀にはアルンスベルク伯領を獲得、ビルシュタインを征服したことにより、世紀中ごろにはこの地域はケルン大司教の「マルシャル管区ヴェストファーレン」として一つの領域をなすようになった。ゾースト市はゾースト・フェーデ（一四四四―一四四九）によってケルン選帝侯の影響を脱してヴェストファーレン公領と分かれ、マルク伯領に属した。これ以降、神聖ローマ帝国の解体までヴェストファーレンの領域にはほとんど変化が見られない。Monika Storm, Das Herzogtum Westfalen, das Vest Recklinghausen und das rheinische Erzstift Köln: Kurköln in seinen Teilen, in: H. Klueting (Hg.), *Das Herzogtum Westfalen*, Aschendorff 2009, S. 343-362（以下、Storm), hier S. 356f.

（17） Bosbach, S. 61; Storm, S. 358.

(18) Härter, *Policey und Strafjustiz*, S. 33.

(19) Friedhelm Jürgensmeier, Kurmainz, in : A. Schindling/W. Ziegler (Hg.), *Die Territorien des Reichs im Zeitalter der Reformation und Konfessionalisierung. Land und Konfession 1500–1650*, Bd. 4 (Mitteleres Deutschland), Münster 1992, S. 60–97 (以下、Jürgensmeier, Kurmainz), hier S. 64f.; 神寶秀夫「ドイツ領邦絶対主義形成過程における中間的諸権力（中–一）」『史淵』第一三八号（二〇〇一）、一四五–一七九頁、一四七–一四八頁。

(20) Elwin Hensler, *Verfassung von Kurmainz um das Jahr 1600*, Straßburg 1908 (以下、Hensler), hier S. 2f. このほか、オルム=アルゲスハイム管区（Amt Olm=Algesheim）、ヘーヒスト=ホーフハイム管区（Amt Höchst=Hofheim）、上級管区ケーニヒシュタイン（Oberamt Königstein）、加えてゲルンスハイム管区（Amt Gernsheim）およびラーンシュタイン管区（Amt Lahnstein）の二つの飛び領地があった。

(21) ツェントやケラー管区は管区の下部単位となっていることもあれば、どの管区にも属さず一つの行政単位となっていることもある。Hensler, S. 2. またツェントの範囲は領邦の境界を超え、ヘッセン伯領、ヘッセン=カッセル、ヘッセン=ダルムシュタット伯領、エルバハ伯領、ヴュルツブルク司教領、プファルツ選帝侯領など隣接領邦の集落をツェントに包摂する場合もあった。Härter, *Policey und strafjustiz*, S. 252.

(22) Hensler, S. 5f.

(23) 例えばカロリナ第二一九条。また本書の第三章第1節も参照。

(24) 各選帝侯領における管区成立の歴史的系譜に関しては、ケルン選帝侯領について林『ドイツ中世都市』六七–六八頁、トリーア選帝侯領について櫻井『城塞』を参照。

(25) Simon/Keller, S. 430.

(26) Dillinger, *Böse Leute*; Haxel, S. 53, 63–66 を参照。

(27) トリーア選帝侯領における宗教改革は、都市の帝国直属を求める動きと密接に関わっている。とりわけトリーア市とコブレンツ市における選帝侯からの自立を目指した動きとその挫折については以下を参照。Gunther Franz, Die Reformation im Erzbistum, in : *Trier. Die Geschichte des Bistums*. Bd. 4, Strasbourg 1998, S. 10–13 (以下、Franz, Die Reformation), hier S. 10ff.; Rita Voltmer, Kurtrier zwischen Auflösung und Konsolidierung (16.–18. Jahrhundert), in : B. Schneider (Hg.),

Geschichte des Bistums Trier, Bd. 3, Kirchenreform und Konfessionsstaat 1500–1801, Trier 2010, S. 38–54（以下、Voltmer, Kurtrier zwischen Auflösung und Konsolidierung）, hier S. 49–51; Hansgeorg Molitor, Kurtrier, in: A. Schindling/W. Ziegler（Hg.）, *Die Territorien des Reichs im Zeitalter der Reformation und Konfessionalisierung. Land und Konfession 1500–1650*, Bd. 5（Der Südwesten）, Münster 1993, S. 50–71（以下、Molitor, Kurtrier）, hier S. 57–61.

（28）Dillinger, *Böse Leute*, S. 77f.; Arno Lott, *Die Todesstrafen im Kurfürstentum Trier in der frühen Neuzeit*, Frankfurt a. M. 1998（以下、Lott）, S. 103–107.

（29）これについては本書の第三章第2節で扱う。

（30）Lott, S. 38ff.

（31）SCT, S. 369.

（32）Lott, S. 39; SCT, S. 370.

（33）Dillinger, *Böse Leute*, S. 74; F. R. Janssen, S. 606f.

（34）Voltmer, Kurtrier zwischen Auflösung und Konsolidierung, S. 54. フォルトマーはまた、このような貴族ネットワークとコネクションの仕組みに関する研究が欠如していることも指摘している。

（35）F. R. Janssen, S. 106–111.

（36）Ebd., S. 124–127.

（37）刑事および民事裁判を包括的に管轄するこれら在地の一審裁判所に対して、重罪を裁く高等裁判権を有するという意味で高等裁判所（Hochgericht）という呼称が用いられる。しかし、この在地の高等裁判所は、コブレンツ・トリーアの両高等裁判所（＝上級裁判所（Obergericht））に対しては一審裁判所という意味で下級裁判所（Untergericht）とも称される。この訳語では在地裁判所の管轄が下級裁判（＝民事および身体刑を伴わない刑事裁判）に限定されるかのような誤解を与えかねないため、本書ではコブレンツ・トリーアの裁判所に対しては「高等裁判所」、その他の在地で重犯罪に対する刑事裁判を管轄する裁判所を「在地裁判所」と表記する。その他の民事や軽犯罪のみを扱う種々の裁判機構に関してはここでは扱わない。

（38）コッヘム管区は選帝侯領のほぼ中央に位置し、四〇余の都市・村落共同体から成る。一六世紀半ばには約一六五五世帯を数えている。Brommer, S. 22f. この管区の在地裁判所だけをとっても、トリーア選帝侯領がいかに近代的な領域国家と異なるものであったかはっきりと分かる。クロッテン裁判所に関しては、ブラウヴァイラー修道院が一八世紀に至るまで裁判高権を主張し続け、選帝侯に対抗した。クロッテン裁判所のオーバーホーフはトリーアではなくケルン高等世俗裁判所であった。ボンメルン裁判所の裁判権はトリーア選帝侯と在地貴族であるザイン家とが折半しており、ハムバハ裁判所ではケルン選帝侯が座長と参審人を任命していた。F. R. Jannsen, S. 101-118; Lott, S. 66-69.

(39) 例えばヴィットリヒ（Wittlich）の裁判所はクリスマス、復活祭（三月下旬～四月上旬）、聖霊降臨祭（五月下旬～六月）、ないし公現の祝日（一月六日）に開廷された。Lott, S. 66.

(40) SCT, S. 371.

(41) Ebd., S. 372.

(42) Lott, S. 45-50.

(43) トリーア都市条令については以下を参照。SCT, S. 517. カロリナ法典の規定については以下を参照。塙浩訳「カルル五世刑事裁判令（カロリナ）」『神戸法学雑誌』第一八巻第二号（一九六八）、二一〇―二九九頁（以下、塙「カロリナ」）、二三二―二三三頁（第四六、四七条）。

(44) Lott, S. 40.

(45) Ebd., S. 371.「参審人の意見が同数で、提示された法的見解の一つへと意見の多数に到達する試みが首尾よく行かなかったならば、シュルトハイスは彼の意見によって決議をなし、そのような方法で下された決定は執行されねばならない」。

(46) 農村共同体における共同体役員に関しては以下を参照。Marlane Nikolay-Panther, *Entstehung und Entwicklung der Landgemeinde im Trierer Raum*, Bonn 1976（以下、Nikolay-Panther), hier S. 39-47; Lott, S. 43f.

(47) ラテン語文書の場合、zender という語には centurio あるいは centenarius が対応している。Nikolay-Panther, S. 40. フランク王権が新しい土地への植民を行い、他国の領土を征服したところでは、入植地の平和維持と犯罪人の追及のために屯田兵から成り立つケンテーナ（centenen）が置かれ、その長が（centenarius）とされている。これはローマ末期の軍事植民の制度に由来するものであるという。ハインリヒ・ミッタイス著、世良晃志郎訳『ドイツ法制史概説』創文社、一九七一年（以下、ミッタイス）、一一三―一一四頁。

(48) Wolf-Dietrich Penning, *Die Weltlichen Zentralbehörden im Erzstift Köln von der ersten Hälfte des 15. bis zum Beginn des 17. Jahrhunderts*, Bonn 1977, S. 113–124.

(49) Ebd., S. 114.

(50) Simon/Keller, S. 435f.

(51) Ebd., S. 428. 林『ドイツ中世都市と都市法』、六八頁。

(52) Norbert Andernach, Die landesherrliche Verwaltung, in: K. Flink (Red.), *Kurköln. Land unter dem Krummstab. Essays und Dokumente*, Kevelaer 1985, S. 241-251, hier S. 245; Walter, S. 101-105. またこの管理役はしばしばシュルトハイスなど下級役人が兼任したという。Walter, S. 105.

(53) 一六世紀半ばのヴェストファーレンには、メンデン（Menden）、ヴェアル（Werl）、ネーハイム（Neheim）、アルンスベルクのルール管区（Ruhramt zu Arnsberg）、エスティングハウゼン（Östinghausen）、コーゲルンベルク（Kogelnberg）、エヴァースベルク（Eversberg）、上下フレーデブルク（Oberamt Fredeburg / Niederamt Fredeburg）、バルヴェ（Balve）、ヴァルデンブルク（Waldenburg）、ビルシュタイン（Bilstein）の一二管区、ケルベッケ（Körbecke）、ヒルシュベルク・アラゲン（Hirschberg-Allagen）、ベレッケ（Belecke）、シュタットベルゲ（Stadtberge）、ライステ（Reiste）、ベーデフェルト（Bödefeld）、ヘレフェルト（Hellefeld）、シュトックム（Stockum）、ヴァルベルト（Valbert）（マルク伯領との共同領）の九つの裁判区、さらにエアヴィッテ（Erwitte）、ゲゼーケ（Geseke）、リューテン（Rüthen）、ブリロン（Brilon）、メーデバハ（Medebach）の五つのゴー裁判所管区、さらにカンシュタイン（Canstein）領区といった区分が成立していた。Storm, Westfalen, S. 357f. またヴェストファーレンでの役人の任命については以下を参照。Wilhelm Janssen, Das Erzstift Köln in Westfalen, in: P. Berghaus/S. Kessemeier (Hg.), *Köln-Westfalen 1180-1980. Landesgeschichte zwischen Rhein und Weser*, Münster 1980, S. 136–142, hier S. 140.

(54) H. Rudolph, Strafjustiz in Kurköln, S. 212. 林『ドイツ中世都市と都市法』、二九一頁。

(55) H. Rudolph, Strafjustiz in Kurköln, S. 206ff.

(56) ここでもトリーア選帝侯領と同様 Untergericht と総称されているが、同様に「在地裁判所」とする。

(57) Walter, S. 139. 例えばレンスの在地裁判所に対する監督はアンダーナハ裁判所が行っていた。Vgl. Ingrid Bátori, Die Rhenser Hexenprozesse der Jahre 1628 bis 1630, in: *Landeskundliche Vierteljahresblätter* 33 (1987), S. 135–155（以下、Bátori, Die Rhenser Hexenprozesse); dies, Schultheiß und Hexenausschuß in Rhens 1628–1632. Zum Ende einer Prozeßserie, in: G. Franz/F. Irsigler (Hg.), *Hexenglaube und Hexenprozesse im Raum Rhein-Mosel-Saar*, Trier 1995, S. 195–224（以下、Bátori, Schultheiß).

(58) ジモンとケラーはシュルトハイスを共同体的機能と結びつかない役人であるとしているが、その土地に居住する限り共同体内部の人的関係から隔絶していたわけではないと考えるべきだろう。Simon/Keller, S. 432.

(59) Simon/Keller, S. 432; H. Rudolph, Strafjustiz in Kurköln, S. 207; Walter, S. 128. 例外はボン管区の在地裁判所で、ここでは高級裁判権はボンの高等世俗裁判所が独占していた。Walter, S. 132.

(60) Walter, S. 119f.

(61) 魔女裁判監督官については、本書の第三章第3節を参照。

(62) 顧問会については以下を参照。Härter, *Policey und Strafjustiz*, S. 53–64; Hans Goldschmidt, *Zentralbehörden und Beamtentum im Kurfürstentum Mainz vom 10. bis zum 18. Jahrhundert* (*Abhandlungen zur mittleren und neueren Geschichte; H. 7*), Berlin/Leipzig 1908, S. 1–17.

(63) Härter, *Policey und Strafjustiz*, S. 212–221.

(64) ディーブルク、アシャッフェンブルク、ミルテンベルク、ゼーリゲンシュタット、アモールバハ、ブーヘン（Buchen）、ヴァルデュルン（Walldürn）、キュールスハイム（Külsheim）、タウバービショッフスハイム（Tauberbischofsheim）の諸都市は一五世紀に「九都市同盟 Neun-Städte Bund」を結成し、貴族や聖堂参事会と並ぶ身分団体としてその地歩を固め、二〇〇年にわたる自治を謳歌した。Norbert Höbelheinrich, *Die „9 Städte“ des Mainzer Oberstifts, ihre verfassungsmäßige Entwicklung und ihre Beteiligung am Bauernkrieg*. 1346–1527, Wiesbaden 1939; Heinz Emslander, *Dieburger Fautheibuch*, Dieburg ohne Erscheinungsjahr, S. 63ff.

(65) Härter, Kurmainz, S. 119f. ders, *Policey und Strafjustiz*, S. 252f.

(66) Hälter, *Policey und Strafjustiz*, S. 88. ただし、一六〇四年の選挙協約には「諸侯、伯ないし生来のラントヘレン（＝領邦君主)」は管区長職には就任しえないと定められた。神寶秀夫『近世ドイツ絶対主義の構造』創文社、一九九四年、四一〇頁。

(67) Härter, *Policey und Strafjustiz*, S. 247–269.

(68) Ebd. S. 81; 250f.

(69) Ebd. S. 254.

(70) 一六〇四年、選帝侯ヨハン・シュヴァイカート・フォン・クローンベルクが選出された際の選挙協約には次のようにある。「哀れな囚人が取り調べにおいてひどく杜撰に扱われ、彼らに対して時折過度に拷問の度合いが進められているという。そしてその結果、余の刑事裁判令を明らかに軽視して、生から死へと判決が下されているのである。そこで余はこの法令を発布する。余の領地の役人たちはできる限り常にそのような取り調べに臨席すべし。相応の理由により臨席できない場合には、他の資格ある人物が代わりに臨席すべし」。Manfred Stimming, *Die Wahlkapitulationen der Erzbischöfe und Kurfürsten von Mainz*（*1233–1788*）, Göttingen 1909（以下、Stimming）, S. 136f.; Hensler, S. 26.

(71) Härter, *Policey und Strafjustiz*, S. 255.

(72) Ebd. S. 256f.

第二章　魔女迫害の展開

ヨーロッパの魔女迫害は一五世紀〜一八世紀にかけて生じているが、この期間に迫害が一定して同じ規模で続いたわけではなく、熱狂と沈静化が交互に訪れている。ごく大まかに見れば、一四二〇年からの裁判権数の増加、一五二〇〜六〇年の休止期、一五六〇〜一六三〇年の大規模迫害期、その後一八世紀末まで緩やかに続いた沈静化の時期に分けることができよう。このうち、一六世紀後半以降の大迫害期を見てみると、神聖ローマ帝国の多くの地域で一五九〇年、一六三〇年、そして一六六〇年に魔女迫害の波が訪れている(1)。

一四八四年、インノケンティウス八世は勅書「スンミス・デジデランテス（Summis Desiderantes Affectibus）」において、三選帝侯領での妖術の蔓延について次のように述べている。

非常に悲嘆を禁じ得ないことに、近ごろ私の耳にはかような知らせが届いている。ドイツの各地、ならびに教会管区、諸都市、諸領邦など各地、またマインツ、ケルン、トリーア、ザルツブルク、そしてブレーメンの教区では、数多くの男女が魂の救済を顧みず、カトリックの信仰に背いているという。彼らはインクブスやスクブスなどの悪霊と交わり、呪文やその詠唱、妖術やその他の神をも畏れぬ迷信的なまじないといった冒瀆行為、非行、犯罪行為を行っている。それによって、女の出産、動物の仔、畑の実りやブドウの実、木々の実りに加えて人間の男女、役畜、小型家畜や様々なその他の動物、ワイン用ブドウ畑、果樹園、牧草地、穀物やその他の大地の実りを損ない、封じ、根底から破壊するのである。またその者どもは、男や女、役畜や家畜、その他の動物たちを恐ろしくも内側から外側からの苦痛と災いで悩ませ、責め苛む。さらには男性が子をつくり、女性が妊娠することを妨げ、両性が結婚において果たすべき務めを妨害するのである(2)。

この教書が『魔女に与える鉄槌（Malleus Maleficarum）』を著したドミニコ会士ハインリヒ・クラーマー（Heinrich Kramer）（ラテン名インスティトーリス（Institoris））に魔女異端審問官としてのお墨付きを与え、クラーマーらの魔女狩り活動の錦の御旗とされたことはよく知られている。そして、この中でマインツ、ケルン、トリーアがとりわけ魔女の跋扈する地域として名指しされているのである。本章では時間軸に沿って、それぞれの領邦における迫害の展開を追ってみることとしたい。

1　トリーア選帝侯領

（1）初期の魔女迫害――一五世紀後半〜一六世紀前半

まずはトリーア選帝侯における魔女迫害の時間的経過について、ルンメルによる概観に沿って見ていこう(3)。

『魔女に与える鉄槌』出版の翌々年である一四八八年、著者クラーマーはモーゼル流域を訪れている。この際、彼はモーゼル沿いの都市コッヘムで、「共同体がそれぞれ十字架を建て、そこで魔女の害悪から人畜や畑の実りを守護するよう祈祷を行うならば一〇〇日間の免償が与えられる」という証書を書き残している。モーゼル沿いの村エーディガー（Edigger）では実際に彼の勧めに応じて十字架が建立されている。[4]

クラーマーの滞在中に迫害は確認されていないが、一四九〇年代から魔女迫害の記録が散見されるようになる。ボッパード管区の刑吏が、過去二年間に三〇名の女性を火刑に処した上、まだ数人を牢につないでいるとし、実際に行われた手続きについても詳述している。[5]「逮捕に際しては、一人が足を、一人が頭を、父と子と聖霊の名を唱えながら魔女を地面から抱え上げ、地面や石に触れさせないようにし、目や口を布でふさぐ。牢獄に到着したらすぐに体毛をそり、四旬節の日曜日に聖水と聖別された塩でもって祝福された服を新たに着せる。飲み水を与えず、聖水と聖別された塩を混ぜて与える。食事も同様に聖なる水と塩でもって調理する」。[6]このような逮捕から取り調べに至る詳細な記述からは、魔女と結託する悪魔、それに対する対抗手段を説いた『魔女に与える鉄槌』の明らかな影響が裁判実務にも現れていたことが見て取れる。[7]

トリーア市近郊のエーベルハルツクラウゼン修道院の奇跡譚にも一四九〇年代の魔女裁判について記されている。一四九二年、この奇跡譚にトリーア近郊の村落シュヴァイヒ（Schweich）で複数の魔女が処刑されたとの記述が初めて現われるのである。一四九七年には次のように報告されている。

この時代、多くの魔女がトリーア周辺で焼かれたが、他の多くの者も今日に至るまで焼かれるべきであったのだ。もっとも、教会に多大な害をもたらしたまことに異端的であり悪魔の信奉者と呼ぶにふさわしい者たちには、永遠の業火が待っているのだ。[8]

この奇跡譚を記した修道士には、裁判所による魔女の追及が手ぬるいものと映っていた。この時代の魔女裁判はまだ慎重に行われていたと推測できよう。一四九七年の比較的大きな迫害の後、一六世紀の前半に至るまで迫害は散発的な規模にとどまっている。[9]

(2) 迫害の最盛期――一五八六〜一六〇〇年

その後、魔女迫害熱は一旦潜伏するが、一五八〇年代後半にトリーア選帝侯領は突如大迫害期を迎える。迫害再開についての最初の記録は選帝侯領内部からではなく、一五八六年ケルン選帝侯領ノイス市の年代記に現れている。「トリーア市近郊に位置するプファルツェル（Pfalzel）の地で、トリーア大司教は男性二名を含む一一八名の魔女を処刑させたという。彼女らが六月まで続いた寒波を引き起こしたからである」。[10] さらに、一五八九年九月のフッガー新聞では、トリーア大司教区で三〇〇名が妖術の罪で焼かれ、ある村では二名の例外を除き女性全員が処刑されたと報じられているが、これは一五八六〜八九年までに処刑されたものと見られる。[11] 魔女迫害をめぐるショッキングなニュースの中でもとりわけ耳目を集めたのは、トリーア市の富裕市民であるディートリヒ・フラーデ（Dietrich Frade）に対する一五八九年の裁判である。

フラーデは弱冠二三歳にしてトリーア市の副シュルトハイスに任命されたのを皮切りに、アウクスブルク帝国会議における選帝侯使節・トリーア市のシュルトハイス・参審裁判所裁判長・コブレンツの上級裁判所裁判官・トリーア市総督・トリーア大学の法学部教授・大学学長と華々しいキャリアを積んでおり、名実ともにトリーア市の最上層に位置した人物である。[12] この名誉ある富裕市民に対する裁判をきっかけに、市参事会員を含む上層市民が裁判に巻き込まれていくことになった。トリーア市長を務めたペーター・ベール（一五九〇年に獄中で自殺）、フラーデ裁判の際にトリーア市長であったニコラウス・フィードラー（一五九一年処刑）、副市長ルーランド（一五九一年処刑）、トリーア上級裁判所の参審人であり元市長でもあったケステン（一五九二年獄中で死亡）、同じく元市長でありフィードラーの義父でもあったハンス・ロイランド（一五九四年処刑）ら錚々たるメンバーがいずれもこの迫害の犠牲となった[13]。

このニュースはパンフレットという手軽な印刷物によって領邦外にも広く知られるようになった。一五九四年にエアフルトで出版され、「トリーアの魔女の踊り場」と題された銅版画（図4）を見てみよう[14]。この銅版画の下部には韻を踏んだテキストがついており、次のように始まる。「新奇にしておぞましき、不気味な化け物たちの出来事を聞け。トリーア大司教区で、多くの住民捕えられ、神の言いつけに従って、生から死へと裁かれた」。

銅版画の情景に目を向けてみると、画面左側の木の上では楽師がバグパイプのような楽器を演奏し、その下の円卓を囲んで宴会が行われている。手前には冠をかぶった悪魔らしき人物が描かれ、女たちは半裸、一人は卓上に嘔吐しているという混沌とした宴である。中央の柱の周りでは参加者が手を取り合って踊り、そのすぐ手前では抱き合うカップルがいるが、その片割れは角か動物の耳のようなものを頭に生やした悪魔である。画面上部には、空を飛び、嵐を呼ぶ魔女たちの姿がある。これらの図像は、典型的な悪魔学的魔女像を余すところなく反映している。さらに、画面左上には踊り場へとやってくる馬車が描かれている。この馬車について下部のテキストでは、これが魔女たちの王であり、黄金の馬車に乗っていると解説しているが、明らかに処刑されたトリーア市の富裕市民を指しているものと考えられる[15]。当時のパンフレットは新奇なものに対する好奇心に答えるものであると同時に、脚色や誇張はおおいにあるものの、遠方での事件を伝えるというジャーナリスティックな性質も持っていた。いまや大司教の本拠地であるトリーアの上層市民までもが魔女の悪行に手を染めているという戦慄すべきニュースは、人々に日々魔女の脅威が拡大している強い印象を残したに違いない。

フラーデ裁判の年に出版されたトリーア補佐司教ペーター・ビンスフェルトの筆による『妖術使いと魔女の告白について（*Tractatus de confessionibus maleficorum et sagarum*）』も、魔女迫害の中心地としてのトリーアを印象付けるのに一役買った[16]。このビンスフェルトの主張に反対した神学者コルネリウス・ロースは、一五九一年にケルンで著

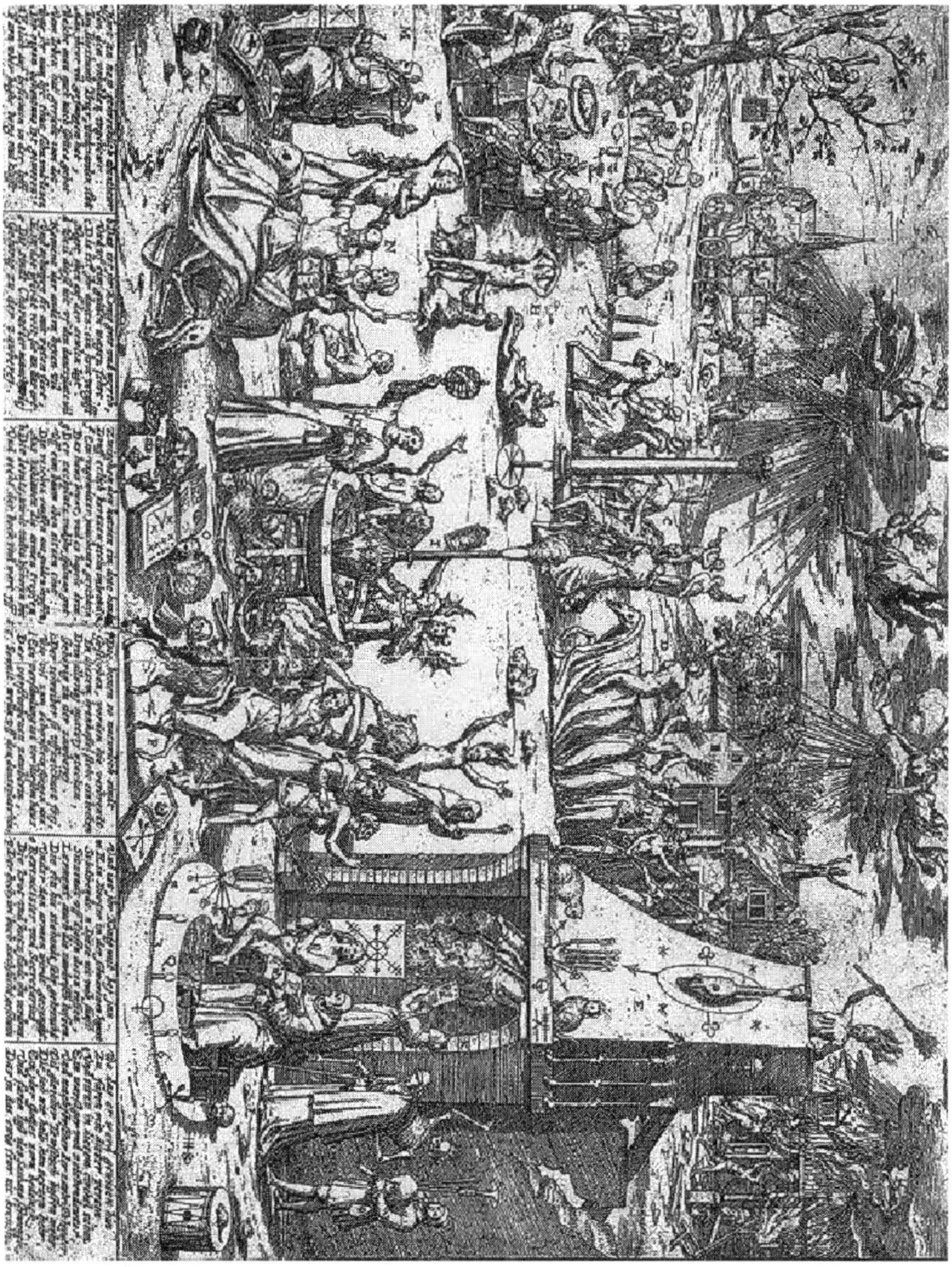

図4　「トリーアの魔女の踊り場」と題された銅版画
出典：Historisches Museum der Pfalz Speyer（Hg.）, *Hexen. Mythos und Wirklichkeit*, München 2009, S. 160.

作『真実の魔術と偽りの魔術（*De vera et ficta magia*）』の出版を企図するもののかなわず、捕らわれた末にビンスフェルトの面前で自説を撤回させられ、ブリュッセルに追放された。[17] 魔女狩り推進論者であるマルティン・デルリオの著作『魔術講論（*Disquisitionum magicarum*）』（一五九九年）第六巻には、この時ロースが署名させられたという撤回書が引用されている。

私は（しばしば私が書面や言葉でもって頑固にも多くの人々の前で是認していたことがら、そして私の議論における主要な、最も重要な箇所において主張したことがらを）撤回し、弾劾し、拒絶して受け入れない。それはつまり、妖術使いや魔女の肉体が出かけていったり連れ去られたりすることについて書かれているのは幻想であり、単なる空虚な迷信・作り事と見なすべきという主張である。というのも、もちろん異端的な悪意の疑いがあるのと同様、この意見は煽動的なことがらと混ぜ合わされており、そしてそれゆえに、〔選帝侯〕閣下を侮辱する悪徳の疑いもあるからである。[18]

魔女の飛行を幻想であるとする彼の主張は、魔女迫害を推し進める選帝侯ヨハン七世（Johann von Schönenberg 一五二五―一五九九、在位一五八一―一五九九）への侮辱と置き換えられている。魔女迫害の熱に浮かされていたこの時期に魔女迫害反対論を唱えることがいかに難しかったか、このケースからも伺われるであろう。

トリーア選帝侯領における一五八〇・九〇年代の熱狂的な魔女迫害を、『トリーア年代記』は次のように記している。

ヨハン〔七世〕のように、これほどに大きな辛苦、このような不快とともに、またこれほどの窮乏の下で教区を統治した者は、大司教の中にはほとんどいない。彼はこれら辛苦に、彼の統治期間中ずっと、恒常的なパンの原料穀物の不足、天候のひどい仕打ち、畑での不作に、彼の臣民とともに耐えねばならなかった。すなわち、〔彼の在位期間の〕一九年のうち、豊作だったのは一五八四年と一五九〇年の二年だけなのである。多年にわたり続いた不作は魔女や怪物によって、悪魔のごとき憎しみからもたらされたと人々は信じたので、領邦全体が、魔女の撲滅に立ち上がった。この運動を、多くの役人たちは支持した。彼らはこの種の焼却〔魔女の火刑〕から富を期待していたのである。それゆえ、教区全体で、都市や村々で、裁判所に選び出された原告が現れたならば、予審裁判官、執達吏、参審人、裁判官、刑吏が、男女に関わりなく人々を裁判所へ、また審問に引き出し、たくさんの人々を焼いたのである。訴えられた者は、ほとんど処刑を免れなかった。トリーア市の身分の高い者も免れなかった。つまり、一人のシュルトハイスが、二人の市長、数人の市参事会員、参審人とともに焼かれた。複数の教会参事会員、教区主任司祭、農村の主任司祭は同じ有罪判決を受けた。ついに、荒れ狂った民衆の、また血と犠牲を渇望する裁判官の無分別は、これら犯罪の汚名を着せられない者がほとんど誰一人見つけられないほどだった。その間に、公証人、書記、居酒屋は豊かになった。刑吏は高貴な廷臣のように金銀で着飾り、悠然と貴族の馬に乗り、その妻は貴族と衣服の豪華さを競っていた。処刑された者の子供たちは〔国を離れて〕移住していき、彼らの財産は没収された。農民とワイン醸造者が不足し、ゆえに不作が起こった。ペストも、あるいは非常に残虐な敵も、このような際限のない糾問と迫害のやり方ほどには、トリーア選帝侯国で暴れ回ることはできない。全ての者が有罪だったわけではない、という多くの証拠があるのである。迫害は数年間続き、たくさんの柱を、その柱一つひとつで人間の体が炎に委ねられたのだが、その柱を誇る裁判官がいた。〔魔女の〕くずどもは絶え間ない火刑によっても一掃されず、また臣民たちは貧しくなったので、拷問と審問官およびその収入と支出に関する法令が布告され、適用された。そして突然、戦争における時のごとく、金銭の流れは干上がり、審問官の激しい熱意は消えた[19]。

ここでは、一五九一年に発布されたヨハン七世による魔女裁判法令が迫害にブレーキをかけたように書かれているが、実際にはこの熱狂がいくぶんかの沈静化を見せるのは、ようやく一五九五年に入ってからであった。一五八七年以前には迫害はトリーア選帝侯領の西側である上管区だけに限られていたが、むしろ法令発布後に迫害の波は北東へと伝わり、一五九一年以降はモーゼル中下流域で裁判が行われている。ルンメルの調査によれば、一五八一年ヴィットリヒ近郊のミンダーリットゲン（Minderlittgen）、一五八七年にマイエン（Meyen）管区、一五九〇年にベルンカステル（Bernkastel）、マンダーシャイド（Manderscheid）、キルブルク（Kyllburg）各管区で魔女迫害が確認される[20]。遅くとも一五九〇年にはモーゼル下流域、すなわち下管区にも迫害の波が届いた。一五九二～九四年には、一五名に対する裁判がマイエン管区の複数の共同体で行われた。また、クロッテン裁判管区では一五九二年一一月から大規模な裁判が行われ、三〇名が処刑されている。この魔女迫害は一五九三年には隣接するコッヘム市に飛び火し、一五九四年まで続く連鎖的裁判の呼び水となった。一五九五～九六年にはモーゼル右岸のバルデネック＝ツェル（Baldeneck-Zell）管区、フンスリュックからライン左岸にまで伸びるボッパード（Boppard）管区も魔女裁判の舞台となる。さらに、はっきりとした年代は分からないものの、一六世紀末にモーゼル下流のミュンスターマイフェルト（Münstermaifeld）管区で二五名が処刑されたという[21]。これらは、いずれも法令発布後に開始されたものである。

（3）迫害の第二波から収束へ――一六二九～六〇年

一五九〇年代後半の小休止の後、一六〇二～一五年の散発的な裁判を経て、再びトリーア選帝侯領が大迫害の波に見舞われるのは一六二九年である。史料の多くが失われているが、グリムブルク（Grimburg）、ビルケンフェルト（Birkenfeld）、プファルツェル、ヴィットリヒの各管区やアイフェル山地で起こった迫害の痕跡は、隣接する修道院領や中小領主の管轄下での裁判記録に残されている。モーゼル下流域では一六二九年にコブレンツで二四件の処刑が行われている。さらにコブレンツ近郊のファレンダール、プファッフェンドルフ（Pfaffendorf）、ホルヒハイム（Horchheim）でも六件の裁判記録が残る。一六三〇年にはコブレンツ周辺で八件、北西部のマイエンおよびミュンスターマイフェルト管区についても、一六二九〜三一年にかけて少なくとも一二件の裁判が行われた。ライン右岸のモンターバウアー（Monterbauer）管区における迫害は、とりわけ凄惨であった。記録によれば、ここでは一六二八〜三一年にかけて八一名の男女が処刑されたという。(22)

選帝侯フィリップ・クリストフ・フォン・ゼーテルン（Philipp Christoph von Sötern　一五六七—一六五二、在位一六二三—一六五二）によって一六三〇年に再び発布された魔女裁判法令も歯止めにはならなかった。迫害の収束を早めたのは、むしろ三十年戦争におけるめまぐるしい戦況の変化であった。一六三一年六月スウェーデン軍が上陸し、九月のブライテンフェルトの戦いに勝利したグスタフ・アドルフの快進撃はトリーア選帝侯領まで達した。一六三二年六月、コブレンツはスウェーデンに占領される。トリーア選帝侯はフランスに頼ることでトリーア市の中立を守ろうとしたが、結果としてロートリンゲン、フランス、スウェーデン、そしてスペイン・皇帝軍らによる領土の蹂躙を許すことになった。多くの人的損失もさることながら、裁判所の建物や収監用の塔など裁判に関わる施設も多くが損壊し、モーゼル流域は混乱の極みに達した。一六三一年以降もいくつかの地域では裁判が行われているものの、一六世紀後半の集中的な迫害に比すると、はるかに散発的かつ小規模にとどまっている。この戦乱の中で、一六三〇年代の迫害はまさに物理的に中断を余儀なくされたのである。(23)

この中断を経て、最後の迫害の波は一六四〇年に訪れる。同年八月にコブレンツ、ベルクプフレーゲ（Bergpflege)、ミュンスターマイフェルト管区の多くの共同体で魔女迫害が行われた。モンターバウアー管区でも一六四五年に裁判が行われている。上管区に関しては、一六四〇年、四二年にメルテスドルフ（Mertesdorf）、フェル（Fell）、ロンギッヒ（Loguich）で魔女迫害のために新たに委員会が結成されたことが報告されている。[24] このような散発的裁判は一六五〇年代になっても細々と続いたが、もはや連鎖的裁判には発展せず、トリーア選帝侯領と共同統治領の魔女裁判は聖ヴェンデル（St. Wendel）管区（一六五六・五七年）とモンターバウアー管区（一六六〇年）での裁判を最後に収束している。[25]

一六五二年に選帝侯位についたカール・カスパー・フォン・デア・ライエン（Carl Casper von der Leyen　一六一八―一六七六、在位一六五二―一六七六）は、一切の魔女裁判を禁止するという方針をとる。もちろん、魔女裁判の宗教的根拠、すなわち悪魔と魔女の実在はカトリック・プロテスタントともに正統教理の一部であり、それを正面から否定することはできない。そこでとられた手段は、消極的とも言えるような司法手続きのサボタージュであった。カールは魔女裁判を在地役人と地域住民の結託による無軌道と認識しており、オーバーホーフであるコブレンツやトリーアの高等裁判所が在地の管区長に対しより強い統制をきかせるようにした。これら裁判所は、送付されてくる裁判記録を不備を理由に何度もつき返し、進行中の裁判に関しては法的問題点を厳しく指摘し、これを制御した。裁判を開始するよう求める住民に対しては、担当役人や選帝侯の不在を理由に、裁判受理を数ヶ月にわたって引き延ばし、結局許可しないといった態度に出た。各共同体に独自の裁判開始が許されなくなった一方で、もはや中央のオーバーホーフは魔女裁判を受理しなかった。トリーア選帝侯領における魔女裁判は、彼の登場とともに終息したといえよう。[26]

2　ケルン選帝侯領

（1）初期の魔女裁判とペーター・シュトゥンプ事件――一五八〇～一六〇〇年

ここでは、トーマス・ベッカーによる整理に導かれながらケルン選帝侯領における迫害の展開を見て行こう。ケルン選帝侯領では一六世紀末に至るまでごくわずかな裁判が散発的に確認されるにすぎない(27)。ヴェストファーレンでは一五六二年に数件の裁判が起こり、一五七〇年以降には処刑も行われている。しかし、ここでも迫害は一五八九年に至るまでは比較的軽微に留まっていた(28)。

ケルン選帝侯領のうち、最も早く大きな魔女迫害を経験したのはフェスト・レックリングハウゼンである。ここではすでに一五八〇年から翌年にかけて一連の裁判が起こっており、少なくとも四四名の男女が処刑された。さらに一五八八～九〇年にかけてホルネブルク（Horneburg）で再び連鎖的裁判が生じ、少なくとも四五名が訴えられた。そのうち二一名に死刑判決が下り、二名は獄死、そして一名は自殺を選んだという(29)。レックリングハウゼン市でも一五八八年から翌年にかけて七件の処刑が行われたことが記録されている。一五九五年には、魔女裁判をめぐってレックリングハウゼン市の市参事会とボンの宮廷顧問会との間に深刻な対立が生じる。市参事会当局によって逮捕された「魔女」の家族が、宮廷顧問会に請願を行ったのである。この請願に対し、宮廷顧問会はレックリングハウゼン市に繰り返し囚人の釈放を命ずる。しかし、領邦君主の介入を嫌う都市当局はこれに応ぜず、逆に領邦君主とその裁判所を帝室裁判所に訴えた(30)。この時期の魔女裁判では、宮廷顧問会の影響力は極めて限定されていたのである。

ライン部では迫害はやや遅れて現れる。一五八〇年代に入り、隣接するトリーア選帝侯領での迫害はケルン選帝侯領でもよく知られていたものの、ライン部ではまだ対岸の火事であった。ケルン市民ヘルマン・ヴァインスベルクはトリーア選帝侯領の裁判について日記に書き遺している。「一五八九年七月三〇日。人々は、魔女たちが悪天候を作り出したということが確かであると見なしたがっているようだ。というのも、いかにトリーア選帝侯がトリーア市の内外で多くの妖術使いや女妖術使い、男も女も、聖職者も俗人も捕まえ、火刑に処し、水審にかけたか、大変な噂になっているのだ」「私はカトリックの聖なる司教区であるトリーアや他の場所にそんなに多くの悪い女たちがいることが不思議であるし、どうしてケルン市でよりも〔他の場所で〕妖術が神によって悪魔に許されているのであろうか。妖術使いや女妖術使いがケルンで判決を受け焼かれたと、誰が今まで聞いたことがあろうか(31)」。

このようなヴァインスベルクの認識をよそに、一五八〇年代の終わりにはライン部にもひっそりと魔女迫害の足音が近づきつつあった。象徴的なのは、一五八九年一〇月に行われたとされるペーター・シュトゥンプ裁判であろう。ヒュルヒラート（Hülchrath）管区ベドブルク（Bedburg）の農民であったシュトゥンプが人狼として妖術・幼児殺害・殺人と近親相姦の罪に問われたこのケースは、ショッキングな犯罪とその処刑の様子を描いたパンフレットによって一躍有名になった。これらパンフレットは事件の詳細を描いた木版画や銅版画に短いテキストが添えられており、一五八九年にはケルン・アウクスブルク・ニュルンベルク・オランダ、後にはイングランド（一五九〇年）とデンマーク（一五九一年）でも翻訳、出版された(32)（図5）。

この事件に関する裁判記録は残されておらず、事件に関する情報源は、これらパンフレットのみである。パンフレットに添えられた各版のテキストには犠牲者の数、シュトゥンプが人狼となった年などに僅かな差異が見られるが、ほぼ同一の内容が書かれている。そこでとりわけ興味深いのは、彼が自白したとされる次の内容であろう。一五八九年ケルンで出版された版では「彼は二五年にわたりある女悪魔と、さらに彼の実の娘とも肉体関係にあった。彼はあるベルトを所有しており、それを腰に巻くことによって数時間狼に変身した(33)」とされる。このベルトは、別

図5　ペーター・シュトゥンプ事件のパンフレット（1589年、ニュルンベルク版）
出典：Wolfgang Harms, *Deutsche illustrierte Flugblätter des 16. und 17. Jahrhunderts*, Bd. IV, Tübingen 1987, S. 413.

の版ではその女悪魔（Teuflische Succube）から贈られたものとされている。[34] この事件の核心は狼に変身した彼が、彼自身の息子を含む一三名の幼児、二名の女性と一名の男性を殺害したという物理的犯罪にある。これらパンフレットが読者の好奇心を煽るために創作を混入した可能性は否定できないが、この事件で「害悪魔術」「悪魔との契約」「悪魔との性的つながり」という魔女犯罪的要素が厳然と現れていることに注意を喚起したい。パンフレットの木版画の中で、首をはねられたシュトゥンプがおそらくは魔女であろう二名の女性と共に火あぶりにされていることからも、この一件が魔女裁判と同様ないしは類似したものと受け取られていたことが読み取れる。

一五九一年から翌年にかけて、ニュルブルク管区でも魔女裁判が行われている。同管区では一五九一年と一五九二年に少なくとも二〇名が五回に分けて魔女として処刑されたという。古くから、この土地の城伯レーエンの保有者が処刑費用を支払うことになっていたが、この時処刑件数の多さからその負担があまりに重くなったため、レーエン保有者であった貴族が費用負担免除を求めてボンの宮廷顧問会に繰り返し訴えるという一幕すらあった[35]。

一五九〇年頃から一五九四年にかけて、選帝侯の宮城都市ボンも裁判の舞台となった。ボンの高等裁判所参審人であったヤーコブ・リック（Jakob Rick）の著作『弁護抄（Defensio Compendiosa）』（一五九七年）には、ボン高等裁判所が一五九四年にある女性を訴追したこと、その女性は夫、姉妹とともに数年前から収監されていたことが書かれている。さらに、その女性の親族は当時すでに罪を自白し火刑に処されており、彼女自身もラント追放刑にされたという。この女性は同年密かにボンに戻ったため再び逮捕され、今度は溺死刑に処せられた。さらに、一五九四年八月の宮廷顧問会議事録にはおそらく彼女も含め数名の女性が妖術の疑いで逮捕され、その手続きについて顧問会に照会がなされたことが記録されている。ここでは、顧問会は証拠が不十分であるため囚人たちを釈放するよう言い渡している[36]。一五九四年以前に始まった裁判が複数の被疑者を生んだ連鎖的な裁判であったこと、しかしその帰結は必ずしも処刑に結びついたわけではなく、比較的理性的な手続きが守られていたことが分かる。

一五九五・九六年には、魔女裁判はボン上級管区を中心に、アルテナー、バードルフ（Badorf）、アーヴァイラー、ケンペン（Kempen）、チュルピッヒ（Zülpich）、ブリュール、リン・ウェルディンゲン管区へと地域的な広がりを見せる。これはケルン選帝侯領における魔女裁判の最初のピークと言えよう[37]。同時期、宮廷顧問会への裁判に関わる問い合わせも増加していた。宮廷顧問会が講じた対策は驚くべきものである。他の多くの領邦で裁判権の集約化、地方裁判所への監督強化が進められていた時代に、むしろそれと逆行することを推奨したのである。一五九五年七月四日の決定を見てみよう。

魔女案件全般に関して、今後、以下のことに注意を払うべし。かくのごとき魔女案件がより多く官房に持ち込まれているが、これらは常に〔在地〕裁判所に差し戻されるべし。これら在地裁判所が自らの見識が〔裁判遂行に〕不十分であると不服を申し立てたいならば、彼らはこの案件をその上級裁判所に鑑定の方法によって通達することができる。[38]

ここでは、魔女案件に関しては原則的に在地裁判所へと差し戻し、在地裁判所が必要とする時には上級裁判所に問い合わせるよう指示されているのである。ここでいう上級裁判所とはケルンやボンの裁判所ではなく、その土地の複数村落を管轄する中規模裁判所を指している。[39]この背景には、急増する魔女裁判関係の問題が宮廷顧問会の処理能力を超え、その大きな負担となっていたことがある。しかし、このような「非中央集権化」の傾向はその後もケルン選帝侯領における魔女迫害の通奏低音となっていくのである。

一方、ヴェストファーレンではライン部よりもやや早く、一五九〇年頃に迫害が激化している。当地で最も有力な領主であったカスパー・フォン・フュルステンベルク（Kasper von Fürstenberg）は、一五七〇年代には迫害には慎重な態度をとっていた。そのため、住民らは領主が魔女を熱心に排除してくれないと選帝侯に請願を行ったほどであった。しかし、この状況は一五九〇年に一変する。フュルステンベルクの領地であるビルシュタインでは、この年に少なくとも二一名が処刑され、さらに一五九六年までに二八名が続いた。[40]フレーデブルク（Fredeburg）管区では一五九五〜一六〇〇年に約五〇名が告発され、そのほとんどが処刑されたという。その他、彼の支配地域であった共同体にも迫害の波は広がり、ヴェストファーレンは最初の迫害のピークを迎える。デッカーは一五九〇年に一転して迫害が激化した原因として、近隣のトリーア選帝侯領における迫害の本格化の影響、小麦価格の高騰による生活不安、また自身の妻が魔女によって殺されたと信じたフュルステンベルクの個人的な迫害への傾倒を挙げている。[41]

（2）大規模迫害の開始――一六一六〜二五年

一六〇七年、選帝侯エルンスト・フォン・バイエルンと協働司教フェルディナント・フォン・バイエルンは連名で魔女裁判の手続きを詳しく定めた法令を発布した。ケルン選帝侯領にはこれまで統一的な手続きの基準は存在しておらず、各裁判所が独自の裁量で対応していた。そこで、全領邦の在地裁判所へ模範となる手続きの手引を示すことが必要になったのである。法令では魔女犯罪の実在は厳然たるものであり、選帝侯にはそれを取り締まる責務があるという姿勢が言明されている(42)。

裁判の指針が示され、選帝侯の姿勢も明確になった今、迫害は加熱するかと思われるだろう。しかし、先行研究が共通して認めているように、実際にはこの法令に対するリアクションらしきものは見られない(43)。ショアマンが挙げている例を見てみよう。一六〇八年一一月、宮廷顧問会は一度拷問において自白したがそれを撤回した女たちを「隣のトリーア選帝侯領の土地でそうされているように」釈放すべきであると指示しているし、一六一六年にはドイツ（Deutz）からの問い合わせに対し、ただ学識法曹に問い合わせるよう言い渡しているという。一六〇七年法令への言及は両ケースともにない(44)。さらにベッカーは、「このような民衆、下級領主、役人らの〔法令に対する〕無反応はケルン選帝侯領では典型的であった」と述べている(45)。この法令の問題は後に検討するとして、ここでは法令がその後の魔女迫害の推移に影響を与えなかったことだけを指摘しておきたい。

一六〇七年の法令発布直後には魔女裁判の増加は見られないものの、一六一五〜一八年の期間には宮廷顧問会議事録で扱われる魔女裁判案件数が明らかに急増する。一五九五年のピークを過ぎた後、一六一四年まで年間一〇件程度に留まっていた魔女裁判の照会件数は一六一六年には三〇件弱、一六一七年には五〇件以上に上っている(46)。

ヴェストファーレンでは一六世紀末の魔女裁判がいったん沈静化した後、再び迫害の機運が高まる。とりわけ都市ゲゼーケでは、魔女迫害を求める一部市民らが暴徒化し、一六一八年から翌年にかけて行われた裁判で一一名の被告のうち三名が処刑された[47]。

一方ライン部では、一六〇〇〜二五年の間にボン、アーヴァイラー、ケンペンなどの主要都市、またブリュール、レッヒェニヒ、アーロフ（Arloff）、ニュルブルク、ヴェア（Wehr）など中小都市や農村でも合わせて二〇件の裁判が起こった。とりわけニュルブルクで一六〇九年に行われた裁判では合計六二名が処刑されている。ここに、以前には見られなかった密告の連鎖と迫害の大規模化が始まるのである。

（3）迫害の最盛期——一六二八〜三一年

ヴェストファーレンを含めたケルン選帝侯領が魔女迫害の最盛期に入るのは一六二〇年代後半である。議事録に現れる魔女案件協議数は、一六二七〜三一年に最大の山を示す。とりわけ、一六二九年と一六三一年には年間八〇件以上が扱われている[48]。この議事録からは、一六二八年には一〇地域、一六二九年には一四地域、一六三〇年には一五地域で迫害が行われていたことが確認できる。ベッカーは議事録に記録されたのは単に管区名ないし管区の主要共同体だけであり、実際にはさらに多くの共同体にも迫害が広がっていたであろうとしている[49]。失われた記録も多々あることを勘案すれば、迫害は選帝侯領全体に波及したと考えてよいであろう。

ベッカーは、この一六二〇年代後半に始まる魔女迫害に関する最初の記録として、一六二六年五月九日の宮廷顧問会議事録を引いている。この日、ハルト（Hardt）管区に属するアーロフから、参審人に偏りが見られるために裁判に困難が生じているとの報告がなされた。六日後の五月一五日には、この裁判費用をどこから工面すべきかの問い合わせがなされる。宮廷顧問会が初めて魔女裁判の費用問題に直面するのはこの時だった[50]。以降、魔女裁判の費用ないし被告の財産没収に関する問い合わせは、宮廷顧問会での魔女裁判関係議題の三一％を占める主要課題となっていく[51]。ハルト管区やニュルブルク管区からは繰り返し魔女裁判運営の経済的困難を訴える報告や請願が届いている。裁判記録などが残っていないため、この地域でどれほどの規模の迫害が起こったのか正確に把握することは不可能であるが、地域が財政難に陥るほどの件数であったことは確かである。

一六二七年一月一五日の議事録には、「裁判費用はケラー、フォークト、参審人らの立ち会いのもとに財産没収を行い、処刑者の財産から支払う」という大原則が示され[52]、この原則は一六二八年に発布される法令でも踏襲されている。この法令で、選帝侯フェルディナントは手続きを慎重に行うよう推奨しているが[53]、これは逆説的に当時の魔女裁判が統制を離れ、宮廷顧問会に多くの苦情が寄せられたことを物語るものでもあるだろう。

選帝侯の宮城都市ボンも一六二八年頃から激しい魔女迫害に見舞われた。ボン近郊アルフター（Alfter）の司祭は一六二八年九月、次のように報告している。「ボンでは激しい魔女の処刑が始まった。今、ある富裕な女が捕まっているが、彼女の夫は居酒屋《花亭（zur Blume）》の亭主でボンの参審人も務めたクルツロックである。人々は、彼女は魔女であり、裁かれるべきだと言っている[54]」。富裕市民が今や迫害の対象となっていた。さらにこの記述からは、居酒屋の女将のみならず複数の人物が魔女裁判の犠牲になったことが推測される。一六二九年の春にもボンで魔女裁判が行われたという記録が議事録に残されており、イエズス会の年報ではこの年約五〇件の処刑が行われたとされている[55]。

一方ヴェストファーレンでは一六二八～三一年の間に六〇〇名が裁判にかけられ、そのほぼ全てが死刑判決に終わった。裁判記録の喪失を考慮すれば、この時期の犠牲者は一〇〇〇名以上と推測される[56]。二八〇名の処刑者を出したバルヴェ管区を筆頭に、メンデン（Menden）、オーバーキルヒェン（Oberkirchen）、ビルシュタイン、ヴェアル（Werl）でもそれぞれ四五～八〇名の犠牲者が確認される。ここには魔女裁判監督官が派遣され、それぞれの在地裁判所を監督したが、彼らの苛烈な魔女迫害については第三章で見ていくことにしよう。

ふたたびライン部に戻ろう。迫害は一六三二～三五年にいったん沈静化した後再び活性化するが、この時期の裁判はいずれも魔女裁判監督官が率いたものであった。一六三六年にはフランツ・ブイルマンによる集中的な迫害がハイマーツハイム（Heimerzheim）、メッケンハイム（Meckenheim）、ラインバハ（Rheinbach）で行われる。ラインバハでのブイルマンによる激しい魔女迫害は、この地の参審人であったヘルマン・レーア（Hermann Löher）が逃亡先のアムステルダムで著した『無実の者の訴え（*Hochnötige Unterthanige Wehmütige Klage*）』（一六七六年）によって詳しく記されている。[57]レーアによれば、ブイルマンによって一六三一年六月〜一〇月までに二〇名が処刑され、その中には選帝侯のフォークトや都市参事会員といった名士たちが含まれていたという。[58]一六三六年にはヨハン・メーデンがメッケンハイムで二ヶ月間に七〇名を処刑した。[59]レーアは上述の著作の中で、この二名の魔女裁判監督官がラインバハ、メッケンハイム、フレアツハイム（Flerzheim）において処刑台へと送った人々の数は、一二五〜一三〇名に上ると見積もっている。[60]また一六三六〜三七年にかけて、やはり魔女裁判監督官であったディートリヒ・フォン・デア・シュテーゲンがケルン近郊のブラウヴァイラー（Brauweiler）で六〇名以上を処刑している。[61]

一六四〇年以降も、魔女裁判の報告は届いている。レンスでは一六四五〜四七年にかけて一〇名の男女が裁判で命を落とし、唯一処刑をまぬがれた女性も長きにわたる拘留の末、共同体を追われた。[62]しかし一六五〇年以降に行われた裁判は散発的な例外事例に留まり、連鎖的裁判に発展することはなかった。[63]

3　マインツ選帝侯領

（1）迫害の第一波——一五九〇年代の上管区

マインツ選帝侯領において魔女迫害がどのように始まったのか、明確な情報は伝わっていない。一五世紀の魔女裁判に関わる記録は残っておらず、一五三四〜一六五七年の間に生じた迫害が確認しうるのみである。迫害はこの約一二〇年間に恒常的に起こっていたわけではない。他の領邦と同様、ここでも魔女迫害は断続的に現れており、一五九五年、一六〇三年、一六一五年、一六二七年をピークとする四つの迫害の波が確認される。[64]

マインツ選帝侯領では、一六世紀末に至るまで魔女裁判はあくまでも散発的な事例に留まっていた。[65] この状況が大きく変わり、迫害の第一波が見られるのはやはり他の二領邦と同様、一五九〇年代に入ってからである。この時期の迫害は、とりわけ上管区に集中している。[66] アシャッフェンブルク代官管区では一五九〇〜九四年にかけて一四名が裁判にかけられ、そのうち七名が処刑された。ブーヘン管区では一五九二〜九七年の間に少なくとも九名が処刑されている。アモールバハでは少なくとも五名、うち四名は一五九三年に処刑されたことが確認されている。ツェント・オスターブルケンは一五九三年にとりわけ激しい魔女迫害熱狂を見ることになる。ここで告発された一七名のうち、二名は逃亡、一名は釈放され、二件の結末が明らかでないケースのほかは、一〇名が死刑判決を受け、二名は獄死したものと思われる。さらに上管区南部のクラウトハイム（Krautheim）、ベレンベルク（Bellenberg）、オーバーヴィットシュタット（Oberwittstadt）でも一五九二〜九三年に二〇名が迫害の犠牲となった。ノイデナウ（Neudenau）では一五九三〜九四年に七名が裁判にかけられ、四名に死刑判決が下っている。ディーブルクはやや遅れて一五九六〜九九年に裁判の連鎖を経験する。この四年間に一八名が告発され、その半分が処刑された。後にこの都市で行われる熱狂的な迫害に比べれば、一名が逃亡したほか一名がラント追放、七名が釈放されたこの時期は、まだ比較的理性が保たれていたと言わねばならない。シュタインハイム（Steinheim）やニーダーローデン（Niderroden）といったディーブルクに隣接する地域も一五九七年から翌年にかけて五名を火刑台へと送っている。

下管区では一六世紀にヘーヒスト管区とケーニヒシュタイン管区で裁判が行われた。ここでは一五九五〜九七年の間に二一名が処刑されている。[67] この地域は一七世紀にも再び大きな魔女迫害に見舞われることになる。

一五九〇年代にはいくつかの魔女裁判関連の条令が出されている。いわゆる「尋問項目」と処刑者の財産没収条令である。これに関しては第三章と第五章で扱うことになるが、魔女裁判に一定の基準を設け中央のコントロール下に置くことが目指された一方で、規制が必要なほどに裁判権数が増加していたことが推測される。

（2）迫害の第二・第三波――一六〇一～一七年

一七世紀に入ると、さらに大規模化した迫害が見られるようになる。一六〇五年にライプチヒで魔女に対する説教集を出版したダヴィド・メーダーという人物の筆によれば、選帝侯ヨハン・アダム・フォン・ビッケン（Johann Adam von Bicken　一五六四―一六〇四、在位一六〇一―一六〇四）の治世にムーダウ管区で三〇〇名が魔女として火刑に処されたという(68)。同時代のイエズス会士ニコラウス・セラリウスもこれを裏付ける記述を残している。「一六〇三年、高貴なる選帝侯は二つの疫病と戦い、これを排除するために多大なる努力をした。一つは妖術使いや魔女の仕業であり、もう一つは異端である。前者に対して、彼は厳しい尋問と司法手続きを定め、いくつもの場所で多くの女たちが魔女として焼かれた(69)」。とりわけ、上管区のシュペッサート（Spessart）、バハガウ（Bachgau）両ツェントで一五九四～一六一四年の間に二三一名の犠牲者が出たが、そのうちの一二六件は一六〇一～〇四年にかけて起こったものである(70)。選帝侯の夏の宮廷が置かれていたシュタインハイムでは同時期に六名の犠牲者が出ている(71)。アルツェナウ（Alzenau）でも同じ時期に一四三名が裁判にかけられ、一三九名が処刑されるという大規模な迫害が起こった(72)。ローア管区では一一件の処刑が確認されている(73)。アシャッフェンブルクでは一六〇三～〇四年にかけて六五名が処刑された(74)。一五九〇年代に最初の連鎖的裁判を経験したディーブルクでも、一六〇二年からの二年間でも六名が再び迫害の犠牲となっている(75)。

一六〇三年には、ディーブルクやアシャッフェンブルクで起こった魔女迫害について伝えるパンフレット（図6）がフランクフルトで発行された(76)。「私の聞いたある山は／誰にでも知られ渡ってる／そこに彼らはやってくる

／そこはシュペッサートと呼ばれてる／魔女の若いの年寄りの／数えきれない大所帯／やつらの陰謀行くつく先は／全て凍らせちまおうってわけだ／彼らは踊って飛び跳ねて／魔女の若いの年寄りの／九〇〇人の大所帯／一年間やそこらのうちに／妖術使いの手にかかりゃ／男も女も手腰が萎える／彼らの王様にはびっくり仰天／九〇〇人にお言いつけ／この年のうちに無慈悲にも／子供たちを大勢殺してしまえと／ワインや穀物なんでもかんでも／凍らせちまうのもお忘れでないよ」[77]。

典型的な魔女のサバト、作物に被害をもたらし、老若男女の健康を害する害悪魔術が叙述されている。九〇〇名という数字は単なる誇張で根拠のあるものではないが、この時代に上管区一体を席巻した魔女裁判の規模を思えば当時の人々にはこの誇張された数字も現実的に感じられたであろう。

この世紀転換期に魔女迫害が集中した背景には、当時の選帝侯領が苦しい経済状況に立たされていたことがまずは考えられる。一六〇〇年前後には選帝侯領全体が悪天候と不作に悩まされ、戦争の足音も近付きつつあった。「長く続いた暴動、いさかい、略奪、遍歴そして不作と帝国税によってほとんどの地域は疲弊しきっており、臣民たちはその家や畑を手放し、広範な反乱を起こそうとしないかぎ

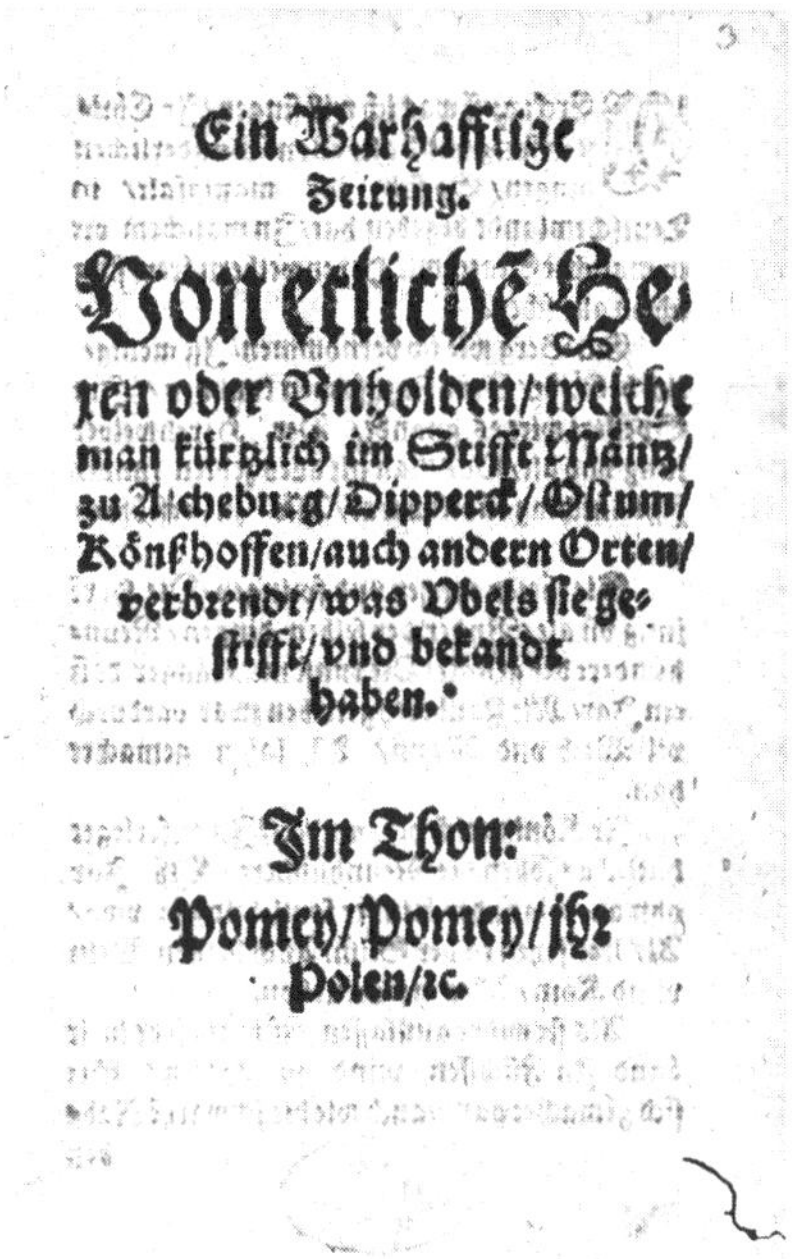
Ein Warhafftige Zeitung.
Von etliche Hexen oder Unholden/ welche man kürtzlich im Stifft Mäntz/ zu Ascheburg/ Dipperck/ Ostum/ Könßhoffen/ auch andern Orten/ verbrendt/ was Ubels sie gestifft/ und bekandt haben.
Im Thon: Pomey/ Pomey/ ihr Polen/ ꝛc.

図６　作者不詳「最近マインツ選帝侯領において焼かれた魔女たちについての本当の知らせ」（1603年、フランクフルト）

出典：*Ein Warhafftige Zeitung. Von etliche Hexen oder Unholden/welche man kürtzlich im Stifft Maintz/zu Ascheburg/Dipperck/Ostum/Könißhoffen/auch andern Orten/verbrendt/was Ubels sie gestifft/und bekandt haben,* Frankfurt a. M. 1603.

り、干からびたパンさえもほとんど手にすることができないほどで、新規の税はもちろんのこと、旧来の帝国税も支払うことができない。わが臣民たちは、彼らが主な収入を得ているワインがここ数年不作のためすっかり疲弊している。またネーデルラントでの戦争のせいで、ライン川からの関税も入ってこない」(78)。アシャッフェンブルクの宮廷顧問の筆によるこの報告からは、当時の社会がいわゆる小氷期や相次ぐ戦争などから容易に困窮に陥るものであったことが分かる。

一旦選帝侯領全体に広がった魔女迫害は、一六〇四〜〇五年頃に小休止を迎える。この原因として、ポールはペストの流行を挙げている(79)。一六〇四年に上管区の都市ディーブルクに現れた疫病は、一六〇七年には選帝侯領全体を覆った。このため、裁判の監督機関であった宮廷顧問会もその活動を休止せざるを得なくなり、手続きも中止された。

しかし、この小休止も一六一一年に終わりを告げる。上管区の都市クラインヴァルシュタット（Kleinwallstadt）ではこの年に八四名が処刑、さらに二〇名が捕らえられていたと記録されており、一六一二年までには一〇〇名以上が処刑されたという。選帝侯の上管区における居城都市であったアシャッフェンブルクとその周辺でも、一六一一〜一三年の間に六六名が処刑された(80)。

一六一二年から翌年にかけて、ディーブルクは再び魔女迫害の熱狂に見舞われる。一六名が処刑ないし拷問による獄死という形で殺され、釈放された三名も一五年ほど後に処刑されるのである(81)。ミルテンベルク管区ではやや遅れて一六一六〜一八年にかけて少なくとも二三名が処刑されている(82)。

迫害は上管区全体を襲い、一六世紀には比較的魔女迫害の少なかった下管区にまで広がった。一六一三年から翌年にかけては、聖堂参事会の管理下にあるモンバハ管区で三四名が処刑されたが、うち二四名は男性であった(83)。同じく下管区のボーデンハイムも激しい魔女迫害で知られる。一六一二年の夏に始まり翌年終結した裁判は、二四件の処刑に終わった。ヘーヒスト管区も再び大きな裁判の波に見舞われた。ゲープハルトによれば、選帝侯ヨハン・シュヴァイカート・フォン・クローンベルク（Johann Schweikard von Kronberg　一五五三―一六二六、在位一六〇四―一六二六）の治世に四五名が裁判にかけられ、うち女性三四名、男性七名が火刑に処された。この管区でとりわけ迫害が集中したのはマインツからほど近いフレアスハイム（Flörsheim）で、三五名が命を落としている(84)。

一六一二年には新たに尋問項目と財産没収、報酬や囚人の取り扱いについて細かく定めた条令が発せられた(85)。各地で行われた魔女裁判に際しての不当を当局もまた重く受け止め、その規律をはかることが課題となっていたことの表れであろう。

この迫害の第三のピークは、一六一七年に徐々に終結する。これまでの研究では、一七世紀半ばの魔女迫害の停滞はまだ明白には説明されていない。ポールは一六一〇年代から一六二〇年代にかけて再びペストが選帝侯領の各地で流行したことを挙げているが、一六二六年から再び魔女裁判が開始されることの説明にはならないとしている。隣接するヴュルツブルクで迫害が同時期に沈静化することとの関係も示唆されているが、それ単独ではやはり説明しきれるものではない(86)。ペストの流行、三十年戦争の影響、近隣から飛び火する魔女裁判の減少など、複合的な要因から考えるべきであろう。

（3）迫害の第四期から収束へ――一六二七年以降

第四のピークは、次の選帝侯ゲオルグ・フリードリヒ・グライフェンクラウ・フォン・フォルラート（Georg Friedrich Greiffenclau von Vollrads　一五七三―一六二九、在位一六二六―一六二九）の時代にやってくる。彼の在位期間は四年と短いものの、まさにこの期間に上管区の都市ディーブルクは最悪の魔女迫害を経験する。財産没収のリストから明らかになった処刑者は、一六二七～三〇年の間に一四三名に上る(87)。マインツ選帝侯領の魔女迫害全体を通じて最大規模の迫害である。この選帝侯の時代にはさらにグロース＝クロッツェンブルク（Groß-Krotzenburg）管区で八一名、クリンゲンベルク（Klingenberg）管区で五〇名、ミルテンベルク管区で一四四名、アシャッフェンブルクで五八名、ローア管区で一〇八名、アモールバハ管区で約一〇〇名が処刑された(88)。また、上部ヘッセンにある飛び領地アメーネブルク（Amöneburg）、フリッツラー（Fritzlar）、ノイシュタットはそれまで散発的な裁判が起こるに留まってきたが、一六二六〜二九年に初めて魔女熱狂に見舞われ、五八名がその犠牲となった(89)。

上管区と比べれば、下管区ではこの時期迫害はそれほど広がらなかった。ヘーヒスト管区で二二名が処刑されているほか、ケーニヒシュタイン、ロルヒ管区で一六二七〜二九年にかけて裁判が行われたが、その規模や詳細は伝わっていない(90)。

次の選帝侯アンセルム・カジミール・ヴァムボルト・フォン・ウムシュタット（Anselm Casimir Wambold von Umstadt　一五七九―一六四七、在位一六二九―一六四七）の時代に入っても、この迫害の波は続いた。彼は選挙協約において、妖術が蔓延しており、多くの人々が堕落させられていること、このような神に対する反逆罪を根絶するため、学識法曹を任命しこれに当たらせると誓約している(91)。

上管区を席巻した迫害の熱狂は一六三一年に終わる。スウェーデン軍の侵攻である。一六三一年のクリスマスにはマインツ市が占領され、選帝侯はケルンへ逃亡を余儀なくされた(92)。このような戦況の悪化に加え、短期間の集中的迫害による物的・人的疲弊が迫害のさらなる遂行を困難にしたことは容易に推測できよう。それにも関わらず、選帝侯アンセルム・カジミールは逃亡先のケルンで、マインツ選帝侯領から魔女迫害を逃れてケルンに逃亡した人物を捕らえ、引き渡すよう求めている(93)。だが、この選帝侯の熱意をもってしても、戦禍を前には迫害の実現には至らなかった。さらに一六三五年のペストの流行もこの状況に拍車をかけた。ディーブルクでは、この年だけで六〇〇名が疫病に斃れたという(94)。

マインツ選帝侯領では、他の二領邦と異なり三十年戦争後には迫害はほとんど起こっていない。一六四〇年代に入っても、ブーヘン、ヴァルデュルン、ボーデンハイム、ディーブルクなどから魔女裁判を求める動きがあり、前三者では実際に手続きが行われた。しかし、処刑にまで至るケースは一件だけであった。

とりわけ、選帝侯ヨハン・フィリップ・フォン・シェーンボルン（Johann Philipp von Schönborn　一六〇五―一六七三、在位一六四七―一六七三）は戦争の打撃を受けた選帝侯領の経済的回復に手腕を発揮した人物として知られる。彼以前の選帝侯たちは決して魔女迫害の反対者ではなかったが、ヨハン・フィリップは魔女迫害に対して明らかに懐疑的であった。魔女裁判それ自体を否定はしないものの、証拠が十分であるか、手続きが適正かといった、厳密に法に基づいた慎重な態度がとられているのである。魔女迫害を求める請願者らは、「扇動者」として罰せられるようになった。(95) 一六六九年の教会条令は、「隣人に対する不快な中傷をやめず、あるいは迷信深い呪文や迷信に、また疑わしい占いに助力や助言を求めようとする者」に対して罰を与えると警告している。(96) 隣人を魔女として告発しようとする者は、まさにこの「中傷者」に当たるといまや解釈されるようになったのである。

4　背景としての魔女信仰と糾問訴訟の展開

このような迫害の経過はどのように理解すべきなのだろうか。魔女迫害がなぜ一六世紀後半から一七世紀にかけて行われたのか。その促進は、あるいは抑制はどのような要因によって起こったのか。この問いに対して、全ての地域に該当する普遍的な説明は現段階では現れていない。しかしながら、ロビン・ブリッグスの次の指摘は示唆に富む。「我々が魔女信仰の存在を確認できるのは魔女裁判があったからであるが、裁判が起こるための絶対の必要条件の一つはその魔女信仰だった。その意味で、迫害が起こったことへの説明は極めてシンプルである。人々は魔女〔の実在〕を信じ、そして容疑者を効果的に法廷に引き出す法も認められたからだ」[97]。つまり、魔女の実在への信仰に加えて、裁判の仕組みが整えられることなくしては、迫害は起こり得なかったのである。そこで、魔女信仰の広がりと魔女裁判を行う法的枠組みという二つの要素が、目下の対象地域である三領邦にどのように現れるのか検討してみよう。

魔術を用いて害をもたらす行為は、一六世紀以前にも処罰の対象となってきた[98]。しかし中世の妖術使い裁判と魔女裁判の大きな相違点は、後者においては「悪魔との契約」概念がより鮮明に現れたことであろう。フランスの法学者ジャン・ボダンは著書『魔術師の悪魔狂（De la démonomanie des sorciers）』（一五八〇年）において、魔女を「意図的に悪魔的手段を用いてなにごとかを実現しようと目論む者」と定義している。魔女の超自然的力は悪魔の助力に由来すると考えられ、魔女は悪への明確な意思を持って悪魔と契約を交わすものとされた[99]。このように一六世紀には、魔女犯罪を特徴づける四つの要素が揃うことになる。つまり、従来型の害悪魔術に加え、取り消しのきかない悪魔との契約、悪魔との愛人関係、サバトに集い共謀して悪事を働く魔女の秘密結社的世界の存在である。最後の三つの要素は魔女の確信的悪意とその自発性を強調し、妖術使いに対する裁判でこれまで主に問題とされてきた具体的な害悪をもたらす犯罪に加えて、魔女の内面の罪をも断罪しようとするものであった。

このような従来型の妖術犯罪と悪魔との関わりの混合は、トリーア補佐司教ビンスフェルトの著作『妖術使いと魔女の告白について』（図7）の中にも如実に反映されている。一五九〇年の最初のドイツ語版において、著者は以下のような序文を寄せている。

親愛なる読者よ、神と人間にとって憎むべき妖術使い、魔女あるいは怪物と呼ばれる者どもが昔からいたということを、皇帝の法は示し、真昼の光は明らかに証明する。彼らは、妖術と悪魔のわざを身につけ、人間の幸福と安寧に対して常に忌まわしい働きを行い、貞潔な魂を情欲に駆り立て、精神を狂わせ、元素を乱れさせ、ブドウ畑に不意の雹によって損害を引きおこし、大事な収穫物を嵐と悪天候によって台無しにし、雹をぶつけることによって種子をすっかり荒廃させ、神の贈り物も人間の汗と労働の成果も打ち滅ぼしてしまった。(100)

この序文の前半部分では、まず悪天候をもたらし畑の作物を荒らすなど魔女がもたらす具体的な害悪について述べられている。すでに見たように、トリーア選帝侯領で魔女迫害が最も燃え盛った時代は不作の時代、すなわち悪天候に見舞われ続けた時代であった。数多くの魔女の自白の中にも「天候魔術」が言及されている。(101)「ヴァルプルギスの夜」として有名な四月三〇日には魔女が集うと言われているが、これも天候魔術信仰と無関係ではない。四月の終わりから五月にかけては、本格的な春を迎える前に嵐に見舞われたり、急激な気温の低下によって霜や雹が被害をもたらしたりすることが度々あり、五月中は魔女が特に活動を盛んにすると信じられていたからである。(102)霜の被害を特に受けやすいブドウ畑が広がるライン・モーゼル流域では、魔女の活動が非常に恐れられていたであろうことは想像に難くない。

SEON.
TRACTAT
Von Bekanntnuß der Zauberer vnd Hexen. Ob vnd wie viel denselben zu glauben.
Anfängklich durch den Hochwürdigen Herrn Petrum Binsfeldium, Trierischen Suffraganien/vnd der H. Schrifft Doctorn/kurtz vnd summarischer Weiß in Latein beschrieben.
Jetzt aber der Warheit zu stewr in vnser Teutsche Sprach vertiret/durch den Wolgelerten M. Bernhart Vogel/deß löblichen Stattgerichts in München/Assessorn.
EXOD. XXII. CAP.
Die Zauberer solt du nicht leben lassen.
Gedruckt zu München bey Adam Berg.
ANNO DOMINI M. D. XCII.
Mit Röm: Kay: May: Freyheit/nit nachzudrucken.

図7　ピーター・ビンスフェルト著『妖術使いと魔女の告白について』（1592年、ミュンヘン版）

出典：Peter Binsfeld, *Tractat von Bekanntnuß der zauberer vnd Hexen Ob vnd wie viel denselben zu glauben*, München 1592.

同様の信仰はマインツ選帝侯領にも見られる。ディーブルクでは、一五九七年六月の嵐の際に鐘つき男が鐘を鳴らそうと塔に上ったところ、魔女の妨害にあったと証言している。(103)また一六五三年、ディーブルク市民は、魔女によって家畜が殺され畑が荒廃すれば、家族そろって移住を余儀なくされるとして、当局に魔女裁判の開始を懇願している[104]。魔女によって生活基盤が脅かされるというこの叙述はビンスフェルトのそれとてもよく似通っている。天候不順や不作の続いたこの時代には、魔女の存在は実際に生存を脅かす脅威と受け止められていた。悪魔学のテキストの中においても、また民衆の観念においても、魔女とは第一義的に悪意をもって害をなす者たちだったのである。

では、新たに強調されるようになった「悪魔」は一六世紀の魔女観念の中でどのような役割を果たすのだろうか。もう一度ビンスフェルトの序文に戻ろう。彼は魔女や妖術使いと呼ばれる人々がもたらす害について述べた後、次のように続ける。

このような者たちは単に前述の犯罪を引きおこすのみならず、さらにより重大な破廉恥な行為を日々行うことをはばからない。まず彼らはキリスト教信仰の秘蹟を侮蔑し、全能の神に背き、甘美なるキリスト教徒の義務を捨て、我らの幸福の秘蹟を汚し、悪魔に身を捧げ仕えることを自ら課して〔悪魔に対する〕恭順を宣言し、瀆神的で呪わしい妖術を行使するのである[105]。

彼にとって嵐を呼んで作物を枯らしたりすることよりも重大な犯罪は、キリスト教に対する反逆、悪魔との同盟であった。さらに別の個所では魔女たちの行為は想像上のものに過ぎず、実際には行われていないとするヨーハン・ヴァイヤー[106]の論を非難しつつ次のようにも言う。

このような個人の好みや気分で問題を片付け、あるいは悪魔の嘲弄によって分別を失った人々は、気づきもしないし、考えもしない。この愛すべき我らが祖国において、妖術使いや魔女の群れによって、生命、財産、人間生活の維持に必要な全てを危険にさらすというだけでなく、もっとも重要である魂の救済までをも脅かしている、ということを。[107]

魔女たちは物質的な被害を与えるのみならず、人間の内面、魂にまでも被害を及ぼすということ、さらに後者の被害の方が実は重大なのだという主張がここでも繰り返される。また、彼らが群れをなす、つまり魔女の集団がいるということも前提とされている。

一六二六年、マインツ選帝侯領ローアの市民も請願状の中で魔女の処罰を求めて、彼女らがいかに妖術を用いて作物を台無しにしたか述べた後、次のように続ける。「そのような妖術使いどもは、ただ彼ら自身の魂を堕落させるだけでは満足せず、彼らが他の多くの、とりわけ感じやすく元気な若者たちを、そのような禁じられた忌まわしい妖術の悪弊に誘惑し、全能なる神の栄誉を蔑み、悪だくみに満ちた悪しき敵の帝国をどんどん増大させようと間断なく機会を伺い、悪しき悪魔の流儀に従うのです」「この永劫の罰に値する悪魔の妖術の悪弊が蔓延しており、まだ判断力のない五、六、七歳の子供たちの間にまで、サタンの邪悪さと悪しき者どもの誘惑によって妖術が広まってしまいます[108]」。彼らの主張によれば、とりわけ誘惑の犠牲となりやすいのは子供たちや若者であった。一六四一年のアモールバハから出された請願も、同様に若者たちを守るべきと主張した。「言うまでもなく年端のゆかぬ子供たちはそのような計画〔＝妖術〕についてよく知らされていないのだから、未熟な子供たちや若者は誘惑に対して、神の定めたもうた秩序に従い、神の怒りと敬虔な戒めをもって、そのようなこと〔妖術〕に注意し、それを訴えるよう、教え導かれねばなりません[109]」。一六六七年ディーブルクでも「若者を誘惑から守るために」魔女裁判を求める請願状が提出されている[110]。

魔女は物質的な損害をもたらすと同時に、若者を初めとした人々を誘惑し、悪魔の勢力を拡大させるものと考えられた。この請願状の叙述には魔女裁判を開始させるためのレトリックとして誇張があることを差し引いても、当時の人々にとって魔女の軍団とその増幅は目に見えないだけに恐怖をあおり立てるものであっただろう。

このような観念は、宗教改革と続く対抗宗教改革の過程において浸透していったと考えられる。リヴァックは、宗派対立が魔女迫害に与えた影響として、共同体がより宗教的・道徳的な転覆への畏怖を抱くようになり、サタンの存在をより強く感じるようになったこと、それゆえに一層堕落した者や危険な影響を取り除こうとするようになったことを指摘している。大規模迫害で知られる地域はその多くが宗教的闘志と不寛容、精力的な宗教改革ないし対抗宗教改革が見られた地域でもあった。これは同時にその国家ないし領邦の宗教的安定性の問題でもある。というのも、宗教的転換を経験した、ないしは異なる宗派に脅かされていると感じられていた地域において、魔女迫害の傾向が大きかったからである[111]。

三聖界選帝侯にとって帝国中西部におけるカトリック勢力圏を死守するということは、政治的な絶対命題であった。三領邦はいずれもカトリックを堅持し、プロテスタントに対して精力的に対抗した。トリーア大司教区は選帝侯領のほぼ倍ほどの広がりを持つが、宗教改革以降ライン右岸地域はほぼプロテスタント化し、一五七一年までに実に大司教区全体の四分の一にあたる二七六の教区を失った。しかし、ライン左岸地域を中心とした世俗支配領域においてはカトリックが優勢を保ち続けた[112]。逆に言えば、この時期をもってようやく、大司教としての宗教的支配地域と選帝侯としての世俗支配地域がその格差を縮小し、宗教・世俗の支配が一体となった。司教による世俗支配がその質的厚みを増してくる時代でもあったのである。ケルン選帝侯領はケルン戦争（一五八三―一五八八）というラディカルな形で宗教的動揺を経験した。しかし、その後始末をつける形でバイエルンから送り込まれてきた新選帝侯エルンスト・フォン・バイエルンとその甥フェルディナントによって、カトリック化が強力に推進されていくことになる。[113] マインツ選帝侯領においては新教に対して比較的寛容な態度が取られていたが、ケルン戦争を契機として断固たる対抗宗教改革へと舵が切られる。[114]

そのような情勢の中で、在地聖職者は教区民への働きかけを強めた。トリーア選帝侯領では特にイエズス会が対抗宗教改革において存在感を示している。教会の秘蹟が妖術に対抗するのに効果的であると喧伝し、悪魔祓いなどを行ったのも彼らである。[115] 教会や教会が提供する魔術的手段に人々を引き付けようと魔女や悪魔に対する恐怖をあおったことは、イエズス会が魔女迫害に果たした役割の一つであろう。聖職者が必ずしも魔女迫害を推進する立場だったとは断定できないものの、[116] 宗教改革や対抗宗教改革を通じて、終末論的な不安が社会に醸成されていった。

魔女が群れをなすというイメージが徐々に広がったことで、当然魔女裁判ではそのセクトのメンバーや共犯者を探すことが重要になってくる。そして、このような共犯者を探すのに最も適した法的仕組みが、すなわち拷問であった。拷問は糾問訴訟を軸とする近世の刑事裁判を考える上で必要不可欠の要素である。ミッタイスはローマ法の継受を待たずして職権によって犯罪構成事実を調べる糾問手続への移行が起こったこと、そして、中世以来、教会がこの糾問訴訟手続を異端と魔術とに対して大規模に適用していたことを指摘している。[117]

しかし宗教裁判においてだけではなく、並行して世俗裁判でも糾問手続は発達していった。被害者の告訴を待たずして職権ないし類似の公的機関によって刑事訴追を開始するという流れは、ドイツ領邦国家においても中世後期には各地で見られるようになる。[118] 一定の間接証拠が存在する場合には被疑者の逮捕と起訴、証拠調べを職権によって行うという、「職権主義」と「実体的真理追究主義」が現れてくるのである。宣誓など形式的な証明に頼らず、事実を追求し証明を試みる点は手続法上の大きな前進ではあるものの、真実の探求は裁判所にとって重い負担となった。このような証拠調べを行う在地司直は素人であり、法学的裏付けが必要な深い問題について、不均質・未成熟・無防備にして不明瞭なままに制度が運用されていた。[119] そこで複雑な間接証拠による証明ではなく、「証拠の女王」とされ直接証拠と目された自白を獲得するために、世俗裁判においても拷問がますます重要な意味を持つようになったのである。[120]

さらに、一三世紀には異端審問に「特別手続（processus extraordinarius）」という概念が導入された。通常の手続きでは解決できない犯罪を取り締まるために、手続き上の様々な制限を撤廃するものである。一つの密告だけで手続きを開始でき、さらに密告を怠った者も処罰されること、通常の手続きでは資格のない女性、子ども、犯罪者、名誉なき者や不自由民、共犯者なども証人として採用されること、自白を得るために拷問の使用を許可すること、単なる疑惑に留まる場合でも有罪判決が可能であること、証人の名を明かさない、弁護人は異端を支持すると自身にも疑いを招く場合があるとして、弁護を許可しなくてもよいなど被告の防衛可能性を制限すること、異端が累犯の場合は即座に処刑のために世俗裁判権に引き渡すことなどがその内容である。

異端審問で発達した「特別手続」という考え方は魔女裁判にもそのまま導入された。本書でもすでに何度か言及した『魔女に与える鉄槌』は、世俗裁判所で行われる魔女裁判の手引書となった。この著作は異端審問官として活動したクラーマーの経験に基づいたものであったが、世俗の裁判所においても異端審問と同様の手続きが踏襲された。[121]そこでは通常の手続きでは認められないような犯罪者、名誉なき者、下男も被告に不利なものである限りにおいて（！）証人として受け入れられた（第三部問題四）。さらに、拷問の「繰り返し」は禁じられていたものの、「続行」と称して、自白を得るまで際限なく拷問を行うことが是とされている（第三部問題一三）。[122]一六世紀の『魔女に与える鉄槌』の忠実な継承者であるビンスフェルトもまた、魔女犯罪は特別犯罪であり、事実の捜査義務を含む通常の手続は度外視すべきであるとの主張を展開している。魔女の集会は夜間に秘密の場所で行われ、敬虔な人間にはこれに居合わせる術はない。したがって、通常の裁判で要求されるような証人による合理的な裏付けは不可能である。ゆえに調査によって事実が裏付けられなくとも「彼の共犯者や同じ悪行に加担した者に関する、その仲間の自白は、拷問への完全なあるいは相当の証拠を供する」[123]のである。

噂や密告に基づく逮捕、拷問、自白による有罪確定という手続きは魔女裁判に限ったことではなく、近世刑事司法に一般的であったと言ってよい。一六世紀における刑事裁判の実態は極めて被告に不利であった。特に無制限の拷問使用は魔女裁判のみならず刑事裁判全体の問題でもあった。カロリナ第二一八条においては「軽々に、先行する風評も、悪しき風聞も、その他の充全なる徴表もなくして」容疑者が司直に捕らえられ牢に送られているとして、その是正を指示している。さらに第二〇条では拷問の濫用を防ぐこと、不当な拷問が行われた場合の被害者への補償にも言及する。いかにして無軌道な拷問を抑制・統制するかは近世領邦国家の深刻な課題であった。他方で、密告の奨励、被告の弁護機会の欠落、過酷な収監環境、拷問の濫用など、近世刑事司法の抱えた諸問題が最も典型的に噴出したのが魔女裁判だったという仮定は、少なくとも魔女迫害が猖獗を極めた地域には妥当であろう[124]。ただし、この「特別犯罪」と「特別手続」という悪魔学者たちの熱心な主張は、全ての裁判権者の同意するところではなかった。我々の対象地域でどのような手続きが行われたのかは、第三章での検討を待つこととしよう。

さて、こうして魔女概念と魔女を裁く法的枠組みという二つの条件が整った。害悪魔術を行い、悪魔と結託し若者を誘惑する魔女のセクトという新しい魔女像は、宗教改革と続く対抗宗教改革における活発なプロパガンダ合戦によって浸透していった。この過程はまた、一六世紀末のいわゆる小氷期、長期的な不作と穀物価格の上昇という危機の時代と合致している。飢饉と疫病と戦争が常に生活に付きまとう時代において、人々の困窮は三領邦にそれぞれ共通していた。

それではこのような枠組みの中で、魔女として裁かれたのはどのような人々だったのだろうか。

5　誰が迫害されたのか？

（1）犠牲者の性別

多くの地域で女性が男性よりも頻繁に魔女の嫌疑をかけられたことは疑いようのないことであるが、男性が迫害を無条件に免れたわけではない。ヨーロッパ全体でみれば、犠牲者の七六％以上は女性であった。[125]しかしその地域差も大きく、例えばパリ高等法院での魔女裁判は四〇～五〇％が男性を対象とするものであったし、ブルグントでは六〇％、ノルマンディーでは七三％、アイスランドでは九〇％以上など、男性が中心的な犠牲者だった地域もある。[126]本書の対象地域では、性差はどのように現れるのだろうか。

マインツ選帝侯領においても主たる迫害の対象はやはり女性であった。全体としてみると、マインツ選帝侯領では少なくとも四〇四件（同一人物が複数回の裁判にかけられているものを一件とするならば三九七件）の裁判が確認される。そのうち、男性は少なくとも一七・一％（六三名）を占める。その一方で、男性の逮捕から連鎖的裁判が始まる例は見られず、男性が迫害に巻き込まれるのはある程度迫害が進行してからのことであるとポールは指摘する。例えばディーブルク市で一六〇〇年、一六二六年、一六三〇年と断続的に起こった一連の迫害では、一六〇〇年には男性の割合が一六・七％だったのに対し、一六一三年までには二九・八％にまで増加している。一六二七～三〇年の迫害においてもこの割合はほとんど変わらず（二九・九％）この割合がおそらく限界値だろうとポールは推測し、男性が逮捕され、処刑されることそれ自体、迫害が大規模化したことの一つの目安となるという。[127]また、裁判に巻き込まれてから処刑判決に至る確率は女性で七六・九％、男性で八七％であり、男性の方が処刑に至る確率が高い。迫害の過熱化と処刑率とが比例していると考えればこの数字も理解しうる。

ディリンガーの統計によれば、トリーア選帝侯領では合計で七八八件の裁判が確認でき、そのうち男性は一一・六七％（九二件）、女性は五七・六一％（四五四件）、残りの件に関しては被疑者の性別は不明である。さらに、全体で約八八・七％（六九九件）のケースで死刑という結末を迎えたのに対し、男性は六九・五六％（六四件）、女性は八六・五六％（三九三件）という確率で死刑判決を受けている。[128]これは女性よりも男性の方に弁護を受ける機会に恵まれていたからであろうか。

ケルン選帝侯領では、一五〇八〜一七三二年までのヴェストファーレン公領における魔女迫害対象者の性別をデッカーが概観している。彼の調査によれば、ヴェストファーレンでは一一四〇件の魔女裁判が確認され、そのうち被告の性別が明らかなものは八〇〇件あり、男性の被告は二九〇名に及ぶ。これは全体の約二五％と驚くべき高い割合である。ここでは八〇〇件のうち女性は六二・六％（五〇一件）、男性は三七・四％を占める。しかし、年代ごとに見ていくと、この割合にはばらつきがあることが見て取れる。男性被告の割合は一五七〇年代には二〇％を切っていたのが、一六八〇年代以降には五〇％を超えているように、長期にわたって少しずつ上昇する傾向が見られる。とりわけ、男性被告割合の上昇は裁判数の多くなる一五九〇年代と一六三〇年頃の迫害期に見られるという。これに対して、一六〇〇〜一一年の迫害減少期には男性の割合は大きく後退する。マインツ選帝侯領のケースと同様に、裁判数全体の移り変わりと男女の性別割合は一定の連動を見せる。しかしヴェストファーレンでは一六六〇年代に四二・三％と男性被告が高い割合を見せたが、これは魔女裁判の収束につながらず八〇年代には五八％、一六九〇年代にも五四・五％と依然として男性が迫害の対象となり続けた。[129]マインツ選帝侯領で見られたような男性の割合が高くなると迫害の終了が近いというモデルはここには当てはまらない。これに対し、もう一つの迫害の中心地であったライン部では女性が主な迫害の対象となった。[130]

では、女性の被疑者が多いことはどのように説明されるべきなのだろうか。ヴェストファーレンとライン部での性別割合の差異について、ホイザーは様々な説明を試みているが、この解明は簡単なことではない。例えば、天候を操る「天候魔術」、乳牛の乳の出を悪くする（＝盗む）「牛乳魔術」、男女に不妊・不能をもたらす「性愛魔術」、その他病気や災厄をもたらす害悪魔術は、一四九〇年代以降のケルン選帝侯領の魔女裁判記録の中では多くの場合女性と結び付けられた。しかし、一五七〇年代にはその傾向は消えているという。一五二〇年代の裁判では「牛乳魔術」を女性に特化する記述が目立つものの、一五七四年の裁判になると性別上の特性を持った害悪魔術は見られなくなる。例えば畑を荒らし、ワイン用のブドウを傷める天候魔術も、特にどちらかの性に結び付けられてはいない。男女の生業分担からその害悪魔術との関わりを説明しようとしても、両地域でほとんど役割分担に相違が見られないことからも難しい。裁判犠牲者の親族関係を見た場合、ケルン選帝侯領ライン部ではとりわけ母と子の女系のつながりが徴表として重視されたのに対し、ヴェストファーレンでは男女の性差関係なく、親族関係にある者は裁判に巻き込まれていったという点が指摘されうるのみである。[131]ヴェストファーレンで魔女裁判を率いた魔女裁判監督官ハインリヒ・フォン・シュルトハイス（Heinrich von Schultheiß）は次のように記している。「妖術の悪行は恐ろしい性質を持っており、いったん一族の中に入り込むと、ほとんどその一族全体に感染するほどの広がりを見せる」[132]。つまり、親族に一人魔女が出た場合、女性のみならず男性もその嫌疑を免れえなかったのである。しかし、魔女裁判を生き残れるかどうかは、社会的地位や家族状況と密接に関係した。というのも、女性の犠牲者は多くが貧しかったのに対し、男性の犠牲者は富裕な場合が多く、したがって社会的地位も高かった。もちろん拙速な一般化は避けるべきではあるが、魔女嫌疑に対抗するだけのチャンスをより手にしていたのは多くの場合で女性よりは男性だったのである。[133]

（2）犠牲者の社会的地位

では、どのような年齢、家族状況、職業ないし社会層の人々に容疑がかけられたのだろうか。まずは年齢から検討してみよう。一般的に、魔女裁判ではその被害者の年齢や職業、性別さえも不明である場合が多い。マインツ選帝侯領においては、尋問された者の多くが既婚であり、成人した子がいた。一部史料には正確な年齢、婚姻年数、子の人数や年齢もが記録されており、そこからは平均年齢五五歳が導かれる。迫害の対象となったのは、当時からすれば最高齢グループに属する人たちであった。[134]

しかし、老人ばかりが魔女裁判の対象となったわけではなく、時には子どもも迫害に巻き込まれている。マインツ選帝侯領において子どもが対象となった魔女裁判は一七世紀に初めて確認される。一六二九年にはアシャッフェンブルクでウォルフガング・シリングなる人物の筆により『誘惑された子どもの妖術に関する新論文（*Newer Tractat Von der Verführten Kinder Zauberey*）』と称するパンフレットが出版されている。著者は序文において、具体的な例は挙げないまま、年端もゆかぬ若者や子どもが妖術に手を染めているという話を以前から聞いたり読んだりしていると記している。[135] マテウス・メリアンによる『フランケン地誌（*Topographia Franconiae*）』（一六五五年）には、「一六二八年前後には、人々は再び妖術使い、化け物と魔女を厳しく裁き、その数は多数であった。その中でも一一、一〇、九、そして八歳の子供たちも焼かれた」とある。[136]

これまでは証言能力は認められつつも、処刑の対象からは外されてきた子どもたちが一六二九年という迫害のピークを機に処刑されるようになったことは、ある種の転機を示している。アモールバハからは、八歳から九歳の三名の子供たちが妖術に取りつかれており彼らが魔女集会への参加を証言したとして、彼らに対する尋問開始の許可を求める請願状が出されている。[137] 先に見たように、迫害の高まりとともに男性被告の割合が上昇したが、子どもを対象とする裁判もまた迫害の拡大と連動している。

トリーア選帝侯領における魔女迫害犠牲者の年齢については詳しい情報がない。家族状況が明らかな一部のケースについて、そこから寡夫や未亡人が壮年以上、既婚が若年以上、独身は若年、と大まかな年齢の見当をつけるほかない。そして性別の場合と同様、家族状況不明の場合が七五%にのぼる。このデータは十分慎重に扱うべきであろう。それを踏まえた上で、最も高い割合を示すのは「既婚の女性」であり全体の一三%、次に未亡人女性の二・七五%が続く。独身者ないし子どもは男女合わせて六%に満たない。[138] しかし、これ以上の結論を導くには犠牲者の年齢に関わるデータはどうにも不十分であると言わねばなるまい。

ケルン選帝侯領についても年齢に関するデータをまとめた研究がない。トリーア選帝侯領と同様、被疑者に関する詳しい情報を記した裁判記録がほとんど残されていないためである。[139] 地域を限定すれば、デッカーがヴェストファーレンのオーバーキルヒェン裁判区に関して詳細な調査を行っている。それによれば、一六三〇年に魔女として裁判にかけられた六五名のうち四〇名が成人女性であり、一名の家族状況が不明であることを除くと、六名は未婚、一八名が既婚、一五名が未亡人であった。女性被告のうち三七・五五%が未亡人だったことになるが、これは当時未亡人が成人女性全体に占めた割合よりもやや高い。[140] 二三人の男性被告に関しては、年齢や家族状況については明らかになっていないという。

ミデルフォートは西南ドイツでの迫害に際して、寡夫ないし未亡人が被害者の多くを占めたことを指摘している。[141] しかし、マインツ選帝侯領はその例には当たらない。独身者は二・五四%、既婚者は五五・八四%、寡夫ないし未亡人は六・八五%に留まる。婚姻状況が明らかでないケースを除けば、独身者は三・八九%、既婚者は八五・六%、寡夫は一〇・五一%だという。[142] 正確な数字が史料上明らかにできないことを勘案しても、未亡人が主なターゲットとなったという説はここでは成り立たないことははっきりしている。トリーア選帝侯領については、前述の通り全体の約七五%はその家族状況が明らかでない。したがって残された二四%のケースについてのみ言及するならば、独身者はそのうちの七・七％、寡夫は一三・八％、既婚者は六三・六％となる。[143] マインツ選帝侯領に比べて寡夫の割合は大きくなっているとは言え、ここでもミデルフォート説は成り立たない。

次に犠牲者の職業や社会階層であるが、これも同定が難しいもののひとつである。迫害されたのはおそらくは多くが市民ないし下層市民、農民であり、特に記録に言及されない限りその職業の特定は困難である。マインツ選帝侯領について言えば、聖職者や学識者、貴族は目立った迫害対象にはなっていない。一六一七年七月、魔女（magi）として処刑された二名の神父が授けた洗礼は有効か否かという鑑定がマインツ大学法学部によって行われたという。したがって少なくとも二名の聖職者が魔女裁判の犠牲となったことは分かるが、聖職者の迫害犠牲についてはそれ以上のことは伝わっていない。[144] トリーア市周辺において多くの聖職者が密告され、さらにその一部は実際に逮捕・処刑されたのと対照的である。[145]

トリーア市に隣接する聖マクシミン修道院の裁判管区で作成された長大な密告者リストには、多くの聖職者の名前が登場する。ロンギッヒの地区長であったバルトロメウスは裁判に巻き込まれる前に逃亡している。聖パウリン（St. Paulin）修道院の聖堂参事会員であり聖歌隊員でもあったパウルス・ショッセラーは、彼の同僚修道士であったマティアス・ペリヒと同様、一五九二年に獄死した。ペリヒの父は聖マクシミンの管区内で一五八八年に妖術使いとして処刑されており、父を救うべく働いたことも、ペリヒの不運に影響したのかもしれない。フェルの司祭であったヨハネス・ラウは一五八九年に彼の下女によって共犯と名指しされ、裁判に巻き込まれた。後に彼の二人の娘と次女の夫も同様に魔女裁判の犠牲となっている。さらに一五八九年には、女性を妊娠させ、生まれた子どもを殺害したとしてメーリング（Mehring）の司祭も妖術使いとして処刑された。ヨハネス・ラウもメーリングの司祭も、トリーア市の市長を務めたディートリヒ・フラーデを共犯者として名指ししている。[146] ケルン選帝侯領においても聖職者が迫害対象となったいくつかのケースがある。一六三〇年以前にアイフェルで処刑された三名の聖職者に関し、その財産が大司教に帰属することから宮廷顧問会に照会が行われている。その結果、彼らの遺産は通常のケースと同様、裁判費用の償還に充てられることになった(147)。

本章で見たとおり、ケルン選帝侯領とトリーア選帝侯領では都市参事会員など富裕層の男性に対する裁判が見られた。このような事例はとりわけショッキングなニュースとして話題となり、それだけ存在感も大きいが、全体から見れば例外にとどまる。また先に示したヴェストファーレン公領オーバーキルヒェン裁判区の事例では、被告たちのうち自作農は三六名、小作人は二〇名、さらに下男下女らが六名と、自作農が全体の過半数を占めた。ただしこれは当時の人口構成にほぼ比例する数であり、特にどこの階層がターゲットとなったという拙速な断定は避けるべきだろう(148)。

第五章で見るように、ケルン・マインツの各選帝侯領では裁判費用は被疑者の財産から弁済されることになっていた。もし処刑された人々が貧困層に属していたならば、魔女裁判の経済はたちまち赤字に陥ってしまうことになる。しかし、ケルン選帝侯領の例を見ると宮廷顧問会に魔女裁判遂行が経済的に困難であると訴え出ているのはハルト、レッヒェニヒ、ニュルブルクなど特定の管区だけであり、それらの管区においても経済破綻に陥ることなくその後数年にわたって裁判が続けられたことを鑑みれば、裁判費用の支払いは全体的にはスムーズに行われたと見てもいいだろう(149)。魔女裁判が決して下層民だけをターゲットとしたものでなかったことの証左である。

以上の行論をまとめると次のように言えるだろう。史料の乏しさから確言することはできないものの、いずれの領邦においても迫害の犠牲者の大多数は女性であった。しかし、迫害の集中する時期には男性被告の割合が大きくなる。社会的階層もおそらくは下層の人々が多数を占めたと思われるが、それを実証するのは史料上困難である。富裕層が犠牲となった時には記録に残りやすいことから、むしろ富裕層が迫害された形跡を確認する方が容易ですらある(150)。総合すれば、社会的階層、性別、年齢に関わらず、あらゆる人が多かれ少なかれ魔女裁判に巻き込まれる可能性があったと言わねばならない。

（3）迫害の動機

このように、あらゆる人々が迫害の対象となりえたことはどのように考えるべきなのだろうか。ルンメルは、人々が魔女の告発に及ぶ様々な社会的利害を分析し「魔女観念は実際にはあらゆる人間、あらゆる行為、あらゆる問題に適用されるほとんど無限の可能性を持っているがゆえに、参与者の社会的利害や動機、それと結びついた相互作用から魔女観念を切り離すことはできない」と述べる。[151]魔女観念とは多機能的であり、様々な生活の場面で日常的に起こりうる出来事が魔女観念と結び付けて解釈されえたというのである。これは、序章で検討した「魔女迫害の道具化」という視点と一見よく似通っているが、「道具化」が敵の排除や自己利益の獲得といった目的志向的な意図を強調するのに対し、この提言は意識下に潜む敵意や欲望が相手に対する魔女嫌疑に転化されうることを含んでいる。そこで本節では、金銭的利害、隣人間・親族間・親子間の不和、世代間あるいは富める者とそうでない者の確執など、魔女に対する非難が起こりうる様々な契機に着目してみたい。

金銭的利害は、魔女裁判の動機としてしばしば挙げられる。魔女迫害が裁判官らの金銭的利益追求など利己的な目的のために行われたという理解は同時代から存在した。『トリーア年代記』は、ここでの魔女迫害をヒステリックな魔女不安と私欲の追求という二つの動機から説明している。素朴な農民たちは長年続いた不作の辛い経験から、農作物に害を及ぼす魔女を駆逐せねばならないという不安に煽られていた。他方で選帝侯配下の役人や裁判官、書記、刑吏といった輩は「純粋な金銭欲や名誉欲」ゆえに下からの迫害要求に従い、処刑者の財産から私腹を肥やしたという。[152]この年代記は一六二〇年頃に書かれており、これは一五八〇・九〇年代の集中的迫害を振り返った言葉であった。他方、すでに一五八二年、同じくトリーア市において魔女迫害に反対した神学者コルネリウス・ロースも「拷問台の上で無実の人間の血が流され、新たな錬金術によって人間の血から金銀が作られている」と同様の比喩を用いている。[153]『犯罪に対する警告（*Cautio Criminalis*）』（一六三一年）で魔女裁判批判を展開したイエズス会士フリードリヒ・シュペーもまた、裁判の陰に金銭的利害を見ている。

金持ちになるためのもっとも早く簡単な手段は魔女の処刑である。もし村で生じた疑惑を都市の金持ち家族に向けさせることができれば、まことに実入りがいいのだと、審問官のいくらかはすでに家を建て財産を増やすことを始めている。このやり方で畑地や土地やそのほかを着服しようとすることができるのだとすでに民衆の間中に噂は広がっている。[154]

ケルン選帝侯領ラインバハの迫害からネーデルラントへ逃れたヘルマン・レーアも、シュペーの同書を引きつつ、金銭欲にまみれた法学者を激しく非難する。

フランツ・ブイルマン博士は彼の二人のご用聞き坊主と「ヤー（はい）」しか言わない二人の参審人、ハーフマンとタインとともに拷問室から出て、裁判書記のメルキオール・ハイムバハの家へ向かった。このインチキ裁判官の命令で、そこの卓上に豪華な晩餐、煮込み肉や炙り肉が最上の赤・白ワインとともに、囚人の払いで準備されているのだ。[155]

しかし、上のような例をもって裁判官が強欲のために魔女裁判を開始したとするのは、事実に即しているとは言えない。実際に魔女裁判が始まるきっかけはほとんどが共同体内部からの告発であった。裁判官や魔女裁判監督官が仮に裁判を通じて私腹を肥やす意図をもっていたとしても、それは民衆の告発なくしては始まらなかったのである。それでは、人々は何を以って隣人を魔女として告発したのか。

「人々に対する憎しみや感情的な嫉妬からでは決してなく[156]」「魔女を訴追することを我々が求めるのは嫉妬や憎しみからではなく、全能なる神のご自身の命令ゆえ[157]」、……このような口上は請願の中では常套句であったが、これらは実際には多くのケースで個人的な感情が告発の引き金となったことを逆説的に雄弁に物語る。怨恨が魔女裁判を引き起こしうることは当局にもよく認識されていた。一六二九年ケルン選帝侯領レンス市で裁判を開始する際、当該地域を管轄するアンダーナハ上級裁判所は在地司直に以下のように勧告している。「司直は密告、得られた情報や徴表が憎しみや嫉妬あるいはその他の情動から出たものであるか、それゆえに怪しいものではないか、注意を払うよう[158]」。いくつかの請願状からは、告発の陰にある妬みや憎しみといった感情を読み取ることができる。一六四一年、マインツ選帝侯領アモールバハの住民による請願状では、幸運にも霜の被害を受けなかったブドウ畑の所有者がそのまま魔女集会の参加者と疑われている[159]。このような疑いや誹謗中傷は不作のたびに生じていた。皆が受けるべき不運を共有できなかった者は、魔女という疑いの目を向けられたのである。

トリーア選帝侯領ルーワー（Ruwer）で行われた裁判の中では、村の中心的人物やさらには近接都市トリーアの富裕市民がしばしば魔女の棟梁として言及された。またここで徴税吏として安定した地位を得ていたマイゼンバイン一家、魔女裁判からも多大な利益を得ていた居酒屋ケプトゲン夫婦が犠牲となっている[160]。ここからは、経済的優位に立った人々に対する羨望と嫉妬が透けて見える。

また、近しい人々の間にある行き違い、それが高じた不和は何かのきっかけで魔女容疑に転化される。隣人同士の不和が魔女裁判を引き起こした例を挙げよう。マインツ選帝侯領ディーブルクの市民マルティン・シュトッフェルは、隣人一家を魔女として訴え出ている。彼は隣家のエヴァルト・シュユッツと農場に出る入口を共有し、シュユッツ家の用水路はシュトッフェルの所有地を流れていた。この共有地をめぐるトラブルの後、シュトッフェルは体の不調を訴え、これをシュッツの妻と娘によるものであるとして彼女らに対する裁判開始を要求する請願状を提出している。この請願はアシャッフェンブルクの宮廷顧問会に送られ、エヴァルト・シュッツを含めた三名に対する裁判へと発展していった[161]。

近しい親族にも魔女容疑が発生しえた。一五八七年、トリーア選帝侯領聖パウリン管区ルーワー村で逮捕された未亡人、ワルパー・ローファーのケースを見てみよう。ワルパーが四月に逮捕されたのを追うようにして、彼女の二人の娘も同様に魔女の容疑で取調べを受けている。彼女らの裁判には、聖マクシミン修道院領ルーワー[162]に住むペーター・ローファーも関与した。彼はおそらくワルパーの亡夫ハンスの弟の息子、つまりワルパーの甥にあたる人物である。彼は自分の馬が妖術によって死んだとして、彼女らの害悪魔術による被害を証言している。しかし告発はペーターの側から一方的に行われたわけではない。ワルパーはペーターの妻アンナを、魔女集会で見かけ、ともに害悪魔術を行った人物として名指ししている[163]。ワルパーの娘ヨハネットは、ペーターの馬に妖術をかけたとして、その動機を次のように語った。「従兄弟であるペーター・ローファーの赤毛の馬を殺したのは、彼が彼女の父親の財産を所有してしまったからだ[164]」。近しい親族が互いに相手を非難しあう背景には、相続をめぐる諍いがあった。このような不和がある中で、家畜の死など不運があれば、それは妖術によるものと解釈された。

職を得るチャンスもまた限られていた。一五九五年、トリーア選帝侯領フェルに住むクリスティーナ・マルティンは、夜中に突然病気で寝ていた隣人の娘マルグレーテの寝室を訪れたという。クリスティーナの娘は、病気のマルグレーテの代理に城での奉公を務めており、娘の病気が回復することは自分の娘の失職を意味した。「お前が城の奉公に来ないで、娘を追い出したりしなければ生かしておいてやる。さもなくば、妖術をかけてお前を殺してやる[165]」。クリスティンの脅迫は、後の魔女裁判でマルグレーテの父親によって証言されている。

貧しい村人が施しを乞い、それを断った後で病気やけがなど何らかの不幸があると、それは魔女の復讐と解釈されるという、マクファーレンが示したモデルは、トリーア選帝侯領においても見られる。先述のワルパー・ローファーは、「アイテルスバハのカルトゥジオ会士が牛乳を分けてくれなかったので」彼らの牝牛を殺したと証言した。[166] フェーレンではある女性が隣人に瓶一つ分のバターを分けてもらうのを断られ、その際つぶやいた悪態が呪いを呼んだとして、一五九〇年に処刑されている。聖マクシミンの管区ルーワーのバルバラ・ローゲンは、借金をした相手を妖術により殺そうとし、また隣人であるマティアス・ロイテンが自分にほんの少しの穀物をよこすのを断ったので、彼の茶色の馬を妖術で殺したと証言した。[167] 一かけのビール酵母、ジョッキ一杯の果実酒、そのような極めて些細な貸し借りとその返済の滞りは、一旦何らかの不幸や事故が起こったときには魔女裁判の原因となることも多かった。[168] 不安定な気候と物価の変動、少ない取り分を奪い合うような経済の中で、小さな軋轢は簡単に妖術の猜疑へとすり替わったのである。

親子の間にさえも魔女容疑は生じえた。マインツ選帝侯領のヴィッカーではヨハネス・ナウハイマーが、ヨハネスの妻カタリナが妖術をかけたと自身の父クレースが触れまわっており、これを名誉棄損であるとして当局に父クレースを取り調べ、発言を撤回させるよう求めた。[169] クレースはこれに対して即座に反論し、クレースと後妻の間に生まれた幼子の死に際して、カタリナの振る舞いがいかに怪しかったかをつづっている。

私の息子と義娘の両者がヴィッカーの上級シュルトハイス様に私を訴えた事件で、私は裁判所に召喚されたのでありますが、私の側でどうしても以下のことが必要であります。それは主に私の義娘に対してなのですが、返答によって反論すべきであるので、以下のようにここに相応に返答いたします。〔中略〕あれは最近のこと、つまり受胎告知の祝日の二日目に、私の下女が一歳と四週間になる小さな息子と一緒に私の家から通りへ出かけた時のことでした。〔下女は〕その時私の息子の家の戸の前を通って、私の小さな息子を遊びに連れていったのですが、その時子はまったく健康で、なんらの瑕疵や欠陥もそれまでに認められませんでした。私の子はつまりその健康な姿を一緒にいた他の人たちに見られていたのですが、そこに私の息子の妻カタリナも一緒におりました。その後下女が再び子どもと一緒に帰ってきたのですが、子どもはとても具合が悪い様子で、死にそうに病んでおり、彼の全身は燃える炎のように熱くなっていました。いつもは常に欲するのにもかかわらず母親から何も飲もうとせず、牛乳も他のものも何も飲みませんでした。そして五日後に死んでしまいました。彼が疑わしく弱っていた短い五日間のうちに、友人たちや隣人たちが我が家に子供を見舞いに訪れましたが、義娘はけっして来ませんでした。それどころか〔子が弱っていることを〕聞き笑っていたというのです。そして彼女はあの赤ん坊は死ぬだけだとはっきり言ったのです。彼女の私の幼子に対する妖術の悪行という悪しき疑いは言うまでもないことでしょう。それに加えて、他の人々からも彼女は大っぴらに悪評を受け、非難されているのです。しかし、私はそのように訴えたことは決してありません。そう望まないにも関わらず、そうしなければ私が侮辱されることになるので、彼らの訴えに対して私は自分の責任において以下のことを付言しなければなりません。私の上記の子が五日目に死んでしまい、彼女にそのことが知らされた時、彼女はこんな言葉を発したのです。「やっぱり死んだ、嬉しい、さあ記念日だ」(170)と。

父クレースの言い分では、息子の訴えに対する対抗手段としてこの申し開きをするのであり、決してカタリナを訴えることは彼の本意ではないという。もしヨハネスが妻と自身の名誉を守るために当局に訴え出なければ、この猜疑はあくまで噂に留まっていたかもしれない。しかし、幼子を失った悲しみと息子世帯に対する不信がクレースの心にくすぶっていた。息子ヨハネスは妻カタリナがこの幼児にほとんど触ったことがないと訴えたが、それは父世帯と息子世帯がもともと不仲であったことを暗示する。[171] ヨハネスの異母弟にあたるこの幼児の死は、息子夫婦にとって当然相続上の有利をもたらすことになっただろう。実際にカタリナが相続権者の夭折を喜んだかどうかは分からないが、父クレースがそのように信じるような素地が、すでに世帯を分けた親子間にはあっただろう。そうでなければ、息子の妻を魔女と見なすなどできたであろうか？

さらに魔女裁判はしばしば若者対壮年・老年、富裕層対下層といった共同体内部の恒常的な対立・対抗関係を反映していた。ルンメルの調査したモーゼル下流からフンスリュック山地の地域にかけては、魔女裁判が世代間の争いとして現れる。彼によれば、この地域での被告の大多数が五〇～七〇代という高齢グループに属している一方で、彼らに対する証言を行ったのは三〇～五〇代の壮年グループに当たるという。さらに、迫害を推進した委員会を構成するメンバーの年齢は、確認が取れる限りで二〇～三〇代前半であった。壮年～老年世代は若者同士の争いや軽微な逸脱・風紀の乱れを叱責し、時には参審人として若者たちに罰金刑を科す立場にあった。これに対して、魔女裁判は若者が立場を逆転させ、年長者たちに反撃する機会を提供したのである。[172] モーゼル沿いの小都市コッヘムでは、ツンフト対富裕市民層の形で従来の権力関係を逆転させるような魔女裁判が行われた。ワイン醸造業に従事する市民が市参事会員の妻たちを往来で魔女と罵り、委員会を結成して市庁舎を占拠するという暴動にまで発展したのである。[173]

「裁判を行わせることで金銭的利害を得る」「政敵・不仲の隣人・自身のキャリアにとってのライバルを排除する」「世代間の確執を解消する」、先に挙げた例だけでもこれだけ多くの動機が存在する。しかし注意しなければならないのは、このような動機があったとしても、これがどれだけ意識的に行われたのかは史料からは明らかにはならないということである。現代の価値観からすれば、小さないさかいや感情のもつれと、隣人を後戻りのできない裁判に送り込み火あぶりにすることとの間には、埋めがたい隔たりがあるように思われる。目的志向的な魔女迫害の道具化を強調するよりは、日常的な対立や悪感情が無意識的に魔女犯罪の猜疑へと変換されていったと考える方が自然ではないだろうか。根源には、日々の生活の不安、いつやってくるとも知れない嵐や疫病などへの素朴な恐怖が常にあっただろう。その説明のつかない漠然とした不安や恐怖が、「魔女」という説明項を用いることで一人の実在する人物へと具現化する。こうして、いったん魔女の疑いが生ずれば、魔女を罰する大義は十分にそろっていた。「若者を魔女の誘惑から守るため」「家畜や作物を守るため」「神の意志に沿うため」「神の栄誉を守るため」「妖術を野放しにすることで神の怒りが共同体全体に降り注がぬよう」……請願ではこのような口上が多用されている。一旦魔女容疑が生じた後は個人の遺恨は後景に退き、魔女を罰するキリスト教徒の義務が前面に押し出されてくるのである。

註

（1）Schormann, *Hexenprozesse in Deutschland*, S. 55.

（2）Wolfgang Behringer（Hg.）*Hexen und Hexenprozesse in Deutschland*, München 2001（以下、Behringer, *Hexen und Hexenprozesse*）, S. 88f.

（3）Rummel, Phasen und Träger. また、同地域における一五世紀から一六世紀初頭にかけての初期の魔女迫害の経過に関しては以下を参照。Ders, Gutenberg, der Teufel und die Muttergottes von Eberhardtsklausen. Erste Hexenverfolgung im Trierer Land, in : A. Blauert（Hg.）, *Ketzer, Zauberer, Hexen. Die Anfänge der europäischen Hexenverfolgungen*, Frankfurt a. M. 1990, S. 91-117（以下、Rummel, Gutenberg）.

（4）Joseph Hansen, Heinrich Institoris, der Verfasser des Hexenhammers, und sein Tätigkeit an der Mosel im Jahre 1488, in : *Westdeutsche Zeitschrift für Geschichte und Kunst* 26（1907）, S. 110–118, hier S. 113f.

（5）Rummel, Phasen und Träger, S. 258. Vgl. Behringer, *Hexen und Hexenprozesse*, S. 110f.

（6）以下より引用。Behringer, *Hexen und Hexenprozesse*, S. 110f.

（7） Vgl. Heinrich Kramer（Institoris）, *Der Hexenhammer. Malleus Maleficarum. Neu aus dem lateinischen übertragen von Wolfgang Behringer, Günter Jerouschek und Werner Tschacher*, 8. Aufl. München 2010（以下、Kramer）, S. 81f.

（8） 以下より引用。Rummel, Phasen und Träger, S. 259.

（9） 同奇跡譚により、トリーア選帝侯領において一五〇一年、一五〇八～〇九年、一五一三年、一五一六年、一五二五年にも一、二の村落で魔女裁判があったことが伝えられている。Rummel, Gutenberg, S. 99.

（10） Rummel, Phasen und Träger, S. 260.

（11） Behringer, *Hexen und Hexenprozesse*, S. 205. また、一五八六～八九年までに行われた処刑の件数についてはディリンガーによる統計を参照。Dillinger, *Böse Leute*, S. 97.

（12） この裁判の経過については日置雅子「ドイツ・トリアー選帝侯領における近代の魔女迫害―Dr. D・フラーデに対する魔女裁判と“Reichskhündig Exempel”としてのトリアー（上）」『愛知県立大学外国語学部紀要（地域研究・国際学編）』第三八号（二〇〇六）、八一―一〇六頁を参照。

（13） 日置雅子「ドイツ・トリアー選帝侯領における近代の魔女迫害――Dr. D・フラーデに対する魔女裁判と“Reichskhündig Exempel”としてのトリアー（中）」『愛知県立大学外国語学部紀要（地域研究・国際学編）』第三九号（二〇〇七）、九九―一二四頁（以下、日置「フラーデ（中）」）、一〇五―一〇六頁。

（14） 初版は一五九三年。この銅版画とそれに付随するテキストについてはフォルトマーの以下の論文に詳しい。Rita Voltmer, „Hört an neu schrecklich abentheuer/von den unholden ungeheuer“. Zur multimedialen Vermittlung des Fahndungsbildes „Hexerei“ im Kontext konfessioneller Polemik, in: K. Härter/G. Sälter/E. Wiebel（Hg.）, *Repräsentationen von Kriminalität und öffentlicher Sicherheit. Bilder, Vorstellungen und Diskurse vom 16. bis zum 20. Jahrhundert*, Frankfurt a.M. 2010, S. 89-163; dies, Reichskhündig exempel und wirtzbürgisch werck. Zur Dynamisierung von Hexenjagden, in: Historisches Museum der Pfalz Speyer（Ausstellungskatalog）, *Hexen. Mythos und Wirklichkeit*, München 2009, S. 159-167（以下、Voltmer, Reichskhündig exempel）.

（15） Vgl. Voltmer, Reichskhündig exempel, S. 160. この記述は、フラーデを共犯者として密告した複数の人物の供述を彷彿とさせる。聖マクシミン修道院管轄下の裁判では、「フラーデ博士は四頭の黒い馬にひかれた小さな銀の馬車に乗ってやってきた」「フラーデ博士を間違いなく三度ヘッツラーター・ハイデ〔魔女の集会場所とされていた地〕で見た、なぜなら彼は豪華な衣装と金の首飾りを身につけていたからだ」「フラーデ博士を数回魔女集会で見かけ、その時彼は豪華な衣装と金の首飾りをつけ、トリーア市の高貴な人々を従えていた」などと証言されている。Voltmer/Weisenstein, S. 21, 19, 27.

(16)　この書物は一五八九年にラテン語初版（トリーア市）が出版されたのち、ドイツ語版三版（一五九一・九二年ミュンヘン、一五九一年トリーアで出版）、ラテン語版四版（一五九一・九六・一六〇五年トリーア、一六二三年ケルンで出版）の計八版を数え、かなり成功を収めた書物と言える。本書では一五九〇年のドイツ語版のエディションを用いる。Petrus Binsfeld, *Tractat von Bekanntnuß der Zauberer vnnd Hexen*, Wien 2004（以下、Binsfeld）, S. viii.

(17)　ロースについては以下を参照。P. C. van der Eerden, Cornelius Loos und die magia falsa, in: H. Lehmann/O. Ulbricht (Hg.), *Vom Unfug des Hexen- Processes. Gegner der Hexen verfolgungen von Johann Weyer bis Friedrich Spee*, Wiesbaden 1992, S. 139–160; ders, Der Teufelspakt bei Petrus Binsfeld und Cornelius Loos, in: G. Franz/F. Irsigler (Hg.), *Hexenglaube und Hexenprozesse im Raum Rhein-Mosel-Saar*, Trier 1995, S. 51–71. ロースの人物像と著作の論点について日置「フラーデ（中）」、九九―一〇三頁。

(18)　以下より引用。Behringer, *Hexen und Hexenprozesse*, S. 362.

(19)　Emil Zenz, (Hg.), *Die Taten der Trierer. Gesta Treverorum*, Bd. 7, Trier 1964（以下、Zenz）, S. 13f. この文章は一六二〇年頃に書かれた。

(20)　Rummel, Phasen und Träger, S. 268.

(21)　Ebd., S. 270f. またコッヘムにおける魔女迫害については本書の第三章第2節で検討する。

(22)　Ebd., S. 277f.

(23)　Ebd., S. 278f.; Voltmer, Krieg, S. 24–30.

(24)　Rummel, Phasen und Träger, S. 280.

(25)　Ebd., S. 282.

(26)　Ebd., S. 325–328.

(27)　Becker, Erzstift, S. 90.

（28）カレンハルト（Kallenhardt）においては一五七三〜七四年に九名、一五七五〜七六年に六名が処刑されている。隣接するリューテンでは一五七八〜七九年に四名が処刑された。Decker, Herzogtum Westfalen, S. 341ff.

（29）Gudrun Gersmann, Auf den Spuren der Opfer. Zur Rekonstruktion weiblichen Alltags unter dem Eindruck frühneuzeitlicher Hexenverfolgung, in : B. Lundt (Hg.), *Vergessene Frauen an der Ruhr. Von Herrscherinnen und Hörigen, Hausfrauen und Hexen 800–1800*, Köln/Weimar/Wien 1992, S. 243–272（以下、Gersmann, Auf den Spuren）, hier S. 251f.; Heuser, Kaltwasserprobe, S. 76f.

（30）Gudrun Gersmann, „Toverie halber...“. Zur Geschichte der Hexenverfolgungen im Vest Recklinghausen. Ein Überblick, in : *Vestische Zeitschrift. Zeitschrift der Vereine für Orts- und Heimatkunde im Vest Recklinghausen*, Bd. 92/93 (1993/1994), S. 7–43, hier S. 18f.

（31）以下より引用。Behringer, *Hexen und Hexenprozesse*, S. 204f.

（32）Elmar M. Lorey, *Heinrich der Werwolf. Eine Geschichte aus der Zeit der Hexenprozesse mit Dokumenten und Analysen*, Frankfurt a. M. 1997（以下、Lorey）, S. 208–212. また邦語では高津秀之氏がこの事件を宗教改革の文脈から分析している。高津秀之「ベットブルク狼男事件の衝撃——宗教改革期における想像力と社会」『多元文化（早稲田大学多元文化学会）』第一号（二〇一二）、一—一二頁。

（33）*Warhafftige und erschreckliche Beschreibung, von einem Zauberer (Stupe Peter genandt) der sich zu einem Wehrwolff hat können machen... welcher zu Bedbur ... ist gerichtet worden, den 31. October, dieses 1589. Jahrs, was böser Thaten er begangen hat*, Cölln 1589. この版に図版はなく、テキストのみで構成されている。

（34）Lorey, S. 209.

（35）Peter Arnold Heuser, Hexenverfolgung und Volkskatechese. Beobachtungen am Beispiel der gefürsteten Eifelgrafschaft Arensberg, in : *Rheinisch-Westfälische Zeitschrift für Volkskunde* 44 (1999), S. 95–142, hier S. 102–113.

（36）Heuser, Kaltwasserprobe, S. 75f.

（37）しかし、この時期の裁判一件あたりの被疑者は二名程度に留まり、後の魔女裁判に見られる数十名を巻き込むような大規模な連鎖的作用は起こっていない。Becker, Erzstift, S. 92f.

(38) 以下より引用。Heuser, Kaltwasserprobe, S. 81.

(39) ケルン、ボンの裁判所よりも下のレベルにはいくつもの「主要裁判所（Hauptgericht）」が存在していた。Hans Müller, *Oberhof und neuzeitlicher Territorialstaat : dargestellt am Beispiel der drei rheinischen geistlichen Kurfürstentümer*, Aalen 1978（以下、Müller, *Oberhof*), S. 117, 132g–132i.

(40) Decker, Herzogtum Westfalen, S. 381f.

(41) Ebd., S. 343–347.

(42) SCC, S. 3. この法令については本書の第三章第3節で扱う。

(43) 例えば以下の文献を参照。Schormann, *Der Krieg*, S. 40; Becker, Erzstift, S. 107; Ulrich von Hehl, Die Hexenprozesse der frühen Neuzeit. Rheinische Aspekte eines europäischen Phänomens, in : H. Dickerhof (Hg.), *Festgabe Heinz Hürten zum 60. Geburtstag*, Frankfurt a. M. 1988, S. 243–264（以下、Hehl), hier S. 252f.

(44) Schormann, *Der Krieg*, S. 40f.

(45) Becker, Erzstift, S. 107f.

(46) Heuser, Kaltwasserprobe, S. 127.

(47) Decker, Herzogtum Westfalen, S. 351–354.

(48) Ebd.

(49) Becker, Erzstift, S. 98f.

(50) Ebd., S. 94f.

(51) Heuser, Kaltwasserprobe, S. 128f.

(52) LdANRW, Abt. R, KKIII, Bd. 23, Bl. 41v.

(53) SCC, S. 14f.

(54) W. G. Soldan/H. Heppe, *Geschichte der Hexenprozesse. Neugearbeitet und herausgegeben von Max Bauer*, 3. Aufl., Hanau 1911, Bd. II（以下、Soldan), S. 50f. 続いてゾルダンは「市の半分が魔女迫害の犠牲となった」という同神父の報告をボンに関するものとして引用しているが、これはヘールによれば読み違いであり、実際にはヴュルツブルクに関する記述だという。Hehl, S. 254.

(55) Schormann, *Der Krieg*, S. 58.

(56) Decker, Herzogtum Westfalen, S. 355.

(57) T・ベッカーによる詳細な解説と共にオンラインでエディションが公開されている。Hermann Löher, *Hochnötige Unterthanige Wehmütige Klage Der Frommen Unschüldigen*, bearbeitet von Thomas Paul Becker unter Mitarbeit von Theresia Becker mit einem Kommentar von Thomas Paul Becker / Rainer Decker / Hans de Waardt, Internetpublikation 2001（以下、Löher）. URL: http://langzeitarchivierung.bib-bvb.de:5080/wayback/20120822131736/http://extern.historicum.net/loeher/（最終アクセス二〇一五年一〇月二日）

(58) ラインバハでの魔女迫害に関しては本書第三章第3節で扱う。

(59) Schormann, *Der Krieg*, S. 62.

(60) Löher, S. 60.

(61) Schormann, *Der Krieg*, S. 77f.

(62) Hans Bellinghausen, *Rhens am Rhein und der Königsstuhl*, Koblenz 1929, S. 61.

(63) 一六五一年アンダーナハ、一六六一年チュルピッヒ、一六七七年ノイスから裁判に関する報告がある。ただし、飛び領地であるシェーンシュタイン（Schönstein）では選帝侯領で唯一、一六五〇年以降に本格的な魔女裁判が行われた。Becker, Erzstift, S. 99.

(64) Herbert Pohl, Kurfürst Johann Philipp von Schönborn (1647–1673) und das Ende der Hexenprozesse im Kurfürstentum Mainz, in: S. Lorenz/D. R. Bauer (Hg.), *Das Ende der Hexenverfolgung* (*Hexenforschung 1*), Stuttgart 1995, S. 19–36（以下、Pohl, Kurfürst）, hier S. 19f.

(65) ポールは一六世紀の散発的事例としてロルヒ（Lorch）、エアフルト、ゼーリゲンシュタット、ノイシュタット（Neustadt）（一五六七年）、ホッホハイム（一五六九年）、ブーヘン（一五七〇～七二年）、オーバーラーンシュタイン（Oberlahnstein）（一五七三～七四年）、ローア管区（一五七六年）を挙げている。Herbert Pohl, Hexenverfolgungen im Kurfürstentum Mainz. Ein chronologischer Abriß, in: G. Franz/F. Irsigler (Hg.), *Hexenglaube und Hexenprozesse im Raum*

Rhein-Mosel-Saar, Trier 1995, S. 225-254（以下、Pohl, Ein chronologischer Abriß), hier S. 226f.

(66) 以下の記述はポールによるリストに依拠している。Pohl, *Zauberglaube*, S. 330-346.

(67) マルクスハイム（Marxheim）、ヴァイルバハ（Weilbach）、ヴィッカー（Wicker）といった、迫害の中心地となった諸共同体は一六〇〇年にケーニヒシュタインからヘーヒスト管区へと帰属が変わるため、ここでは両管区をまとめて扱う。ポールによるリストを参照。Pohl, *Zauberglaube*, S. 328ff.

(68) Pohl, *Zauberglaube*, S. 97; Elmer Weiß, Erzstift Mainz, in : S. Lorenz (Hg.), *Wider alle Hexerei und Teufelswerk. Die europäische Hexenverfolgung und ihre Auswirkungen auf Südwestdeutschland*, Ostfildern 2004, S. 339-354（以下、Weiß, Erzstift Mainz), hier S. 339.

(69) 以下より引用。Pohl, *Zauberglaube*, S. 19.

(70) Pohl, Ein chronologischer Abriß, S. 229.

(71) この六名の犠牲者のうち、二名は男性であった。多くの場合、男性が魔女裁判に巻き込まれるのは裁判が長期化・大規模化した後のことであることから、ゲープハルトはこの六件以外にも多くの人々が裁判にかけられたのではないかと推測している。Horst Gebhard, Die Hexenverfolgung in der mainzischen Zent Nieder-Roden, in : Arbeitskreis für Heimatkunde Nieder-Roden e. V. (Hg.), *Nieder-Roden 786-1986*, Badenhausen 1985, S. 91-104（以下、Gebhard, Die Hexenverfolgung), hier S. 90.

(72) Gebhard, *Hexenprozesse*, S. 76.

(73) Ebd., S. 83.

(74) A. Lorenz, Hexenprozesse, in : *Aschaffenburger Geschichtsblätter* 1 (1908), S. 1-7（以下、A. Lorenz, Hexenprozesse), hier S. 2. ゲープハルトはこの期間の犠牲者数について四七名という数字を出しているが、これはローレンツが二〇世紀初頭に参照した史料が戦後失われてしまったためと思われる。ゲープハルトはこの個所でローレンツ論文には言及していない。Gebhard, *Hexenprozesse*, S. 71.

(75) A. Lorenz, Hexenprozesse, S. 6; Pohl, *Zauberglaube*, S. 337.

(76) *Ein Warhafftige Zeitung. Von etliche Hexen oder Unholden/welche man kürtzlich im Stifft Maintz/zu Ascheburg/Dip-*

perck/Ostum/Könißhoffen/auch andern Orten/verbrendt/was Übels sie gestifft/und bekandt haben, Frankfurt a. M. 1603（以下、*Ein Warhafftige Zeitung*）.

(77) Ebd., Bl. 1.
(78) Pohl, Ein chronologischer Abriß, S. 229.
(79) Ebd., S. 230.
(80) A. Lorenz, Hexenprozesse, S. 4.
(81) Pohl, *Zauberglaube*, S. 337f.
(82) Paul Mayer, Statische Auswertung der Hexenprozeßakten von 1616 bis 1630 für die Stadt Miltenberg und die Cent Bürgstadt, in: W. O. Keller（Hg.）, *Hexer und Hexen in Miltenberg und in der Cent Bürgstadt. „Man soll sie dehnen, bis die Sonn' durch sie scheint!"*, Miltenberg 1989, S. 335-344, hier S. 339. ゲープハルトは大分異なる数字を挙げており、一六一六～一六一八年の処刑数を六六件としている。Gebhard, *Hexenprozesse*, S. 80f.
(83) Gebhard, *Hexenprozesse*, S. 66f.
(84) Ebd., S. 68f. この一三年間にどのように迫害が分布しているかについては明示されていない。
(85) これは、選帝侯ヴォルフガング・フォン・ダルベルクの時代に定められたとされる規定を緩和するものであった。詳しくは本書の第五章第3節で検討する。
(86) Pohl, Ein chronologischer Abriß, S. 232.
(87) ディーブルクでの迫害については本書の第三章第4節にて扱う。また、ディーブルクでの迫害の規模については特に以下に詳しい。Pohl, *Zauberglaube*, S. 135ff.
(88) Gebhard, *Hexenprozesse*, S. 77-80.
(89) Ebd., S. 89.
(90) Ebd., S. 69ff.
(91) 以下より引用。Stimming, S. 66.
(92) Jürgensmeier, Kurmainz, S. 92f. 迫害の中心地であったディーブルクがスウェーデン軍の同盟者であるプファルツ伯ゲオルグ・グスタフ・フォン・ラウターエッケン（Pfalzgraf Georg Gustav von Lauterecken）に占領されたのが一六三二年三月であるが、それに先立つ一六三〇年半ばにはディーブルクの迫害は収束に向かっていた。Valentin Karst, Die Kurmainzer Amtsstadt Dieburg im Dreißigjährigen Krieg, in: *Dieburg. Beiträge zur Geschichte einer Stadt*, Dieburg 1977, S. 108-114（以下、Karst, Amtsstadt）, hier S. 112f. そのため、この迫害の終わりについてポールは三十年戦争の経過が直接的な影響を与えたという立場は取っていない。Pohl, *Zauberglaube*, S. 134f.

(93) Pohl, Kurfürst, S. 28.

(94) Karst, Amtsstadt, S. 114.

(95) 例えば、本書の第三章第４節で扱う一六六七年のディーブルクのケースを見よ。

(96) 以下より引用。Pohl, Kurfürst, S. 31.

(97) Briggs, p. 397.

(98) ウォルフガング・ベーリンガー著、長谷川直子訳『魔女と魔女狩り』（刀水書房、二〇一四年）、七二―一〇六頁を参照。

(99) ボダンの議論に関しては邦語でも多くの論考がある。黒川正剛『魔女とメランコリー』新評論、二〇一二年（以下、黒川）、六二―六八頁、福田真希「フランスにおける魔女と国家――魔女裁判と悪魔学における「近代性」」『思想』第一〇五四号（二〇一二）、三〇―四七頁、特に三三―三八頁、波多野敏「ボダンの悪魔学と魔女裁判」上山安敏・牟田和男編『魔女狩りと悪魔学』人文書院、一九九七年、一八五―二一二頁、一九五―二〇〇頁、平野隆文『魔女の法廷――ルネサンス・デモノロジーへの誘い』岩波書店、二〇〇四年（以下、平野）、五九―一二三頁。

(100) Binsfeld, S. 13.

(101) Dillinger, *Böse Leute*, S. 239f.

(102) Anita Hennen, Walpurgisnacht und Maibräuche im Trierer Land, in: G. Franz/F. Irsigler（Hg.）: *Hexenglaube und Hexenprozesse im Raum Rhein-Mosel-Saar*, Trier 1995, S. 151-165, hier S. 160; Dillinger, *Böse Leute*, S.157.

(103) Pohl, *Zauberglaube*, S. 118. 鐘の音は嵐を払うと信じられていた。鐘の様々な機能や迷信について、阿部謹也『中世の星の下で』影書房、一九八三年、三〇五―三一三頁。

(104) BstA WBG, G. 10139, fol. 13.

(105) Binsfeld, S. 13f.
(106) ヨーハン・ヴァイヤー（Johann Weyer　一五一五―一五八八）はユーリヒ＝クレーフェ＝ベルク公の侍医で魔女の行為をメランコリーによる想像の産物と位置付けた。『悪魔の眩惑（*De Praestigiis Daemonum et Incantationibus ac Venificiis*）』（一五六三）という著書で知られる。彼に関する論考は数多くあるが、黒川、五四―六一頁や平野、一一五―一二〇七頁を参照。
(107) Binsfeld, S. 17.
(108) BstA WBG, G18889, lage 25.
(109) BstA WBG, G18890, Lage 8.
(110) BstA WBG, MRA K. 211/205.「いくらかの人々に対する憎しみや感情的な嫉妬からでは決してなく、ただ純粋な神の名における心からの熱意とキリスト教徒に課せられた、幾千もの魂を守り愛に仕えるため、また未だ誘惑されていない我らの貧しき罪なき子らである若者たちのための憐れみゆえに、きわめて恐るべき呪わしく忌々しい妖術という悪弊の根絶と廃止を、つい先日ヴァルデュルンにて選帝侯閣下に手渡された告発状によって、恭しくもお願い申し上げます」。
(111) Levack, pp. 104-113, 206-209.
(112) Franz, Die Reformation, S. 10ff.; Hansgeorg Molitor, Die Generalvisitation von 1569/70 als Quelle für die Geschichte der katholischen Reform im Erzbistum Trier, in: E. W. Zeeden (Hg.), *Gegenreformation*, Darmstadt 1973, S. 155-174, hier S. 171f. 永田諒一『ドイツ近世の社会と教会――宗教改革と信仰派対立の時代』ミネルヴァ書房、二〇〇〇年、二二六―二二七頁。
(113) Friedrich W. Siebel, *Die Hexenverfolgung in Köln*, Bonn 1959（以下、Siebel）, S. 44f.
(114) 一六〇一年に選出された選帝侯ヨハン・アダム・フォン・ビッケンの選挙協約には、司祭学校の設立と教会顧問会の設置、聖職者の司式に対する監督の強化などが盛り込まれた。Stimming, S. 62f.
(115) Dillinger, *Böse Leute*, S. 175.
(116) マインツ選帝侯領では、魔女裁判を扇動するような説教は抑制される傾向にあった。Gebhard, *Hexenprozesse*, S. 257. 反対に、ケルン選帝侯領では魔女裁判の必要を説く説教は選帝侯に推奨されたが、聖職者全体としてどのような態度をとったのかは明らかになっていない。Becker, Erzstift, S. 111f. またイエズス会全体が魔女裁判に積極的だったわけでもない。当時のイエズス会総長クラウディオ・アッカヴィーヴァ（Claudio Acquaviva　一五四三―一六一五）は一五八九年三月一六日の書簡で、トリーアのイエズス会士は魔女裁判を強く求めているため、コブレンツの支部はトリーア支部と距離を置いていると書いている。Bernhard Duhr, *Die Stellung der Jesuiten in den deutschen Hexenprozessen*, Köln 1900, S. 32-33.

(117) ミッタイス、四二六頁。

(118) 若曽根健治『中世ドイツの刑事裁判――その生成と展開』多賀出版、一九九八年（以下、若曽根）を参照。特に同書三一九―三四九頁では、原告がいない場合にも、都市参事会が公的原告として「悪評に基づき」有害な人間を断罪することができるという一四世紀における都市参事会裁判の事例を詳しく紹介している。

(119) 勝田有恒・森征一・山内進編著『概説西洋法制史』ミネルヴァ書房、二〇〇四年（以下、勝田・森・山内）、一九〇頁。

(120) 中世における証明手段としての宣誓と自白について、若曽根、四二三―四四〇頁を参照。

(121) 魔女は異端の一種と考えられたが、これを世俗裁判所が裁く理由として一つには異端と戦う異端審問官の負担軽減のため、もう一つには魔女犯罪が教会の管轄よりは、実際の損害をもたらすゆえにむしろ世俗の管轄と見なし得ることが挙げられている（第三部導入問題）。Kramer, S. 601-627, bes. S. 625f.

(122) Kramer, S. 637f.; 677.

(123) Binsfeld, S. 213ff.

(124) 魔女犯罪が必ずしも特別犯罪として扱われず、魔女迫害が抑制された地域の例としては以下の研究がある。Robert Zagolla, *Folter und Hexenprozess. Die strafrechtliche Spruchpraxis der Juristenfakultät Rostock im 17. Jahrhundert*, Bielefeld 2007.

(125) ヨーロッパのほとんどの地域で魔女迫害の犠牲者の七五％以上が女性であり、エセックス、バーゼル司教領、ナミュールなどのいくつかの地域では犠牲者の九割近くかそれ以上を女性が占める。Levack, p. 124 (Table 3).

(126) Vgl. Lara Apps/Andrew Gow, *Male witches in early modern Europe*, Manchester/New York 2003, p. 45; Briggs, p. 260.

(127) Pohl, *Zauberglaube*, S. 213-219. 西南ドイツの魔女迫害を調査したミデルフォートも、迫害の進展につれて男性被告の割合が増加する傾向を認めている。H. C. Eric Midelfort, *Witch Hunting in Southwestern Germany 1562-1684*, Stanford 1972

（以下、Midelfort, *Witch Hunting*）, pp. 1–2, 179.

(128) Dillinger, *Böse Leute*, S. 100.

(129) Decker, Herzogtum Westfalen, S. 375, 381–386; Peter A. Heuser, Hexenjustiz und Geschlecht. Die kurkölnischen Hexenprozesse des 16. und 17. Jahrhunderts in geschlechtergeschichtlicher Perspektive, in: *Rheinische-westfälische Zeitschrift für Volkskunde* 47 (2002), S. 41–85（以下、Heuser, Hexenjustiz）, hier S. 45.

(130) Heuser, Hexenjustiz, S. 49, 60–70.

(131) Ebd., S. 77f.

(132) Ebd., S. 78.

(133) Franz Irsigler, Hexenverfolgungen vom 15. bis 17. Jahrhundert, in: G. Franz/F. Irsigler (Hg.), *Methoden und Konzepte der historischen Hexenforschung*, Trier 1998, S. 3–20, hier S. 5; Levack, pp. 124–128.

(134) Pohl, *Zauberglaube*, S. 220.

(135) Wolfgang Schilling, *Newer Tractat Von der Verführten Kinder Zauberey In welchem mit reifflichem Discurs, und muthmässigem Bedencken vorgehalten wirdt, auß was Ursachen viel unerwachsene, unnd unmündige Kinder ... unerhörter weiß verführt werden*, Aschaffenburg 1629, S. 3.

(136) Pohl, *Zauberglaube*, S. 220.

(137) BstA WBG, G18890, Lage 82. 前後の史料の日付から見て、この請願は一六四八年頃のものと思われる。

(138) Dillinger, *Böse Leute*, S. 102–104.

(139) Vgl. Gerhard Schormann, Die Hexenprozesse im Kurfürstentum Köln, in: G. Franz/F. Irsigler (Hg.), *Hexenglaube und Hexenprozesse im Raum Rhein-Mosel-Saar*, Trier 1995, S. 181–193（以下、Schormann, Kurfürstentum Köln）, hier S. 186; Becker, Erzstift, S. 117.

(140) 史料から未亡人と確定されるのは三名だが、デッカーは裁判費用の支払者が夫ではなく息子だったことから、残りの一二名についても未亡人であったであろうと推定している。Rainer Decker, Der soziale Hintergrund der Hexenverfolgung im Gericht Oberkirchen 1630, in: A. Bruns (Redaktion), *Hexen. Gerichtsbarkeit im Kurkölnischen Sauerland*, Sch-

mallenberg-Holthausen 1984, S. 91-118（以下、Decker, Hintergrund）, hier S. 98.

（141）Midelfort, *Witch Hunting*, p. 185.

（142）Pohl, *Zauberglaube*, S. 221.

（143）Dillinger, *Böse Leute*, S. 103.

（144）Gebhard, *Hexenprozesse*, S. 256f.

（145）一五八八〜九二年の間に少なくとも九名の聖職者が魔女として処刑されており、聖マクシミン修道院の証言リストにはさらに多くの聖職者が名を連ねている。ただし、密告された全ての人物に対して裁判が開始されたわけではなかった。Adolf Kettel, Kleriker im Hexenprozeß. Beispiel aus den Manderscheider Territorien und dem Trierer Land, in: G. Franz/F. Irsigler（Hg.）, *Methoden und Konzepte der historischen Hexenforschung*, Trier 1998, S. 169-191（以下、Kettel）, hier S. 175-180.

（146）Kettel, S. 175-180.

（147）Schormann, *Der Krieg*, S. 94; LdA NRW, Abt R, KKIII, Bd. 24, Bl. 598v-599r.

（148）Decker, Hintergrund, S. 98f. またデッカーは、裁判にかけられた自作農三六名を富裕農民と中層農民の二つにさらに分類しているが、富裕農民の被告が二八名に対し、中層農民は八名に留まっている。

（149）Becker, Erzstift, S. 117f.

（150）例えばディリンガーによればトリーア選帝侯領での迫害犠牲者のうち、社会階層が明らかになっているのは全体の二割以下であり、そのうち上層に属するのは一一％ほどであるという。Dillinger, *Böse Leute*, S. 105.

（151）Walter Rummel, So mögte auch eine darzu kommen, so mich belädiget. Zur sozialen Motivation und Nutzung von Hexereianklagen, in: R. Voltmer（Hg.）, *Hexenprozesse und Herrschaftspraxis*, Trier 2005, S. 205-228（以下、Rummel, Zur sozialen Motivation）, hier S. 225.

（152）Zenz, *Gesta Treverorum*, S. 13f.

（153）Behringer, *Hexen und Hexenprozesse*, S. 362.

（154）Friedrich Spee von Langenfeld（übersetzt von Joachim-Friedrich Ritter）, *Cautio Criminalis, oder, rechtliches Gedenken wegen der Hexenprozesse*, München 2000（以下、Spee.), S. 54. シュペーの人物像については多くの論考があるが、さしあたり以下を参照した。Gunther Franz, Antonius Hovaeus, Cornelius Loos und Friedrich Spee — drei Gegner der Hexenprozesse in Echternach und Trier, in: G. Franz/G. Gehl/F. Irsigler（Hg.）, *Hexenprozesse und deren Gegner im trierisch-lothringischen Raum*, Weimar 1997, S. 117-141. 黒川、二三三―二三七頁、クルト・バッシュビッツ著、川端豊彦・坂井洲二訳『魔女と魔女裁判――集団妄想の歴史』法政大学出版局、一九七〇年、三〇四―三三〇頁。

（155）Löher, S. 40.

（156）一六六九年マインツ選帝侯領ディーブルクの魔女迫害を求める請願。BstA WBG, MRA K. 211/205.

（157）一六三一年マインツ選帝侯領クリフテルとホッホハイムからの魔女裁判を求める請願。BstA WBG, AAR 360/X Nr. 2, fol. 240-241.

（158）Bátori, Schultheiß, S. 196.

（159）StaA WBG, G 18890, Lage 1.

（160）ルーワーの魔女裁判に関しては以下を参照。R. Voltmer, Dörfer vor Gericht. Ruwer und Eitelsbach während der großen Hexenverfolgung am Ende des 16. Jahrhunderts, in: M. Kordel（Hg.）, *Ruwer und Eitelsbach. Zwei Dörfer im Spiegel ihrer Geschichte*, Trier 2003, S. 95-167（以下、Voltmer, Dörfer vor Gericht）. 拙稿「聖マクシミン」。

（161）この顛末については以下を参照。Pohl, *Zauberglaube*, S. 116f.; Valentin Karst, Ein Dieburger Hexenprozeß von 1596, in: Magistrat der Stadt Dieburg（Hg.）, *Dieburg. Beiträge zur Geschichte einer Stadt*, Dieburg 1977, S. 102-107.

（162）ルーワー川の右岸は聖パウリン修道院の高等裁判所管区、すなわちトリーア選帝侯のラント支配に属するのに対し、ルーワー川左岸は帝国直属を主張する聖マクシミンの高等裁判所管区に属していた。ルーワー川の左岸と右岸の共同体はそれぞれ別個に教会・司祭を持ち、巡回裁判も別々に行われた。しかし両共同体は互いに親族関係にある住民も多く、財産の所有関係も錯綜していた。Rita Voltmer, „Gott ist tot und der Teufel ist jetzt Meister!“ Hexenverfolgungen und dörfliche Krisen im Trierer Land des 16. und 17. Jahrhunderts, in: *Kurtrierisches Jahrbuch* 39（1999）, S. 175-223, hier S. 197ff. 一五六三年の時点で、ここには三二世帯が確認できる。住民の割合としては、聖パウリン側が二二世帯、聖マクシミン側が一〇世帯、計三二世帯があった。Brommer, S. 30ff.

(163) Voltmer/Weisenstein, S. 160.「かつてハンス・ローファーの妻であったワルパーは、以下の聖マクシミン管区の人間を名指しし、証言した。彼女はその人物らをヘッツェラーター・ハイデの魔女の舞踏場で目撃し、それらが彼女が害悪を行うのを助けたのである。その人物はルーワーのペーター・ローファーの妻アンナである。しかしワルパーはアンナ・ローファー〔に対する証言〕を〔火刑のための〕小屋において撤回したのであるが」。

(164) Ebd., S. 160.

(165) Ebd., S. 213.

(166) Ebd., S. 160.「同様に、彼女ワルパーとメルテスドルフのマイエル〔の妻〕は、一年前、アイテルスバハのカルトゥジオ会の牛を殺害した。というのも、カルトゥジオ会の農場で、彼らはマイエルの娘に牛乳をやるのを拒否し、渡そうとしなかったからである」。

(167) Voltmer, Dörfer vor Gericht, S. 117.

(168) Ebd., S. 210; Eva Labouvie, *Zauberei und Hexenwerk. Ländlicher Hexenglaube in der frühen Neuzeit*, Frankfurt a. M. 1991〔以下、Labouvie, *Zauberei und Hexenwerk*〕, S. 183.

(169) BstA WBG, AAR360/X Nr. 2, fol. 321-322.

(170) BstA WBG, AAR360/X Nr. 2, fol. 323.

(171) BstA WBG, AAR 360/X Nr. 2, fol. 321.「彼女は神とこの世にかけて無実であります、というのも、彼女は件の子を抱いたりしたことはなく、ほとんど触ったこともないのですから」。

(172) Rummel, Zur sozialen Motivation, S. 223.

(173) Ebd., S. 223f. コッヘムのケースについては本書の第三章第2節を見よ。

第Ⅱ部　魔女裁判の法と現実

第三章　魔女訴追の実践

前章までの行論により、魔女裁判が生ずる前提として、君主が魔女を裁く司法の枠組みを与え、魔女の実在を信じる民衆によるその司法枠組みを利用した告発が必要なことが明らかとなった。そこで、次に問うべき課題は、君主が魔女裁判を秩序の枠内で行わせる上での手段となったポリツァイ条令の内容とその意図したところ、そしてその法的枠組みが在地でどのように実践されたかということであろう。これは、近世のポリツァイ条令がいかなる程度貫徹されたのか、あるいは人々はどのようにして君主のポリツァイ意思に応えたのかという問いかけでもある。

本章で検討するのは、一六・一七世紀に各選帝侯が各地で起こる魔女裁判に対して発したポリツァイ条令、およびそれに対する民衆のリアクションである。中央機関が刑事司法の監督権限を徐々に強め、司法の信頼性と正当性を確立しようとしていた時代、ポリツァイ条令は規範を在地へ浸透させるための重要な手段であった。

魔女裁判に関わる法令には、第一のグループとして裁判手続きに関わるものがある。君主の側からすれば、統一された法規範を確立するためにも、無秩序な連鎖的裁判と混乱を避けるためにも、裁判を一定の秩序のレールに乗せることは必要不可欠であった。そこで、まずは本章第1節で一六世紀に成立した帝国法であり各領邦で刑事司法の基盤として受容されたカロリナの内容を魔女裁判の観点から分析する。さらに、各領邦の裁判手続に関わる一連のポリツァイ条令にカロリナがどのように取り入れられているのか、またそれら法令が実際の裁判においてどのように実践されたのか、特に裁判開始の在り方に着目しながら、第2節以下、それぞれの領邦について検討する。

1　カール五世刑事裁判令の受容

カロリナは一五三二年に成立した帝国法であり、近代刑法の萌芽と言われている。カロリナがドイツ初の本格的刑事手続法であったことは議論を待たないが、魔女裁判との関連で特に注目すべきは、カロリナの第二一九条に定められた「訴訟記録送付制度」である(1)。裁判過程において微妙な判断を要する場面が生じた場合、素人の独断ではなく、訴訟記録を学識法曹に送付し判断を仰ぐというものである。

このことは二重の意味において重要である。まず訴訟記録送付制度は裁判過程を文書として記録する必要を生み出した。慣習的に口頭で行われてきた裁判手続は文書化し、書記や公証人の存在が重要となる。宗教改革期の識字率が農村部においては五%にも満たないとすれば、この規定は農村の裁判遂行能力をはるかに超えることになったであろう。原告も口頭ではなく文書化された告訴状を要求されるようになった。個人が原告として被告を訴える弾劾訴訟は、原告の負担が大きかったと言える。さらに鑑定料、書類作成のための書記、公証人への報酬のほか通信費などの実費がかかるなど、訴訟記録送付制度は裁判費用増大の直接的な原因の一つであった。他方、素人裁判官の独断を許さず学識法曹によって裁判を統制することは、裁判基準を統一し、司法の権威を高めることを意味した。その意味で、訴訟記録送付制度は在地裁判所への監督強化と素人裁判官の排除を徐々に進めるための規定と言えよう(2)。

刑法という観点から見ると、カロリナは第一〇四～一八〇条までの七七条にわたり、殺人・窃盗・放火・貨幣偽造など様々な犯罪に対する刑罰を定めている。その中の第一〇九条は「妖術に関する刑罰」に言及しており、魔女犯罪は実害を伴う刑事犯罪とされている。(3) 妖術によって人やその財産に損害を与えることは、死に値する大罪と見なされていたのである。さらに処刑の方法は火刑と定められている。カロリナにおいて火刑が定められている犯罪は、妖術のほか鋳貨偽造罪（第一一一条）、獣姦・同性愛など自然に反する不倫罪（第一一六条）だけであり、これらがとりわけ不名誉かつ忌むべき犯罪として認識されていたことが分かる。他方、魔術は人やその財産などに損害を与えて初めて重罪と見なされ、魔術の物理的実害のみが問題とされている。悪魔学者がこぞって主張したような、悪魔との契約といった内面的な要素は一切触れられていない。

しかしこの刑法規定は、魔女裁判の抑制には必ずしもつながらなかった。第二章で確認したように、魔女犯罪のような目撃者がありえない犯罪においては実質的に自白のみが有効な証拠となった。その自白を得るために拷問が用いられたのであるが、拷問を行う根拠となったのが「徴表」である。徴表とは、それ自体は有罪の証拠とはなりえないが、一定程度の疑わしさの根拠として、被疑者に対する拷問を正当化する状況証拠などを指す。カロリナ第四四条は次のように定める。「ある者が、他の人々に〔彼より〕妖術を学ぶべく申し出ずるか、または、何びとかを妖術にかくと脅迫し、しかして、脅迫せられたる者にそのことが行わるるか、または、彼が、妖術使いもしくは魔女と特別の組みをもつか、または、妖術を帯びたる怪しき物、態度、言語、流儀をもって、徘徊するかし、しかして、当該人物がそのことにつきて風評を立てらるるときは、それは、妖術に関する確たる一徴表を与うるものにして、拷問のための充全なる事由となるものなり」(4)。密告や被疑者に対する悪い噂、被害者との不仲などが疑惑断片として積み重なれば機械的に加算されて、拷問を正当化する徴表となることができた。(5) 第六条の拷問を行う前に可能な限り調査を行うという文言や、第五二条・第五四条の自白の裏付け調査を行うという指示も、被告保護には働かなかった。もともと拷問の濫用を防ぐために採用された徴表概念も、魔女裁判においては恣意的な利用を免れなかったのである。
このカロリナの規定は、各選帝侯領の魔女裁判法令にどのように現れるのだろうか。それぞれの領邦の法令とその実践を続けて検討していこう。

2　トリーア選帝侯領——ポリツァイ条令と民衆司法の葛藤

(1) 魔女裁判法令（一五九一年）

三選帝侯領の中で最も早い時期に魔女裁判に関わる法令が現れてくるのはトリーア選帝侯領である。一五九一年、選帝侯ヨハン七世によって発布された法令の冒頭には、名宛人として「代官、役人、下級行政役人、シュルトハイス、フォークト、裁判官、命令権者、そして余の領邦君主としての支配権に属する他の臣民とその血族」が挙げられており、内容もとりわけ裁判権を行使する在地役人ないし裁判官に向けられている。

ヨハン七世はまず、「これまで広く蔓延し、正規の手段によって根絶すべき罪深い妖術の悪習が、今では日常的に起こっている」とし、妖術を根絶すべきものと認める。その一方で、「訴訟や刑の執行に関して多くの法的に無効なことや不正なことが行われ」「あわれな臣民の下で耐え難い負担が増大し、多くの住民たちや臣民、未亡人や孤児たちが極度の苦境に追い込まれて」いることに対し、深い憂慮を示している。(6) これら魔女裁判に関わる情報がどのような形で選帝侯の耳まで届いたかは史料には残されていない。しかし、強い調子の書き出しからは魔女裁判における弊害が放置することのできない緊急の課題となっていたことが窺われる。そこには、補佐司教ビンスフェルトの主張するような魔女犯罪に対する特別手続への賛同は認められない。むしろこの法令では「皇帝の刑事裁判令にもとづき」「共通に定められた法及び神聖ローマ帝国の刑事裁判令にもとづき」「まったき理性ととりわけ刑事裁判令に従って」といった文言が繰り返し現れ、魔女裁判においてもカロリナに示された刑事司法の枠組みを崩すまいとする姿勢が明確に示されている。

とりわけ、この法令で非難の対象となったのが民衆組織「委員会」である。「誰や彼やの不穏な臣民の煽動によって共同体がともに誓い合い、ほとんど一揆にも見える同盟をつくっている。そこに委員会がその後あちこちで何度ものろわしい多大の困難を伴い、多額の費用を費やして送り出され、従ってその負担は罪人にも無実な者にも負わされている」(7)。委員会は扇動的かつ不穏なものであり、何より委員会が費用増大の大きな原因であると理解されている。法令は刑事裁判における指針であるカロリナの遵守を強調した後、委員会への非難を続ける。それによれば、住民たちが集まり、互いに助力しあい、一体となり、生命も財産も互いに委ねあうという同盟を作ることは、臣民たちの間でしばしば行われてきたことであり、委員会もそのような伝統に基づいている。しかし委員会は「裁判に際して、同時に原告であり、証人であり、時には裁判官」ですらあり、そのような不公平性のために、貧しい臣民は極度の困窮へ追い込まれている。そこで今後は「かかる糾合、反抗的な同盟」である委員会は廃止され、役人たちは違反を発見した場合は共同体を相応に罰するよう命じている(8)。

同法令は同時に、十分な根拠がある場合には共同体や個人が妖術を訴え出ることを認めている。その際、告発者自らが証人や徴表を裁判所ないし司直に提示しなければならず、それらが尋問を行うに十分と判断された場合、司直自身ないしは公平な公証人によって尋問が行われることになる。魔女犯罪に対していわゆる弾劾訴訟を行う可能性も閉ざされてはいなかったのである。しかし、委員会のメンバーは居酒屋で意見を出すような無頼の輩であり、彼らが様々な形で無統制に広がるとともに、共同体に背負いきれない負担が生じているとして再び委員会が裁判に関わることを批判し、司直が正しい信頼しうる人物を適正な報酬でもって雇い入れるよう指示している(9)。

さらに、原告が存在しない場合に司直が職権により訴訟を開始する、糾問訴訟の手続きについて詳細な指示が続く。まず、ある人物について妖術の噂があり、しかしそれが徴表として充分であるか疑わしい場合には、選帝侯に報告を送り裁定を仰ぐ。カロリナにおいて強調されている記録送付を選帝侯が貫徹させようとしていたことがここからも読み取れる。それはこの法令の中で再三指摘される多くの不正を、選帝侯が深刻なものとして捉えていた証左でもあろう。ここで取り上げられるのは、まず拷問における不正である。その原因として刑吏が独自判断によって調査と尋問を行っていることを挙げ、逮捕の際には法で定められた人物が立ち会うこと、刑吏が拷問中に聞き知ったことを口外しないことと指示されている。さらに拷問には必ず二人の参審人が立ち会い、司直本人あるいは公証人がそこで規定の質問を行うこと、その際には被告や他の被告に関する詳しい事情を聞いていてはならないとする。(10) これはおそらく特定の人物の名を聞き出そうとするような誘導尋問を回避するためであり、カロリナ第五六条（誘導尋問の禁止）の規定とも合致する。

さらに選帝侯は、処刑に際して行われている慣行に苦言を呈する。「被告の自白の読み上げの際、個人が名指しでその同様な悪習について言われ、そのため時として〔その名指しされた人物が〕逃亡する原因を作って」おり、様々な社会不安や諍い、中傷が生じているという。被告が他の人物を名指しするような場合は、裁判吏に書面によって報告され、それに基づいて極秘裏に調査が行われるべきであるとする。そして裁判官や司直の裁判中に聞き知ったことを口外しないよう、重ねて命じている。(11)

ヨハン七世はまた、迷信的な占いやまじないがはびこっており、それが悪魔の繁栄を許すきっかけとなっているとして、裁判官ら司法当局にこのような行為も取り締まるよう求めている。さらに興味深いことに、水審が行われていたことにも触れられている。「また時折、妖術を疑われた人物に対して、水審という、法によって許されていないひどい悪習がはびこっているため、余はここに、これら〔水審〕とその効力を停止し、即座にこれを取り上げてしまうことを望む」とある。(12) すでに一三世紀の第四ラテラノ公会議で水審の有効性が否定されていたことを鑑みれば、公的な裁判の中で水審が行われたとは考えにくい。しかしケルン選帝侯領のように水審がかなり遅くまで用いられていた例もあり、人々の間では有罪を「印象付ける」手段として非公式に長く有効性を保ったと言えよう(13)。被疑者の中には、訴えられる前に自ら進んで水審のような神判を受けるという姿勢が見られた。不利な立場に立たされたものにとって、神判は自らの潔白を証明する起死回生のチャンスだったのである。噂の発生から告発にいたるまでには住民の間には戦略的なコミュニケーションが働いており、神判も被疑者の防衛戦略の一つの選択肢として、有効性を失ってはいなかった(14)。

さらに続けて、いくつかの裁判所では「無実の者が有罪の者と区別されることなく」混乱が生じていると、在地での裁判実践に苦言を呈する。宮廷顧問に裁判を監督させる旨を明らかにするものの、同時にこれまでのところ在地からの報告が滞っており、必要な鑑定が実施されていないという現実に触れ、改めてトリーア市とコブレンツ市の高等裁判所の学識法曹に鑑定を求めるよう促している。さらに、今後妖術裁判に際して、高等裁判所や宮廷顧問の通達なしには逮捕、拷問、処刑を行うべきではないとして、上級機関による、より徹底した統制を求めている(15)。例えばバイエルン公領では、拷問行使の決定権は地方裁判所から宮廷顧問会へと取り上げられており、証拠評価や判決形成に際しても宮廷顧問会が決定権を持った(16)。このような強く中央集権化・官僚化された裁判監視システムをトリーア選帝侯が少なくとも目指していたことは明らかであろう。

選帝侯は不正を防止するために、現地の裁判司直に法令の遵守を求めるほか、四回にわたって異なる個所で記録送付を行うよう求めている。これは、カロリナを拠り所としながら中央集権的な司法制度の構築を目指すものの、それが機能するには至っていないという状況を示すものである。ケルン選帝侯領やマインツ選帝侯領において見られたような宮廷顧問会などとのやり取りの史料がトリーア選帝侯領に残っていないこと自体、こうした規律の徹底がここでは困難だったことを示している。

この原因として、在地司直の怠慢が考えられよう。在地役人と選帝侯の間には中間機関が存在しなかったため、彼らに対する監督は実質行われず、選帝侯はしばしば法令により彼らの規範を問い直さねばならなかった。例えば一五八七年には、参審人やシュルトハイスに対して裁判への遅刻や無断欠席に対する罰則が定められ、参審人らは偏りなく振る舞い、記録官など他の裁判に関わる職務の人々に対して厳しく監督するよう求められている[17]。これはシュルトハイスや参審人が裁判に対して決して勤勉でなく、なおかつ何らかの利害に基づく党派形成やそれに伴う不平等な裁判が常態化していたことを示すものと考えることができる。そうであるからこそ、この魔女裁判法令も在地裁判人らに向けられていたのである。

（2）委員会の活動

この法令の中でたびたび取り上げられ、非難の対象となった「委員会」とはどのようなものだったのか。委員会は、具体的にどのような活動を行っていたのか。委員会と在地の役人、また領主との関係はいかなるものであったのか。委員会のメンバーは共同体の中でどのような位置にあったのか。先行研究の成果を土台にして、ひとまず概観してみよう[18]。

原告・証人・裁判官

大まかにいって、委員会が請け負うべき任務には、裁判開始に向けての告訴状の作成と裁判費用の保証という二つが挙げられる。ここでは、主に前者について検討していきたい。

一六世紀の農村の識字率は決して専門的な書類作成に応えうるものではなかった以上、委員会と協働して告訴状の作成に当たった書記の存在は重要である。委員会からの依頼を受けて告訴状を作成したのは、都市民出身である書記であったが、書記のような専門家は管区を（あるいは領邦の境界を）またいで兼任することが求められた。例えば、トリーアの教会裁判所及び世俗裁判所の書記官であり、また同時に聖マクシミンの在地裁判所参審人であったペーター・オムスドルフという書記の名は、プファルツェル管区、聖マタイ修道院管区の在地裁判所の記録にも見られるという。書記の任務は告訴状の作成にとどまらず、尋問調書、判決文、さらには照会用の裁判記録抜粋も彼らの手によるものであった。フォルトマーは、一人の書記がそれだけ多くの管区で行われた裁判に従事するのは難しいとして、書記が何らかの組織を形成し、さらに下請けの書記を使っていた可能性も指摘している[19]。ルンメルは、委員会が最終的な裁判費用の決済にあたり、都市公証人を雇い入れたことを指摘しているが、場合によっては書記がそのような会計管理を請け負ったこともあり、需要のあるところにはかなり柔軟に、組織的に対応していたと見ることができる[20]。

では、こうして作成された告訴状はどのようなものだったのか。聖マクシミン修道院に提出された、一五八六年のオーバーエンメル（Oberemmel）での告訴状の冒頭を見てみよう。「オーバーエンメルの共同体役員と全共同体及び抗議の叫びをあげた委員会は、その団結の力で高貴にして敬うべき聖マクシミンの管区長であるヨハン・フォン・ピースポルト殿の前に参上し、以下の告発点をお渡しする[21]」。この冒頭の文言には、共同体役員と全共同体、そして委員会という三者が原告として登場している。特定の人物の名前ではなく、このような抽象的な「共同体」の名において、この告訴状は管区長に提出されたことになる。一五九一年法令には「互いに助力し合い、一体となるという「彼らの独自の同盟と義務を作っている[22]」委員会の姿が言及されているが、まさに彼らは共同体全体と一体となり、あたかも一個の人間であった（ein mann zu sein）のである。

内容の点ではどうであろうか。一六三〇年に作成された、「ミュンスター〔マイフェルト〕の委員会の、フィリップ・マクシミンに対する告発」と題された告訴状を見てみよう。挙げられた非難は一〇項目にわたる。ここでは被告が長い間妖術使いと噂されていたこと、その父親もまたそのような噂の渦中にあったこと、妖術使いと罵られても反撃しなかったこと、すでに容疑が確定した人物から魔女集会での目撃証言が得られていることが列挙され、さらに疑いを招く言動が具体的に叙述されている。「彼は、そのような疑いをそうこうするうち少なからず強めた。彼は二年前に一度、ヘデスドルフの荘園農民であるミヒャエルの家畜小屋にやってきて、彼と様々なおしゃべりをしたが、最後に次のようにミヒャエルに言った。『あんたたちはもう聞いただろう、俺や女房や、あんたの母親やあんたたち自身についてどう言われているかをさ』そして前述のミヒャエルが彼について人がどう言っているかを彼に言うと、被告は次のように答えた。『その噂はこう言うんだろうさ。あんたたちが妖術の馬車に乗って、俺や女房やあんたの母親を妖術の舞踏会に連れて行くんだってな』。それに関して、ミヒャエルは、そんなことをずっと前から聞いていたとしても、言いたくなかったと答えた。それについて他の証人は次のように言った。あんたたちがおしゃべりしようとするなら、私は出ていかにゃならないね、と。これに対して被告は驚くべきことに次のように答えた。見ろ、お前はここにいたのだから、俺たちを裏切ることはできないぞ、と。彼はその発言によって自らに妖術の悪習に罪ありと認めたのである(23)」。告訴状はさらに、被告がブルゲンの住民を毒殺したことにも触れる。彼や彼の妻に対する手続きがどこで行われるのか、彼がしきりに気にしていたことも告発の根拠に挙げている。最後に、このようなことについては当該地区および近隣で共通の評判となっているとしている(24)。

この例に見られるように、噂や推測、行為の曲解までもが告訴状に罪の根拠として記載される。妖術使いや魔女の容疑は突然生じるわけではなく、共同体の中で長期にわたって持続しているのだから、そのような評判に対して自己防衛や反撃を行わないこと自体が、疑わしさの根拠と見なされるのである。ある行為からある秘密を類推すること、不幸に際しての短絡的な帰責、容疑に際してとるべき態度の評価、農民はこれらを、暗黙のうちにコミュニケーションのルールとして共有していた(25)。また委員会により聞き取りが行われることそれ自体が被疑者に対する悪評を強化することになった。委員会の調査に際して情報交換の結節点となったのが地域の居酒屋であった。たとえば一五八九年、フェーレン（Föhren）に住むアウグスティンは、エーラング（Ehrang）の居酒屋の主人にフェーレンの委員会が彼の妻を疑っているかどうか、密かに尋ねた。エーラングの居酒屋では委員会がいつも飲み食いを行っており、彼らの話の内容は必ずしも極秘ではなかったのであろう。居酒屋の主人がそれとなく肯定をほのめかすと、アウグスティンは自身の妻に対する疑いを強めたのだった。(26)

さらに告訴状では、すでに処刑された「魔女」たちによって、被告の名が挙げられていることが重要な証拠と見なされている。一五九一年の選帝侯法令で非難されているように、処刑の執行に際してしばしば判決文と共に共犯者の名前を含む被告の自白が読み上げられた。委員会はこれら「共犯者」たちの情報を得るため、しばしば遠隔地まで出かけて行った。例えば一五九〇年、フェーレンの委員会はトリーア、聖マクシミン修道院、聖パウリン修道院、エーラング、シュヴァイヒ、プファルツェル、フェル、さらにはクレーフ（Kröv）にまで足を伸ばしている。一五九四～九六年の間にシリンゲン（Schillingen）の委員会は四〇回も隣接の在地裁判所へと出かけているのである。これら証言を集めるための旅行は裁判費用として最終的に被告が負担することとなった。(27)

このような委員会の活動は、在地役人との結びつきを前提としていた。委員会が「裁判に際して、同時に原告であり、証人であり、時には裁判官」でありえたのは、在地役人との結びつきなしには考えられない。しばしば指摘される中央権力の統制の弱さは、同時に住民と結びついた地方役人の自立性につながり、迫害の原動力となっていったのである。

コッヘム市の事例

委員会の活動がとりわけ激しい形で現れた例として、ルンメルの扱ったコッヘムの事例がある。以下、彼の研究を下敷きに委員会の活動を検討してみたい。コッヘムはトリーアとコブレンツのちょうど中ほどに位置するモーゼル沿いの小都市であり、一五六三年の租税調査では一七〇世帯を数えている。ここでは都市裁判所が選帝侯の刑事裁判所として刑事裁判を管轄し、フォークトがその裁判高権を代行するものとされた(28)。

一五九三年、近隣で行われていた魔女迫害からの影響で当地でも魔女裁判が行われることになり、市参事会と魔女迫害を求める市民グループがそれぞれ代表を出し合って委員会が結成された。最初に名前の挙がった二名の女性が処刑された後も、市民たちからの迫害圧力は弱まることなく、むしろ「魔女」が新たな共犯者の名を自白したことでさらに欲求は高まった。これ以上の迫害拡大を望まない市参事会側と迫害推進派との対立が深まる。圧力に屈した市参事会は、新たに密告された二名の女性についてコブレンツ高等裁判所に鑑定を仰ぐ。コブレンツ高等裁判所からの回答は、逮捕を推奨するものの拷問は認められないという玉虫色のものであった。そこでコッヘムの管区長は彼女らの逮捕を見合わせ、参事会も正式な告訴を取りやめた。しかしそのことは市民の不満を爆発させ、参事会に対する暴動へとつながっていったのである。同年五月、「コッヘムの市民は暴動を起こし、秘密集会を行って、尊敬すべき参事会への事前の告知なく、新委員会ならびに新書記、新使節を掲げ、彼らの中から選出し、取り決めた(29)」。中立的だった参事会がここに無力化し、尖鋭的な市民によって選ばれた新委員会が迫害のイニシアチブを取り始めたのである。

ここに至り、魔女迫害はまさに暴動の様相を示す。名前を挙げられていた人々は逮捕され、同年秋までに少なくとも八名が処刑される。一五九四年九月には、この熱狂は上層市民にまで届いた。参審人の妻であり、法学学士を息子に持つバーバラ・ティールマン、都市の中心であるマルクト広場に居酒屋を経営していた未亡人アンナ・クルツァーが逮捕されたのである。この時点までコッヘムの新委員会はほとんど抵抗を受けることなく裁判を行うことができていたが、ティールマン父子は委員会に対する最初の反対者となった。ティールマンの妻釈放を求める請願

図８　現在のコッヘム市・市庁舎前広場
写真提供：Britta Faßian 氏、2015年７月撮影。

により、コッヘムにおける裁判の実情が選帝侯の知るところとなったのである。

選帝侯はこの件のために調査団を組織させ、コッヘムに派遣する。メンバーに加わったのは選帝侯顧問のベルンハルト・ヴィムプフェリング博士、隣接管区のミュンスターマイフェルト管区長であるハインリヒ・フォン・ヴィルドベルク、コブレンツ宮廷裁判所の書記官ヨハン・ヘルメスであった。この調査団は一五九四年一一月二八日コッヘムに到着し、翌日からさっそく関係者への聴取を始めた。ある証人は、次のように証言している。「哀れな人々に対する攻撃と逮捕は恐ろしくもひどい様で行われました。嘆かわしいことに、委員会は自らフォークトや数名の市民と共に武器を持って白昼ひどく不遜にも激しく家々に押しかけ、彼らを塔にせきたてて無理に引きずっていったのです」(30)。ここでは選帝侯の役人であるフォークトは委員会と歩調を共にしており、この暴動とも言える裁判要求への抑止力とは決してなっていなかったことが分かる。アンナ・クルツァーに対しても、同様に暴力的な逮捕劇が行われた。「彼らはひどい騒乱と共に攻撃を加え、往来の泥の中、〔被疑者を〕無理に連れて行き、ついには犬のように腕にしっかり抱きかかえて城の牢獄へと引きたてていきました[31]」。市民たちが激情のままに被疑者の自宅へ突撃していった様子が証言されている。その際にはやはりフォークトも参与していたのである。それどころか、騒ぎを聞きつけたクルツァーの従兄弟が通りの泥の中で踏みつけられている彼女の元に駆けつけると、フォークトは人々に向かって彼をも打つよう叫んだという。このようなショッキングな捕物劇は、土曜の週市における衆目の中で、コブレンツ高等裁判所の事前の許可なく行われた。選帝侯の役人までもが魔女迫害への熱狂に浮かされ、暴力的な振る舞いを止められる者はいなくなっていたのであろう。

それに続く彼女らに対する拷問も、委員会の同席のもとコブレンツ高等裁判所への照会なしに行われた。参審人ティールマンが妻の窮状を救うべく選帝侯に宛てた訴状には次のように書かれている。「フォークトはこれまでにコッヘマー＝ブルクフリーデンの委員会と彼らの書記に同席を許可し、妬み深い告発者と刑吏以外誰も収監者のそばにいないということになったでしょう[32]」。委員会と書記は拷問に同席を許されたのみならず、みずから証人として証言も行った。フォークトと委員会は居酒屋での頻繁な会食を通してさらに親睦を深めている[33]。新委員会によって遠ざけられていた別の書記は、フォークトと委員会が居酒屋で会食し高価なワインを飲むような慣習は、以前の委員会の時には見られなかったと証言している。

コッヘムの一五九四年の魔女迫害は、市民の一部が参事会と上層市民の一族に対して起こした反乱であった。「新しく掲げられた委員会が何をするのか、資格もなく参事会の要請も受けていない群衆の長が、市民らに彼らの全ての協議や評価を伝えている[34]」という証言からは、反乱のそもそもの動機が魔女裁判のみならず、参事会の閉鎖的な市政にあったことが伺える。新委員会はフォークトを味方につけ、参事会や旧委員会の承認なく魔女裁判を遂行した。彼らの暴力性はとりわけ参事会員の側から「野蛮で性悪な、きわめて反抗的な市民たち[35]」と強く非難されている。ルンメルは参事会側からのこのような表現や市民側からの暴力的な不満の発露に、すでに社会的な隔たりと葛藤が長い間存在していたことを見ている。

この調査団による報告を踏まえ、コブレンツ高等裁判所は一五九五年三月、この二人の女性に対する狼藉を非難し、告発人らに賠償支払いを命じた(36)。委員会はこれを不服とし、まずはトリーア宮廷裁判所に上訴したが、即座に退けられる。そして一五九五年六月には、新委員会メンバーであったラインハルト・メントゲス、ニコラウス・トーマスが原告となって、帝室裁判所まで上訴することになった。その間にも、ティールマンらは委員会から賠償を担保の形で回収している。この件は一六〇九年まで帝室裁判所預かりとなったが、最終的な判決は失われているため、結末を知ることはできない(37)。

フォークトが委員会と歩調をそろえた一方で、コッヘム管区の管区長はこの暴動に際してはほとんど影響力を行使しえなかった。彼は迫害と混乱がピークに達していた一五九四年一〇月、選帝侯に配置換えを願い出ている。その「このような裁判をもってしても、妖術の悪業は止まず、日々さらに大きな群れをなすようになっています。その裁判に彼の職務ゆえに従事すべき者らは、裁判に関してひどいことに日和見を決めこんでいます。それどころか、これら無価値な請願によって、選帝侯閣下のもとで無慈悲な疑いが生ずるようになっています。そこで、正義と自然の適正さをもって再び全てを手続きさせるよう、また私がこの恐ろしい妖術に関する刑事裁判に立ち会うということを慈悲深くも免除くださらんことを、そして誰か他の、そのような事柄に意欲があり、よりふさわしいと思われる人物に［その任務を］お命じくださらんことを(38)」。管区長は在地の裁判実践の蚊帳の外に置かれ、手に負えなくなる事態に嫌気がさしていることが伺える。選帝侯の代理人として事態を掌中に収めようとするのではなく、今後の裁判を任命権者の選帝侯の責任とすることで厄介事から逃れようというのである。この裁判の無軌道ぶりや告発の連鎖が不当なものであるという認識は明確に見られるものの、それを抑制しようという積極性に結びつかないところに、トリーア選帝侯領における役人規律化の不完全さを見ることができるだろう。

3　ケルン選帝侯領――「非中央集権的」魔女迫害

(1)　魔女裁判法令（一六〇七年）

ケルン選帝侯領における魔女裁判に関わる法令は、一六〇七年に選帝侯フェルディナント・フォン・バイエルンによって発布された。以下に、その内容を簡単に整理してみたい。

フェルディナントはまず、魔女犯罪の蔓延とそれを罰する自らの義務に言及し、しかしその手続きは秩序を持って行われねばならないとしてカロリナを挙げる。カロリナにはあらゆる案件が言及されているため、基本的な手続きはそれを参照すべきであるが、当該条令はさらに正確を期して無知で素朴な地方の裁判官らに規範となることを期しているという(39)。ここには、地方裁判所の法学の素養のない裁判官や参審人に対する選帝侯の不信感がはっきりと表れている。

さらに、原告は裁判の保証金をあらかじめ提供するか、結審まで原告と共に被告と同様収監されるという弾劾訴訟の原則が示される。続いて、原告が現れず密告や噂が届いた場合には、当局が職権により関係人物を調査する、すなわち糾問訴訟を開始するよう指示している(40)。このように、魔女裁判に関しては糾問訴訟、弾劾訴訟両方の道が開かれていたことはトリーア選帝侯領と同様である。トリーア選帝侯領の法令と異なるのは、何が単なる噂で、何が容疑に足る徴表と見なされうるのかについて、中央機関への問い合わせを指示するのではなく、具体的な例を挙げて説明していることである。徴表の判断とひいては逮捕に至る重要な決定を、ある程度ローカル裁判所に委ねているのである。

法令では該当者を逮捕し取り調べを行うに足る七つの条件を挙げる。第一に、その人物に対して妖術の噂が出回っていることである。これには当該人物と敵対関係のない、公平で信頼に足る二名の証言が必要とされている。第二に、すでに告発された「魔女」が共犯者として挙げた人物は、その供述に基づき糾問訴訟の対象となる。このことはたった一人の証言により逮捕を可能としてしまうことを意味する。また、カロリナが主に実際に人畜に被害を与える害悪魔術のみを問題としたのに対し、ここでは例えば「サバトへの参加」もが追及の対象となっている。第三に、当該人物が妖術を行っていると隣人たちに疑われていることである。第一の条件と類似しているが、より狭い範囲の噂でも疑いの根拠として採用される可能性を示している。第四に、当該人物の家族、特に母親に魔女の疑いがあったならば、それも糾問訴訟を開始する手掛かりとなる。それは、悪魔は妖術を行う人物に対して、その家族の命をも捧げるように期待するのであるからだという。ここでは悪魔との関係が強調されているが、魔術的な能力が血によって引き継がれるという個人の魔術的能力に関する伝統的な観念が背景にあると見ることができるだろう(41)。第五に、当該人物が裁判官の目をしっかりと見ない場合、第六に被害者と当該人物が敵対関係にある場合、また第七に当該人物が引っ越して出て行こうとするような場合にとりわけ疑わしいという(42)。

管区長、フォークト、シュルトハイス、参審人が上記の徴表を認め、さらにそのような噂が出回っているようであれば、上記役人らは必要な情報と証拠を得て当該人物を逮捕し、カロリナに従って手続きを進めることになる。法令の内容はさらに逮捕後の手続きについて進む。

悪評が逮捕の根拠となるとした一方で、具体的な手続きに入る前に、法令は悪意のある噂や軽率な人物のいい加減な証言にたやすく信を置かないよう注意を促している。「悪魔は嘘つきの殺人者であり、当局ですら惑わすこともあるのだから、悪意ある者の策略や欺瞞によって、きわめて敬虔で立派な高潔な人物でもそのような悪行の悪評を立てられ、危険に立たされるかもしれない」からである(43)。そのようなことが起こらないよう、証人は拷問などの責め苦によらず、またあらかじめ被告の名を教えられることなく、自発的にその名前が挙がるかどうかを聴取される。トリーア選帝侯領の法令においても言及されていた誘導尋問の禁止である。さらに、証人に対しても詳細に尋問を行い、被告との人間関係、彼に対する疑惑の根拠などを詳しく聞き出すよう定めている。証人がその証言を取り消したりするような曖昧さや優柔不断さを示さず、さらに学識法曹の立会いの下、偽証のないことを宣誓した上で、証言は裁判官の判断にゆだねられることになる。しかし、妖術の被害者とされる人物が被疑者を名指しした上で死亡した場合、また他の「魔女」が共犯者として被疑者を挙げた場合、両者の証言はすでに宣誓を経た確固たるものと捉えられ、それだけで拷問の根拠となった。先に見たようにただ一人の証人によって拷問が用いられることを認めているのである。

以上のような証言や徴表に基づき尋問が開始されることになるが、尋問において自白が得られない場合は拷問に至ることになる。法令は、まず拷問を行うに足る十分な徴表なしに行使された拷問はそれ自体が無効であり、そこから得られた自白についてもその証拠能力を否定する。(44) ここからは、正当な手続きを経ずして拷問が行使される問題が多発していたことを、ケルン選帝侯がすでに認識していたことが分かる。拷問の根拠となる徴表としては、次のような条件が列挙される。被疑者が他人に妖術を教えたことがある。疑いをかけられ逃亡した、ないし逃亡しようとした。被疑者が他人を脅し、脅された人物が病気になった。評判の悪い連中と付き合いがある、ないしはすでに捕らえられた妖術使いと住居をともにしている。ある犯罪を行った、あるいは行おうとしていると自ら口にしたことがある。被疑者について悪い噂があり、さらに盗まれた財物を占いによって探している。被疑者が与えた薬草などが原因で家畜が死んだ。家畜が死んだ小屋や病人が出た家などに出入りした、またそれを見られていた。被疑者の住居で妖術に用いると思われる不審な物が発見された。他の者たちが一致して被疑者に対する噂を支持している。(45) これらの証言がたった一人によるものであっても、それは「半証拠」とみなされ、噂などの他の徴表と合わさって拷問への根拠として認められた。そして、すでに自白を終えた共犯の「魔女」によって名指しされた場合、無条件の拷問へとつながったことは上述した通りである。さらに最後に、「訴えられた人物に、〔針を〕突き刺してもそこから血が出てこない不審なあざやしるしが見つけられるならば、それは拷問への大いなるきっかけとなる」(46)という一文がある。これは悪魔との契約の際に付けられた「魔女マーク」には痛覚もなく血も出ないという観念に基づくものである。多くの領邦では迷信として退けられていた、しかしあまりにも有名な「針試問」がケルン選帝侯領において有効であったことは興味深い(47)。

続いて、法令の内容は拷問の実践へと移っていく。拷問は裁判官の裁量によって程度を調整しつつ、法廷吏のみならず教会学識者や法曹なども必要に応じて聴取を行うよう書かれている(48)。また、拷問によって得られた具体的な証言については裏付けの調査も行うよう指示がなされる。実際には行われていない妖術の証拠が見つからないことも当然あったであろう。しかし、証拠が見つからないからといって、被疑者の自白が過って引き出されたのではないかと裁判官が考えてしまっては、それは被疑者による虚偽を許容してしまっていることになるという。被疑者が拷問の苦痛を逃れるためにありもしない罪を告白したと考えるのではなく、犯罪の状況について虚偽の申し立てをすることで自らの無罪を偽ろうとしているから注意せよ、というのである。さらにそのような場合には、偽証について被疑者を厳しく叱責し、被疑者が自ら自供した矛盾を説明することができないならば、再度拷問を用いることができるとしている(49)。あるいは、それまで集められた他の証言や徴表とあわせて自白の内容を確認し、学識法曹に鑑定を依頼すべきとしている。また尋問では犯行の状況などについて被疑者に一切知らせず、被疑者自身の口から語らせるべきであるという(50)。これは、被疑者にとっては自分がどのような罪状で捕らえられているかも分からず、したがって有効な弁護の機会を奪われることを意味する。その後得られた自白は記録され、日を改めて裁判書記によって被疑者の前で読み上げられる。被疑者はそれを認めるか、否認するかしなくてはならない。否認した場合には、上述したような再度の拷問が待っている。

そもそも拷問を繰り返し用いることは適法なのだろうか。「拷問を一度合法的に耐え抜いたならば、それにより彼にもたらされたあらゆる徴表は雪がれ、他の新たな徴表なくしてその人物をさらに拷問にかけることはできない」[51]と法令は明確に答えているが、その後に「しかし」と続く。しかし、被疑者が一度拷問において自白し、続く別の日にそれを取り消した場合には、新たな徴表なしに三日間、三度まで拷問を用いてよい。被疑者が三度目の拷問の後も自白を否認する場合には、四度目の拷問は行われず、選帝侯の判断に付託されることとなる。[52]三度の拷問を耐え抜くケースはまれであり、全体的に見て、この条令に忠実に従った裁判が行われたとしても、被告が死刑判決を免れる可能性は非常に限られていただろう。

以上が一六〇七年魔女裁判法令の内容である。トリーア選帝侯領の法令と比較すると、興味深い二つの差異が浮かび上がってくる。第一に、トリーア選帝侯の一五九一年法令には実際に何をもって徴表とするかについては具体的に触れていない一方で、フェルディナントの法令は非常に細やかな指示を出す代わりに、在地にその判断を任せている。第二に、この法令にはいわゆる民衆司法への非難は見られない。トリーア選帝侯領の法令が不法の蔓延、とりわけ民衆組織・委員会の活動について多く言及し、在地で実際に行われている裁判に対するリアクションとして発布されているのとは異なり、この法令はあくまでも規範とすべきことを淡々と列挙する。

このような差異の鍵となるのが、この一六〇七年法令で繰り返し言及される「学識法曹」である。ケルン選帝侯領では魔女裁判監督官が地方裁判所に派遣されており、この法令でもおそらく同様の仕組みが念頭に置かれていた。すなわち、ケルン選帝侯は記録送付に基づく中央機関による監督の代わりに、現地にほぼ完全な裁量権をもった学識法曹を派遣することで、裁判の適法性を保とうとしたのである。

ケルン選帝侯領でこのような非中央集権化が魔女裁判増加の時期から見られることは、第二章第2節で触れたとおりである。増加する魔女裁判案件に宮廷顧問会の処理能力が追い付かず、他の行政案件を優先させるために、魔女裁判に対する宮廷顧問会の監督・指導はほぼ放棄されたのである。後述するようにマインツ選帝侯の宮廷顧問会が形式的にであれ手続きの随所において記録を送らせていたのとも大きく異なる。

しかし、適法な裁判運営を監督するはずの魔女裁判監督官も、必ずしも公明正大だったわけではなかった。ヴェストファーレンの司祭ミヒャエル・シュタピリウスは、魔女裁判監督官の裁判運営に疑義を呈している。(53)「私はその女に、彼女がどのようにしてその敬虔な人々に対する証言に至ったのか尋ねた。彼女はこう答えた。〔魔女裁判監督官である〕シュルトハイス博士は私に拷問の中で、キルヒホーフ（Kirchhoff）に住む人々について何を知っているか何度も聞いたのです。私は彼の質問から彼がどの人物のことを聞きたがっているか分かったので、私はキルヒホーフの近辺に住んでいる人の名前を言いました。彼らには神と全ての人間にとっての不当なことが起こってしまったのです」(54)。これは、カロリナや法令においても禁止されている誘導尋問が魔女裁判監督官によって行われたことを意味する。さらにシュピタリウスは処刑を目前にした男性から、魔女裁判監督官であったホッカーがいかに拷問を不当に用いたか聞き知っている。「私は妖術使いではありません。裁判官と参審人が私をごろつきの盗人としたのです。かれらは私にひどい責め苦と苦しみでもって、私が一度も考えたことも、ましてやったことなどないことを証言するよう強要しました。私が真実を言って〔自白を〕撤回したならば、彼らはまた私を苦しめました。どんな人間があのような苦痛、拷問、責め苦に何度も耐えることができましょうか」(55)。シュピタリウスは、魔女裁判監督官や当局がこのような事態を少しも疑問に思わないのは、ひどい暗愚であり血と金に飢えた所業であると喝破する。(56)このような魔女裁判監督官による裁判の実態を、以下さらに詳しく見てみよう。

（2）魔女裁判監督官による裁判開始

魔女裁判監督官は本来、ボンとケルンの世俗裁判所である宮廷裁判所（Hofgericht）に参審人として所属する学識法曹である。宮廷顧問会が鑑定機関としての役割を果たさない代わりに、彼らは必要に応じて地方の裁判所に送られ、法学の素養のない現地の裁判官や参審人に裁判手続きその他について監督し、助言を与えることになった。彼らは上級裁判機関である宮廷裁判所のいわば全権代表であり、彼らの判断は宮廷裁判所の判断と見なされた。

魔女裁判監督官に関する記録は多くは残っていないが、地方裁判所における魔女裁判を恣意的に支配し、大規模迫害を積極的に推進した魔女裁判監督官が少なくとも若干名は実在したことは確かなことである。そこで、以下ケルン選帝侯領で魔女裁判に従事した魔女裁判監督官として比較的よく知られた三名を取り上げてみたい。

ハインリヒ・フォン・シュルトハイス

ハインリヒ・フォン・シュルトハイス（Heinrich von Schultheiß）博士は一六三四年ケルンで出版された自身の著作『おぞましき妖術の犯罪に対する裁判においていかに手続きすべきかについての手引書（Instruktion wie in Inquisition Sachen des gräulichen Lasters der Zauberey . . . zu procesiren）』[57]（図9）（以下、『手引書』）で知られる。彼の生没年などは明らかではないが、この五〇〇ページに及ぶ著作の中で自ら語るところから、彼の足跡がいくらか見えてくる。彼はイエズス会のギムナジウムで学んだ後に法学を修め、最初にマインツ選帝侯ヨハン・シュヴァイカートの下で奉職した。その後ケルン選帝侯エルンストの下でケルン宮廷裁判所の法曹職に就いたという。一六一六年からは法律顧問としてヴェストファーレンに赴任し、その時から魔女裁判監督官としてキャリアを開始している。彼は一六一六年にヒルシュベルク、一六二一年にアルンスベルク、一六二八年にはエアヴィッテ（Erwitte）で大規模な魔女裁判を指導し、一六三三年、三十年戦争の戦禍を避けケルンに避難した際に、この『手引書』を執筆している。そ

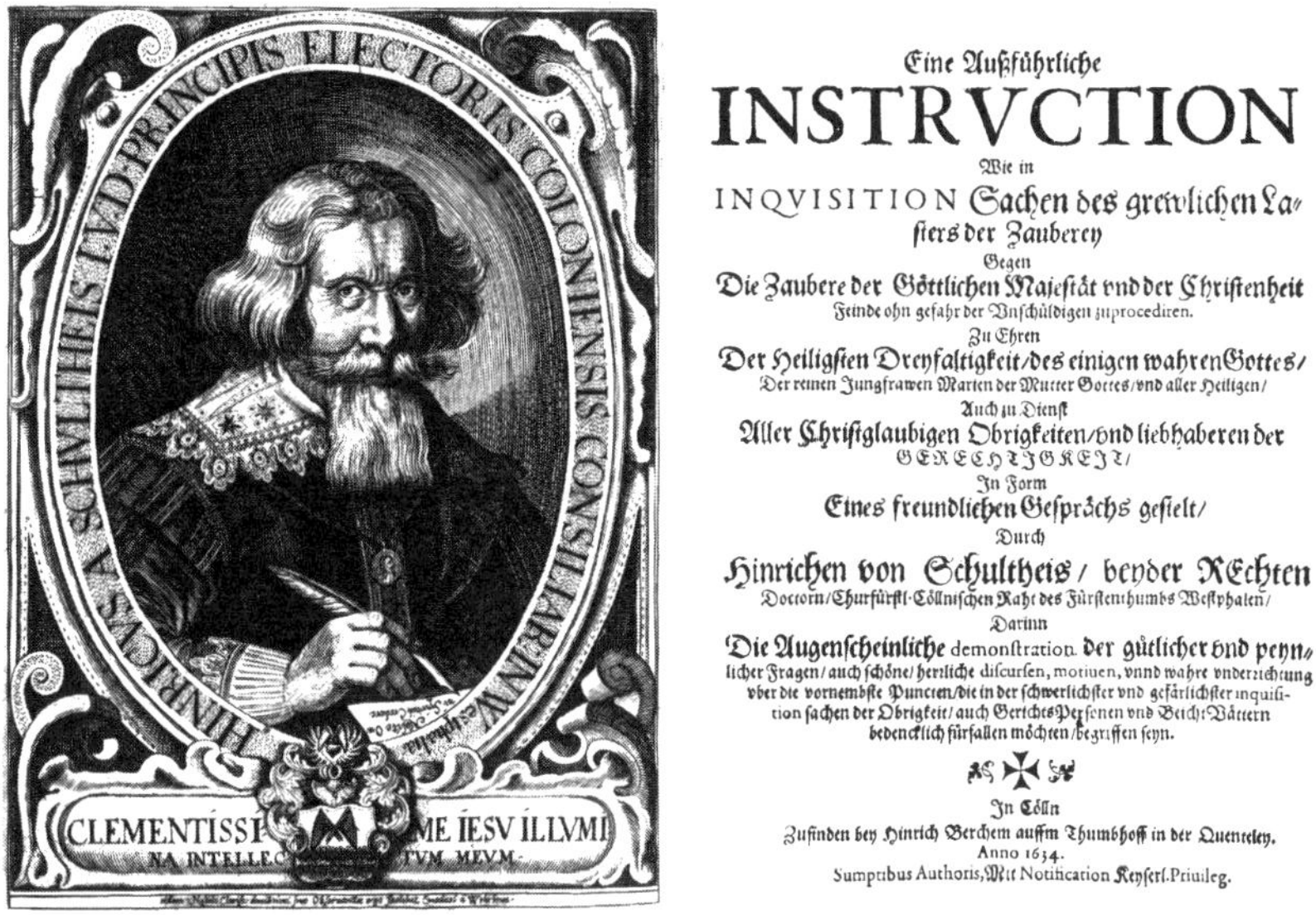

図9　ハインリヒ・フォン・シュルトハイスの肖像と『手引書』表紙
出典：Heinrich von Schultheiß, *Eine Außführliche Instruction Wie in Inquisition Sachen des grewlichen Lasters der Zauberey...zu procediren,* Cölln 1634

の後一六四三年にケルン市からヴェストファーレンに帰還した際、ヴェアルにおいて魔女裁判を再び指揮した。この本は、主に法学に熟達していない地方の裁判官に向けて書かれたものであるが、同時に批判者に対して魔女裁判を正当化するものでもあった。シュルトハイスはフリードリヒ・シュペーの『犯罪に対する警告』初版を所有していたといい、それに反論する目的もあったのであろう(58)。『手引書』は裁判史料とは異なるものの、シュルトハイス博士の実地経験に基づいているゆえに、当時の魔女裁判監督官による裁判の実態を伝えるものとして重要である。そこで以下、デッカーによる要約をもとにその内容を検討していきたい。

『手引書』は「博士」が一人の裁判領主フィラデルフュス（Philadelphus）の質問に答えていく問答形式を取っている。シュルトハイスは裁判手続きを当局が犯罪の捜査を行う一般糾問と容疑者を逮捕した後の特別糾問の二段階に分けて論じる。一般糾問は先行する悪評や密告、さらには疑惑がなくとも当局によって行うことができ、そこで何らかの疑わしさの根拠、すなわち徴表が見つかれば容疑者を逮捕して特別糾問に移ることができる。特別糾問を始めるための徴表として、シュルトハイスは五一の例を挙げている。[59] そこでは、水審は教会法で禁じられた「迷信的で、神を試すもの」であり、欺瞞によって無実の者が有罪とされる危険があるとしてその有効性を否定されている。[60] しかし、彼は奇妙なことに「魔女マーク」を第五〇番目の徴表として挙げている。体のどこかに母斑があり、そこが針を刺しても痛みを感じなかったりした場合、悪魔が魔女の肉体に残した契約のしるしであるとされたのである。裁判領主は、水審を否定された後に次のように尋ねる。「水審が神を試すものなら、魔女マークもそうではないのか。魔女マークも悪魔に由来するゆえに自然なものではなく、超自然なものだ。これは迷信的な行いであり、神を試すものではないか。また、刑吏が針に軟膏や油を塗って〔滑りやすくして〕血が出ないようにできるかもしれない」と。しかし、シュルトハイスは、水審と魔女マークは全く異なるものだと答える。彼は悪魔によって背中に印をつけられたと自白した男の例を持ち出し、それが実際に男の背中に見つけられたと断ずる。魔女マークはこの例のみならず各地ですでに実在が確認されているゆえに、迷信ではなくきわめて明白なものだという。[61]

また証人について、通常の刑事裁判では証人能力がないとされる子どもも、九歳からその証言能力を認められている。というのも、魔女はそのような子どもにこそ悪徳を教え込むものだからだという。[62] また後に被告が証人を恨み、共犯者として密告しないよう、尋問においては被告には証人の名を告げてはならないという。[63] このことから被告は自分に対して具体的にどのような容疑がかけられているか知ることができず、したがって有効な弁護を行うことができないことになる。それどころかシュルトハイスは、徴表が十分にそろっている場合には、徴表を書面にして見せたり、弁護を書面によって行うようなチャンスを被告に与えたりしてはならないと断言する。魔女からは逮捕直後のショック状態の時に最も自白が得られやすいのであり、時間を与えることによって悪魔が彼らの頑固さをよみがえらせるからだという。裁判費用を節約するために裁判の迅速な進行を定めたカロリナ第七条を引きつつ、魔女に時間を与えることは無益であるばかりか危険な行為ですらあるとする。(64) さらに、拷問命令を被告に読み上げてその拷問許可の根拠を知らせたり、書面にされた徴表を被告の親類や友人に見せたり、牢獄に彼らを立ち入らせたりする必要もない。魔女は周りの人間に感染する恐ろしい性質を持つゆえに、家族や友人自身もおそらく魔女であり、彼らは証人に対して逆に中傷を行うことで、疑いを自身から逸らしたいだけであろうから、というのが彼の見解である。(65)

尋問の手法についてもここで言及される。博士は、ヒルシュベルクでの裁判においていかにして狡猾な被告の口を割らせたか、幾分誇らしげに語っている。脛を締め付ける拷問道具に被告をきつく縛り付けると被告は顔色を失い、拷問を行う刑吏を呼ぶに及んで、全て話すと言ったという。(66) シュルトハイスはこのような拷問前の心理的圧迫によって自白を強要する手法を好んだ。『手引書』第五章では、彼にとっての模範的な尋問の進め方が解説されている。グレータという魔女から共犯者トニスの名を挙げさせ、トニスからも自白を引き出すという設定で、詳しい尋問の一字一句が叙述されている。(67) ここでは、魔女裁判監督官と刑吏が注意深く共同作業を行うことが重要であるという。口を割ろうとしない被告には魔女裁判監督官は次のような口上を述べる。「強情な奴めは特別に本気で扱わねばならない。こちらへ、〔刑吏である〕マイスター・ユルゲン。この妖術使いめに手酷く厳しさをもって君のわざを行ってやり、痛い目に合わせてやるよう、そして彼を自白へと持っていくよう、私は今から君に命令しようと思う。もし君がそれをやらないなら、君は職を解かれることになるだろう」。刑吏は次のように答える。「私は神の助けにより、被告の口から〔自白を〕得るでありましょう」。これに対して魔女裁判監督官はさらに命令する。「彼を殺さぬ程度に痛めつけることを命じる。そのために時間は十分に使ってよい」。刑吏は前もって、魔女裁判監督官からどの程度まで拷問を行ってよいのか指示を受けていなければならないが、それは拷問を受ける側にはもちろん知らせられない[68]。どこまで耐えれば解放されるのか分からないからこそ、拷問は効果的なのである。脛を締め上げる拷問においては、ゆっくりとすればするほど効果があるという。足締めで効果が得られなかった場合は、後ろ手に縛り上げて鞭打ちを行う。魔女裁判における本来の敵手は悪魔なので、拷問室には香煙を焚きしめ、鞭は聖水で湿らせ、さらに聖水と聖別された塩を被告の頭、足、全身に塗るのだという。驚くべきことに彼は、拷問の時点では被告は無実であるのか、処刑されるべきなのかは明らかではないため、持続的に苦痛を加えてはならないという[69]。被告が無実である可能性を彼が本当に考慮していたとは信じがたいことであるが。

拷問では被告本人に関する自白のみならず、サバトの参加者の名を挙げることが求められる。当時すでに、「悪魔は無実の人物の仮面をかぶってサバトに現れるため、そのような証言は無効である」という批判があったにも関わらず、シュルトハイスは「サバトでの目撃証言」を信頼に値するものとしている。なぜなら、神はサタンに無実の人物の仮面をかぶるようなことを許されないからであるという[70]。

シュルトハイスの議論の中には理性と不条理が混在する。例えば、ある人物に対するたった一人の「魔女」による証言は他にも徴表がある場合には逮捕に十分であるが、他の徴表がない場合には、二人の証人による証言も憎しみや嫉妬など個人的な利害が考えられるため、十分ではないのだという。裁判官は、証言の細部（例えば共犯者の衣服についての供述など）が合致するものであるか気を配らねばならない。もし矛盾が見られたならば、証言は偽証されたものと経験的には考えられるだろう。しかし、シュルトハイスはたとえサバトで何色の馬に乗っていたかなどの証言が食い違ったとしても、動物に姿を変えた悪魔がそのように作用を及ぼしたと考えるので、証言の齟齬も矛盾とはならないのである。一人の人物が同時に複数の場所にいることはあり得ないというアリバイ証明も、シュルトハイスにかかっては無力化されてしまう。悪魔は無実の人間の姿を取ることはできないが、魔女の姿にはなれるので、結果魔女は様々な場所に同時に現れることができるのだという[71]。

結果として、シュルトハイスの議論は、彼が『手引書』の標題そのものに掲げている「無実の者に危害なしに」という言葉とは正反対のものとなる。彼が「模範」として挙げた手続きに従えば、被告が死刑判決を免れる機会は極めて限られることになった。

カスパー・ラインハルト

カスパー・ラインハルト（Kasper Reinhard）もまた、ヴェストファーレンで活動した魔女裁判監督官である。彼はハインリヒ・フォン・シュルトハイスの著作の中にも登場しているが、そこで紹介されるエピソードは、数名の住民による暗殺未遂事件というセンセーショナルなものであった。バルヴェでの晩餐の席でこの住民らに襲撃された時、従者一名と裁判書記一名が死亡し、ラインハルト本人も負傷した。暗殺自体は失敗に終わったが、犯人らに対する報復は無慈悲なものであった。シュルトハイスが下した判決に従い、犯人のうち二人の男性は四つ裂き刑ののち車輪刑に、一人の女性は魔女として剣による斬首刑ののちに死体は火で焼かれた(72)。

住民がこのような捨て身の実力行使に出るのには理由があった。ラインハルトによる迫害は、一六三〇年から多くの苦情が宮廷顧問会に寄せられていることからも、苛烈極まるものだった。とりわけ迫害を前に逃亡を余儀なくされたドロルスハーゲン（Drolshagen）の司祭ニコラウス・ロートゲンは、宮廷顧問会に一六三〇年五月～一六三一年三月にかけて繰り返し請願を行っている(73)。最初に現れるのは一六三〇年五月の請願だが、ロートゲンの具体的な主張は明らかではなく、宮廷顧問会による結論だけが簡潔に記録されている。議事録によれば、宮廷顧問会はドロルスハーゲンでの裁判記録をケルンの宮廷裁判所に送り、そこで法律顧問および学識法曹によってロートゲンに対して挙げられた徴表を慎重に精査し、それらが拷問の行使に十分であったか見解を報告するよう指示している(74)。しかし、この指示は司祭の境遇を改善するものにはならなかったらしい。ロートゲンは半月ほどの日をおいて、五月三一日に再度宮廷顧問会に請願を行い、新たな魔女裁判監督官を任命してほしいと求めている。宮廷顧問会の返答は前回とほぼ同様、この請願をケルンの宮廷裁判所に持ち込み、しかるべく裁判記録を調査させ、迅速に報告させるというものであった(75)。同様のやり取りがさらに二度繰り返された後、六月二五日、ケルンの宮廷裁判所からようやく返答があった。仔細は明らかでないものの、ブランケンベルク博士という学識法曹の所見が宮廷顧問会会議において読み上げられ、結果、彼は六週間以内に保護されることとなった(76)。しかし、僅か二週間後の七月八日には、この件はヴェストファーレンの代官に委託されたため、そこに直接請願を送り、代官の委員会（Kommission）に従って手続きを行うという裁定が下される(77)。魔女裁判案件に関しては基本的に地方裁判所に差し戻すという宮廷顧問会の方針はすでに繰り返し指摘したが、ここにもその非中央集権的な態度が表れている。ヴェストファーレンの代官に差し戻された後も、ロートゲンは一一月五日、再度宮廷顧問会に請願を行った。これに対して宮廷顧問会ができることは、ラインハルトに裁判記録を送らせるよう、ヴェストファーレンの代官に再度依頼することだけであった(78)。

一六三〇年一一月一四日に宮廷顧問会は再びロートゲンと二名のドロルスハーゲン市民によって書かれた請願状について討議している(79)。請願人の一人ミヒャエル・ベルンハルトは、ラインハルト指揮下の魔女裁判において四回にわたる拷問に耐えたにもかかわらず、焼印を押されてのラント追放となった。請願人によれば、魔女裁判監督官は被疑者に対して残酷な拷問を行い、八〇〇名以上の人間を処刑したという(80)。この数字が多少誇張のあるものだったとしても、ラインハルトの苛烈な迫害を否定することはできない。同時代のイエズス会士は年報の中で、たった一名の魔女裁判官によってほぼ五〇〇名が処刑されたと記述している(81)。これはラインハルトでなくシュルトハイスを指すと考えることもできるが、ラインハルト一人に対してこれだけ多くの請願が宮廷顧問会に届けられていることは注目に値する。基本的には地方裁判所の裁定に委ねるという非中央集権の方針がある中で、宮廷顧問会に対する請願が安易に行われうるものであったとは考えにくい。それにもかかわらず、ヴェストファーレンから地理的にも遠く離れたボンにまで請願を行ったことそれ自体が、並はずれた迫害の度合いを示すものと言えるだろう。

フランツ・ブイルマン

先に挙げた二名の魔女裁判監督官がヴェストファーレンで活動していたのに対し、フランツ・ブイルマン（Franz Buirmann）博士の活動の舞台はライン部であった(82)。ブイルマンはオイスキルヒェン（Euskirchen）の貧しい家庭の出身でありながらも、一六〇八年からケルンで法学を学び、一六二〇年代にはケルン選帝侯領で魔女裁判監督官として活動していることが確認される(83)。一六三一年、選帝侯の信頼厚い管区長シャル・フォン・ベルによって、ボンの宮廷裁判所参審人であったブイルマンは魔女裁判監督官としてラインバハに招へいされた(84)。

とりわけ一六三一年のラインバハの裁判でのブイルマンの行動や彼を取り巻く人物について、我々はヘルマン・レーアの著作から詳しく聞き知ることができる。レーアはラインバハの裕福な商人であり、参審人や参事会員を務めるなど、都市内部で上層に属していたことは明らかである。そのレーアも一六三六年、ブイルマンによる迫害に巻き込まれ、妻と共にラインバハからアムステルダムへの亡命を余儀なくされた。亡命生活も四〇余年となって八〇歳を超えた時、レーアは彼の恐ろしい体験を『無実の者の訴え』という書物として一六七六年に出版した。この本が魔女迫害の被害者側から書かれたものであり、その意味で完全に公平な記述ではないこと、事件から出版まで長期間経過していることを考慮しても、この書物には同時代の複数史料に照らして信憑性が認められてきた(85)。ここでも、この書物を史料に用いながらブイルマンの足跡をたどってみよう。

一六三一年、ブイルマンは赴任早々二人の女性を逮捕し、拷問によって「共犯者」の名を割り出した。三番目の逮捕者は子どものいない六〇代の富裕未亡人クリスティーナ・ベッフゲンであった(86)。彼女が拷問中に死亡した際のブイルマンの言い分をレーアは次のように記録している。「悪魔がこの大魔女の首をへし折ったんだ、うええ、ここはなんて臭いんだ、悪魔の悪臭がする。こんな魔女の臭い部屋から出て行こうじゃないか」[87]。拷問が刑罰ではなく取り調べの方法に過ぎない以上、拷問中に被疑者を死なせることは明らかに不当であった。ブイルマンはしかし、「さらなる共犯者の名が漏れることを恐れた悪魔が魔女の口を塞いだ」と被疑者の拷問死を悪魔に帰責することで、これを隠蔽しようとしたのである。当時ラインバハで選帝侯のフォークトであり学識法曹でもあったシュヴァイゲル博士は、即日ブイルマンに抗議する。カロリナを手に法の遵守を説くシュヴァイゲルに対するブイルマンの応答は驚くほど嘲笑的である。「〔カロリナは〕古臭く生き残っている本だ。ここから〔現在の〕魔女や妖術使いの裁判について学ぶことなどできやしない」[88]。かくて、魔女の烙印を押された未亡人クリスティーナの家から見つかった四〇〇〇ターラーに上る現金や債権はブイルマンの手に渡ることとなった[89]。

第四の犠牲者は、かつて市長を務めたほどの名士であり、富裕商人であるヒルガー・リルツェンである。彼も六〇代と決して若くはなかったが、拷問を一日耐え抜いた。しかし、数週間後に火刑に処されたとあることから、二度目あるいは三度目の拷問で自白を強要されたものと思われる[90]。第五の犠牲者のエピソードは、とりわけブイルマンの私的な動機を印象付けるものである。というのも、ここではブイルマンがかつて求婚し、拒絶された女性の姉が標的とされたのである。妹の結婚に反対したその女性は参審人ゴットハルト・ペラーの妻でもあった。本来なら、参審人団の反対により彼女の逮捕は容易ではなかったはずである。そこでブイルマンは被疑者の名前を明らかにしない白紙の逮捕状を要求した。管区長と結んだ魔女裁判監督官による処罰と罰金の脅しに多くの参審人は屈し、最古参の参審人ヘルベルト・ラップの反対も押し切られた[91]。こうして逮捕されたペラーの妻は、夫の弁護も虚しく他の多くの犠牲者と同様、拷問の末に焼かれたのである。さらに、この時ブイルマンに抵抗した参審人ラップも、まもなく魔女裁判に巻き込まれることになる。このようにして、ブイルマンは一六三一年六月～一〇月の間に二〇名を火刑台へと送った[92]。

都市上層民をも巻き込む激しい迫害は、宮廷顧問会の知るところとなっていた。一六三一年一〇月二九日の議事録からは、ラインバハで魔女裁判が正しく行われず、利益が追求されていること、ブイルマンがそれを牛耳っていること、裁判書記をボンに召喚し裁判記録を持参させること、現在審理中のラップに対する裁判については中断すること、さらにブイルマンは新たな裁判を開始しないこと、と決議されたことが分かる[93]。この決定を受けて、二日後の一〇月三一日にラインバハの裁判書記がボンに裁判記録、処刑者の没収財産の受領書、これまでに密告された人名のリストなどを持参している[94]。宮廷顧問会による裁判書記の事情聴取は、さらに四日後の一一月四日に行われた。このやり取りから、密告に基づいて逮捕された者をブイルマンが単独で尋問し、参審人らを実際の決定から締めだしていたこと、裁判手続きにおいて一六〇七年魔女法令が考慮されていなかったこと、ブイルマンが報酬として二〇〇ターラーを得ていたことなどが明らかになった[95]。とりわけこのブイルマンの金銭的利益に関して、宮廷顧問会は会計簿を送るよう指示しているが、宮廷顧問会がブイルマン本人に聴取を行ったという記録は残っていない。これだけの問題が宮廷顧問会の前に明らかになっていながら、ブイルマンはその後も魔女裁判監督官職に留まり続けた。さらにブイルマンに正面から反対した古参参審人ラップは妻と共に一六三一年に処刑されているのである[96]。

しかし、このような形で宮廷顧問会がラインバハの魔女裁判に介入したことは、状況に少しばかりの変化をもたらした。ショアマンによれば、この後ブイルマンが手掛けたハイマーツハイムでの魔女裁判では、ブイルマンはそれまでと少し異なる行動をとったという[97]。一六三六年、ブイルマンは当時の領主であるボルンハイム自由伯に魔女裁判監督官として招へいされ魔女裁判を指揮しているが、比較的よく残された裁判史料の中に、白紙逮捕状、ブイルマン単独での尋問、参審人に対する恫喝などラインバハで見られたような逸脱は見当たらないという。ブイルマンは着任後、これまでの裁判記録から最も頻繁に言及されている人物を探しだした。彼は逮捕命令を出すが、裁判記録には次のように書かれている。「密告された人物を拘束すべきでないかどうか、〔ブイルマンから〕参審人に提示された。参審人らは〔彼らだけで協議するために〕いったん退出し、その後義務である助言によって逮捕が承認された」[98]。ラインバハで行われたような参審人に対するあからさまな圧力は少なくとも史料の上では見られない。ただし、ここで行われた一〇件の裁判全てが、「偏りのない学識法曹の助言によって」という一文が漏れなく添えられた死刑判決で終わっている。

ブイルマンの魔女迫害が宮廷顧問会の介入によって一旦休止した後、ラインバハとその周辺では一六三六年に再び魔女裁判が着手される。魔女裁判監督官として派遣されたヨハン・メーデン博士（Dr. Johann Möden）は、当時人口一三〇〇人ほどであったメッケンハイムで二ヶ月のうちに七〇名を処刑させた。同時期、同じく魔女裁判監督官であったディートリヒ・フォン・デア・シュテーゲン（Dietrich von der Stegen）は一六三六年末から一六三七年初めにかけてブラウヴァイラーで六〇名以上を処刑している。ブイルマンに抵抗したフォークトであるシュヴァイケルがついに犠牲となり、レーアが亡命したのもこの時期であった[99]。

魔女裁判監督官の実態

ブイルマンらひときわ強烈な魔女裁判監督官は果たして例外的な存在なのだろうか。裁判記録の残存状況が決して良好とはいえないケルン選帝侯領においては、どれだけの数の魔女裁判監督官が魔女裁判で活動したのか知ることはほぼ不可能である。ライン部について、ショアマンは少なくとも一一名の魔女裁判監督官が活動したことを確認している[100]。デッカーはヴェストファーレンで活動した魔女裁判監督官九名を挙げており[101]、さらに都市ゲゼーケの裁判史料に引用された報酬規定には、選帝侯により二名の魔女裁判監督官が派遣されてきたことが示されている[102]。史料の喪失を考慮すれば、魔女裁判監督官の人数はおそらくもっと多いものと推定すべきであろう。

他方で、学識法曹として魔女裁判を「まっとうに」指揮した魔女裁判監督官もいたはずである。例えばジーベルはブランケンベルク博士（Dr. Walram Wilhelm Blankenberg）とロメスヴィンケル博士（Dr. Johannes Romesswinckel）を挙げている。[103]一六二九年に魔女裁判を求めるニュルブルク管区からの請願に対して、宮廷顧問会が現地に派遣するよう指名したのも彼らであった。[104]ブランケンベルクは、カスパー・ラインハルトの裁判遂行に関して寄せられた司祭ロートゲンの異議申し立てにおいても、鑑定をおそらくケルンから書いている。[105]この鑑定書の内容は推定するよりほかないが、請願人に対して保護が与えられるという裁定が出ていることから見ても、おそらくヴェストファーレンの魔女裁判監督官に対して否定的な見解が示されたと考えていいだろう。宮廷顧問会は最終的にはラインハルトの件に関してはヴェストファーレンの代官に委託するという形で事実上手を引いてしまっているものの、魔女裁判監督官が時には他の魔女裁判監督官に対する抑止力として働くこともあったのである。上述した魔女裁判監督官の一人であるシュテーゲンは、ブラウヴァイラーで過酷な魔女迫害を指揮した一方で、同僚であるメーデン博士が行った魔女裁判には苦言を呈している。一六三六年、宮廷顧問会会議に出頭した彼は次のように証言している。「選帝侯の威光は誤った形で利用されている。というのも、魔女裁判手続きにおいて秩序にかなったように行われておらず、ラインバハではほとんど危機的な手続きが行われているのだ」。[106]シュテーゲンが多くの魔女裁判犠牲者を出したにも関わらず、彼に対する異議申し立てが見られないことはどのように考えればいいのだろうか。ショアマンは、ブイルマンが行ったような私的復讐や金銭的利益追求が彼には見られず、その意味では、この史料上ほとんど目立つところのない人物がむしろ「普通の魔女裁判監督官」だったのではないかと推測している。[107]

ケルン市からケルン選帝侯領に魔女裁判監督官が派遣されていることも注目に値する。人的交流の上で両者は非常に密接な関係を維持したのである。また、それは近隣領邦に関しても同様であった。ケルン選帝侯領で活動した魔女裁判監督官は、ベルク公領、マンダーシャイド伯領などの魔女裁判にもやはり魔女裁判監督官として登場している。先述のメーデンは一六二七〜三三年にマンダーシャイド伯領のブランケンハイム（Blankenheim）やゲロールシュタイン（Gerolstein）で行われた一連の魔女裁判に関与している。ここで彼は主に被疑者からの「共犯者」の密告を集めており、その他の悪評といった徴表は副次的にしか扱っていない。彼に対する裁判領主の信頼は厚く、彼の集中的な迫害を後押しした。また、魔女裁判監督官による参審人に対する抑圧という構図がここでも見られた。メーデンは彼のやり方に反対する参審人を後に魔女として処刑させたのである。一六二八年一一月、ゲロールシュタインでも彼の足跡が確認される。[108]

ただし、魔女裁判監督官は現地からの派遣申請を受けて初めて着任する。つまり、彼らの活動以前にその地に魔女迫害への欲求がすでに生じていたことを忘れるべきではない。例えば、一六三一年三月にブリュール管区から宮廷顧問会に請願が届けられている。「ブリュール管区、特にメッテルニヒでは魔女の排除が適切に行われず、魔女たちが日々増殖し多くの損害が生じるでしょう」と請願は主張する。[109]このような請願は少なからず宮廷顧問会に届き、その都度宮廷顧問会は学識法曹を派遣しその指示を仰ぐよう裁定を下したのである。[110]さらに、ベッカーはすでに派遣された魔女裁判監督官に加えてさらに別の魔女裁判監督官を派遣するよう要請したジークブルク（Siegburg）やマンダーシャイド伯領の例を挙げている。ここでは派遣されてきた魔女裁判監督官が共同体の望むように魔女迫害を行わなかったため、別の、より魔女迫害に熱心な魔女裁判監督官が求められたのであった。[111]ケルン高等裁判所では、参審人を魔女裁判監督官として派遣するよう多くの要請があり、迫害最盛期には高等裁判所の通常業務が滞るほどであったという。[112]また魔女裁判監督官の派遣を求めつつそれが叶えられなかった共同体では、トリーア選帝侯領と同様の委員会が結成され、在地役人を突き動かしていたことも指摘しておきたい。[113]

4　マインツ選帝侯領――迫害要請の手段としての請願

（1）尋問項目（一六一二年）

マインツ選帝侯領には上記二選帝侯領のような詳細な裁判運営に関する規定は残されていない。その代わり、「カロリナ第四四条と第五二条に基づい」た被告人尋問の質問項目のリストが、一般尋問として一五項目、特別尋問として九八項目、今日に伝えられている。[114][115] 現存する史料からこの尋問リストに沿った尋問記録が見当たらず、また宮廷顧問会がどのような質問をするか在地に個別に指示する例も見られることから、一六世紀にこの種の尋問リストが広範に知られ、利用されたとは考えにくい。[116] ここでは、この史料から選帝侯が魔女犯罪をどう捉えていたのかを読み取ってみよう。

この尋問カタログは一般的な魔女犯罪のステレオタイプを全て盛り込んだ内容となっている。これらの尋問の目的は、悪魔との契約とそれに伴う情人関係、サバトと害悪魔術の方法や目的を具体的に明らかにすること、さらには共犯者の名を引き出すことにあった。

逮捕後に行われる一般尋問は一五項目からなり、最初の一〇項においてい氏名、年齢、職業、宗派、家族状況などが確認される。一一項目からは、収監者が他の「魔女」から共犯者として指名されており、それを認めるかという本題へ入っていく。被告の前で他の「魔女」の自白をまとめた記録が読み上げられ、「魔女集会、夜のダンス、悪天候を作り出したこと、その他の悪業について」その場にいたか、それを助けたか、また助言を与えたかが尋ねられる。大抵の答えは「否」であっただろう。そこで犯行を否定する場合、第一三項ではカロリナ第四七条に基づき、[117] 証言された集会や非行の時点に他の場所にいたかどうか、つまりアリバイ証明が可能かどうか問われる。ここでアリバイを証明することができず、しかし犯行を否認する場合には、拷問に先だって密告者との対面（対質）が行われることになる。対質に際しては、「あらゆる徴候、話し方、顔色、態度、弁護の異議申し立て、生じたすべての変化を丹念に、しかし意図や考えを交えずに記録し、官房に報告」するよう指示されている（第一四項）。ここで細かく収監者の様子を知らせるよう求めているのは、それをもとに彼ないし彼女を拷問にかけるべきかを宮廷顧問会により判断させるためである。ここでは、拷問を用いるか否かの判断はあくまで宮廷顧問会に留保されるものとされ、ケルン選帝侯領のように拷問を正当化する基準は明示されていない。しかし、収監者がここでどんな態度をとろうとも、結局は拷問へとつながっていったこともまた想像に難くない。例えば、一五九四年にアシャッフェンブルクで尋問にかけられたカタリナ・シェーファーの様子について、裁判書記は「生意気にも、しかし不機嫌な様子で審問官を見、饒舌に話した」と記録する。さらに、彼女の外見についても「陰鬱で狡猾な顔、眼は顔の奥深くに沈み、眉はずっと前に張り出している」とネガティブな容貌を印象付けている。[118]「生意気（kecklich）」「陰鬱、不機嫌（duckisch）」「狡猾（verschlagen）」という主観的な語が並ぶこの記録からは、彼女が初めから魔女として扱われていることが明白に読み取れる。書記による記述が宮廷顧問会の唯一の判断の根拠になったことを鑑みれば、拷問の判断も結局は在地の意向に大きく左右されたと言えよう。

最後の第一五項は次のように一般尋問を締めくくる。「収監者が神と当局に栄誉を認め、自身の罪について告白するならば、以下の特別尋問に進むべし。そして、収監者は純粋で明白な真実を、拒み妨害することなく、また隣人に対する敵愾心や復讐心なしに、神と当局の前で誓いと義務において明らかにすることを、また自身も他人も、間違ったでっち上げの自白でもってこの世の、また永遠の危険にさらすことのないよう常に想起しつつ、彼らを詳細に聴取すべし[119]」。通常はこの容疑を認める段階に進むまでに拷問が用いられたが、一六二八年にディーブルクで行われた裁判では「拷問を用いず」自白した例が多数見られるという。これは、一六二七年から始まる長い連鎖的裁判の中で、人々がすでに抵抗がいかに虚しいものであるかをよく知っていたからであろうか。[120]

特別尋問はさらに具体的な証言を得ることを目的とし、九八項目にわたって微に入り細に入った質問が並ぶ。[121]「どのように、誰から、どこで、いつ、悪行に唆されたのか」という質問から始まり、どのような形状の悪魔とどう出会ったのか、キリスト教の守りは持ち歩いていなかったのか、何を言われ、何を受け取ったのか（第三～八項目）、さらにどのように悪魔との契約が行われたのか続いていく（第九～二六項目）。ここでは悪魔との契約に続き、悪魔との結婚式や情交がどのように行われたのかも尋ねられ、悪魔学において喧伝された「悪魔の愛人」という魔女像が反映されていることが分かる。

多くの項が割かれているのは、サバトに関する質問である（第二七～五七項目）。どのような食器を用いたのか、食事はどのような物があったのか、どのような会話をしたか、食事の後どのようなダンスをしたのか、どのような音楽が演奏されたのか、踊りの後には悪魔の崇拝儀式が行われたのか、どのように家に帰ったのか、料理や食器類は誰が片付けたのか、参加者はお互いに性交したのか、ここで誰を見たのか……このような質問がなされたのは、具体性が証言の説得力を増すからに他ならない。そして、当然サバトに参加していたとされた人物は次なる逮捕者となる。さらに、サバトにおいて害悪魔術が行われたか、人間、家畜、作物に害を与えたか、どのように、何を用いてそれらが行われたのか、といった質問が続く（第六〇～八一項目）。

質問は、被疑者の普段の宗教的態度にも向けられる。教会を定期的に訪れていたか、この罪について告解を行ったか、聖体を受けたか、それについて悪魔の情夫はなんと言ったのか（第八二～九〇項目）。このように、人畜に何らかの被害をもたらす害悪魔術だけではなく、教会への信心といった個人の内面までもが問題とされているのである。

これ以降尋問は、拷問を前提とした内容となっていく。「悪魔の情人は牢を訪れたか、何を話したのか（第九一項〕」「邪悪な助力でもって、拷問が行われても意固地に自白を行わないよう指示したか（第九二項）」「被告は悪魔にその誘惑が彼女を肉体と生命に対する大変な災厄〔拷問〕に陥らせたことを伝えたか、またそれに対して悪魔はなんと答えたのか（第九三項）」「悪魔は被告が逮捕され、尋問されることを事前に警告しなかったのか（第九四項）」「被告は拷問に対抗する手段を使ったか。またそれはどのようなもので、誰からもらったのか（第九五項）」「自身の良心〔への負担〕を軽くし、この恐ろしい悪業を撲滅するために当局に情報を証言したいか（第九六項）」。初めは拷問なしで行われたこれらの質問は、これから被告に襲いかかることとなる過酷な尋問を否が応にも想起させたであろう。

尋問項目リストの終わりには、次のように記されている。「終わりに、上述の一般尋問第一五項で為された警告を再度心に留め、真実でないこと、欺瞞、隣人に対する敵愾心や憎しみ、嫉妬に対して真剣に、永遠の劫罰が下されるであろうことを警告すべし[122]」。ケルン選帝侯領の魔女裁判法令でも証言者の欺瞞、個人的な怨嗟に基づく証言に対する警戒が述べられていたが、結局のところこれは個人の良心か、在地裁判吏の観察に頼らざるを得ない。その意味では、宮廷顧問会の鑑定や助言も、いったん在地の空気が迫害へ向き始めれば、機械的に拷問を許可し有罪者を量産する形骸化に陥ってしまうものだったのである。

（2）請願状による裁判の開始

マインツ選帝侯領では、トリーア選帝侯領のように委員会が表立って活動したわけでも、ケルン選帝侯領のように学識法曹が裁判をリードしたわけでもなかった。マインツ選帝侯領における魔女迫害の特徴は、共同体全体の名による請願状が捜査のきっかけとなったことである[123]。そこで、裁判開始に請願状が大きな役割を果たした例としてマインツ選帝侯領上管区の都市オーバーローデンとディーブルクにおける魔女迫害の事例を取り上げてみよう。

オーバーローデンの事例

オーバーローデンの属するシュタインハイム管区は、都市シュタインハイムを中心として、ロートガウ（Rodgau）、ビーバー（Bieber）、レマーシュピール（Lämmerspiel）、オーバーローデン、ニーダーローデン、ヴァイスキルヒェン（Weiskirchen）とその他四つの集落から成る。この管区を舞台とした魔女裁判では、史料から確認される限りで九名が処刑されている。史料状況は決して完全とは言えないため、ゲープハルトはおそらくこの数字は氷山の一角で、実際に行われた裁判はさらに多かったと見ている[124]。ここでは、ニーダーローデンに置かれたツェント裁判所における事例を取り上げる。オーバーローデンに発する魔女裁判要求の動きは、一六二七年八月一五日の請願状と共に始まり、一六二八年一二月一八日のマルガレータ・ガッセンの釈放命令で終わる。一年以上にわたるこの一連の騒動は、結局一人の処刑者も出さずに終わった[125]。この裁判には、住民の中から迫害要求がいかに生じ、当局がそれにどのように応えたのか、また被疑者が魔女裁判においてどのような行動をとり得たのかを示す、興味深い史料が残されている。以下にその顛末を追ってみよう。

発端は一六二七年八月一五日にオーバーローデンの共同体名で出された請願状である（図10）。

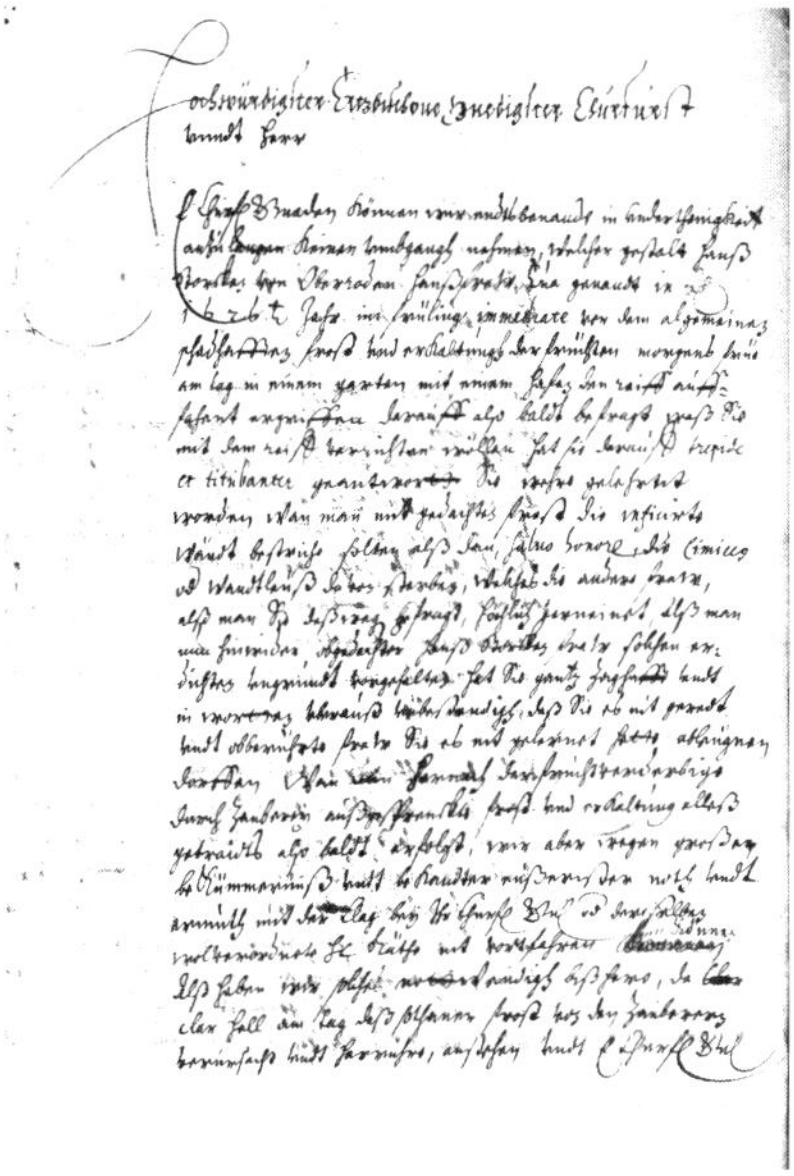

図10　オーバーローデンの請願状の一部（1627年８月15日）
出典：BstA WBG MRA K. 212/281, fol. 1.

一六二六年の春、作物に広く被害をもたらした霜と寒気が来る直前、朝早くにある庭でオーバーローデンのハンス・シュトルケンの妻エファが鍋の中に霜を持っていました。そこですぐに、霜をもって何をするつもりかと聞かれ、彼女はこの霜で汚れた壁をこすると、南京虫が死ぬのだと教えてもらったと答えました。誰に聞いたのだとさらに尋ねると、その名を言おうとしませんでした。これを彼女の意味のない作り話だと非難されると、エファはびくびくして、そんなことは言っていないし、習ってもいないと否定するなど、先ほどと違うことを言いました。作物を台無しにし、穀物を凍らせた霜と寒気はその後すぐにやってきたのです。[126]

請願はさらに続けて、エファが妖術を使っていると長年噂になっていたが彼女が審問されることはなかったこと、この時の彼女の言動が一定せず、態度もびくびくしていたこと、他の敬虔な人々がまだ眠っているような時間に普通でない場所にいたことが、すでに彼女を拷問にかけるに十分であるとしている[127]。これに対するアシャッフェンブルクの顧問会からの回答は慎重だった。「これや他の悪しき人々を、我らの務めと正義のために罰し、公平な正義をもって悪人一人ひとりを真剣に切除することそれ自体を好まぬわけでは決してないものの、このような極めて重要で曖昧な、肉体と生命と名誉、財産や血に関わる案件においては、このような単なる理由のない申し立てに基づいて厳しく振る舞うことはできない[128]」。顧問会は、さらに詳しい聴取を重ね、過去の裁判からも彼女に関する言及がないかどうか確かめるよう指示している[129]。

そこで住民は九月三日、新たに請願を行った[130]。今度は最初の請願で名指しされたエファではなく、共同体の中で長年魔女の噂のあった別の三名の名前が新たに取り上げられた。アンナ・ヴィンターが、マルガレータ・ガッセン未亡人と一緒に悪魔に会ったことがあると言ったこと[131]、マルガレータがアンナとの会話の中で「おおかわいそうに、魔女の火あぶりはいつ行われるのかしら。私たち二人とも眠れないね」と言ったこと[132]、そしてハンス・ユンゲンの妻オティリアが幼児を抱いた後にその子が死亡したことなどが証人の名前を挙げて証言されている[133]。

　この請願と証言に対しても、宮廷顧問会の腰は重い。前回と同様、管区長に宛てた書簡の中で、住民たちからの訴えに対して「単なる咎め、理由のない口上、単なる状況証拠[134]」だけでは拷問はもちろん、逮捕にも十分ではないと素っ気ない。間に挟まれる形になったのは管区長である。シュタインハイムに住む管区長の元には、さらに頻繁な請願ないし口頭での嘆願が届いていたに違いない。顧問会の回答から僅かな日を置いて再び管区長から届いた報告には、相変わらず住民たちが熱心に魔女裁判の開始を要求していることが書かれている。ここで住民たちは、「この件に関する共同体全体の最終的な決定と見解を後ろ盾として」あくまでも共同体全体の意志が魔女裁判に向けて固まっていることを強調したという[135]。この管区長の報告から一〇日ほど後に、住民から三度目の請願が届けられた。この請願には明らかに学識法曹の手が入っており、カロリナや諸法令など多くの文献を引きながら、魔女裁判を慣習法に基づいて行うべきであると主張する[136]。「ミルテンベルクやディーブルクのように」すでに魔女裁判が行われている地域を挙げつつ、そこで裁判が行われているということはマインツ選帝侯領に伝わる慣習法で魔女裁判を行うことができるではないか――そもそもカロリナは、各地の裁判所に慣習法を優先するよう定めているではないか――という理屈で、カロリナの遵守を説く顧問会の逆手をとったのである。

　これに対して、顧問会は彼女らに対する容疑を書面にまとめ、法学者に送付して鑑定を仰ぐよう指示した。鑑定を行ったのはマインツ大学法学部である。法学部の鑑定によれば、アンナとオッティリアへの疑惑は今の時点では逮捕にもましてや拷問を行うにも十分ではなかった。しかしマルガレータ・ガッセンに対しては、一六〇二年に行われた裁判で二人の「魔女」が彼女を共犯者として名指ししていること、彼女がいつも疑われていたという住民の証言、さらには口頭で法学部に伝えられた彼女の母に関する噂などが拷問を行うに足る徴表と認められた。「マルガレータは確実に逮捕され、収監される。その上で、まずは拷問を伴わない尋問を行い、彼女が何も話そうとしないならば、拷問にかけられうる[137]」。

この鑑定を受けて、顧問会はついに同年一二月三一日、マルガレータ・ガッセンの逮捕を許可する。この許可から一ヶ月後の一六二八年一月三一日、ツェント裁判所でガッセンに対する裁判が開始された[138]。マインツ大学法学部からは彼女に対する証言を行った三名の住人からも詳しく聴取を行うよう勧告がなされ、顧問会も証人に加えて告発者ではない公平な人物からも聴取を行うよう指示している[139]。

この証人尋問を、ガッセンと彼女の弁護人は、反論のチャンスとして利用した。弁護人が申し立てられた証言それぞれについて質問リストを作り、質問一つひとつについて告発者たちを聴取するよう求めたのである[140]。そして、顧問会の指示からおよそ二ヶ月後、告発人と中立的証人のそれぞれの聴取記録に加えて、ガッセン自身による無実を訴える請願が管区長の書簡に添付され、顧問会に届けられた[141]。顧問会はしかし、これに対して証人聴取で取り上げられている「告発点（Klagarticul）」が何なのか書面で届けられていないため、これを正式に受け取った上で回答をするとしている[142]。実際にはこれまでの書簡のやり取りや証言聴取記録の中から、どのような徴表に基づいてガッセンが逮捕されたのかは明らかである。もう一度書面で受け取らなければ回答ができないというのは、判断を先延ばしにするために取ってつけたとしか考えられない。この点からも、顧問会が決して魔女迫害に積極的ではなかったことが看取される。

この対応に業を煮やしたのか、最初の請願からすでに一三ヶ月がたとうという一六二八年一一月一四日、「ツェント・ニーダーローデンの全共同体」の名でついに四回目の請願が届けられる。ここでガッセンが長年にわたり妖術の噂の渦中にあり、かつての魔女裁判で二人の「魔女」から共犯者と名指しされたという従来の主張が繰り返される。さらに、当の容疑者に対する扱いは、住民たちからすればまことに甘すぎるものであった。

このような大いに悪しき噂のある女妖術使いが、これまでのところ牢獄に入れられるのではなく、一人で小部屋に隔離され、多額の費用がかかっており、これまで行われた拷問も彼女に対して甘く行われ、全ての手続きが僅かに半時間ほど行われるだけなので、女妖術使いである彼女はおそらく耐えしのぐことができるでしょう。また彼女を拷問から再び、彼女がいつも過ごしていた小部屋につれて行かれるならば、彼女にとってまた喜ばしいことでしょう(143)。

彼女は拷問にかけられたとはいえ、牢獄ではなく普通の小部屋に軟禁されていた。裁判を後押しする住民たちからすれば、このように囚人を寛容に扱うことは、ひいては裁判を長期化させ、共同体の負担を増やすことになる。

そのような非道な例外的な犯罪に含まれる行いに対しては、カール五世の刑事裁判令第四四条および、あらゆる刑事法とその学者たちの一致した意見に従って、単なる子どもの遊びと同様な拷問ではなく、そのような悪魔によって強情にさせられ、否定するように取り憑かれた人間にとっても負担となり、それによって自白へと持っていくことが可能であるよう、真剣に厳格な尋問を行うべきです。我々ツェント全体が非常に不満に思っていることに、この大いに矯正すべき、あらゆる疑いにおいてまさしく咎人である人物を、このような多大な費用をもって、彼女が小部屋から出てあちこちを見て歩いたり、彼女のところに来るあらゆる人々と会話したりすることができるような、彼女にとって楽な状態に置いているのです。加えて、彼女のためにすでに一二〇〇グルデンがかかっており、それを私たちは彼女のために支払わねばなりません(144)。

以前に魔女訴追のためには生命財産をかけると言った住民たちの悲鳴が聞こえてくるようである。形式的な手続きを要求し、裁判の引き延ばしをする顧問会の戦略は確実に効果を発揮しつつあった。しかし住民側も、これまで出てこなかった証言として彼女が洗礼直後の子どもに呪いをかけたこと、あるいは嵐を払おうとしていたこと、彼女が祝福を授けた少女や牛が死んだといった新情報を追加し[145]、厳格な拷問と裁判の迅速化を促している。この請願は管区長の預かり知らぬところで選帝侯顧問会に直接持ち込まれたという点でこれまでの請願とは異なる。管区長を介したやりとりに業を煮やした共同体が実力行使に出始めたと見ることもできよう。

しかし、この請願は結局叶えられることはなかった。顧問会は再度法学部による鑑定を指示し、今度はヴュルツブルク大学法学部から鑑定を受けることとなった。一六二八年一二月九日付のヴュルツブルク大学法学部の鑑定は、マインツ大学のものとは正反対の帰結をもたらした。

前述の件においては、すでに被告が拷問を耐え抜いた後では容疑のゆえにさらに彼女を責め立てることはできないと、我々は考える。新しい徴表が実際に見つけられないならば、医療費および補償を支払い、〔手続きを〕終了させ、牢獄から釈放すべきであるという見解である。〔中略〕被告である彼女は無罪と認められたわけではなく、ただ〔証拠不十分のため〕やむにやまれず、裁判所の観察の元に放免される[146]。

共同体が集めてきた新「徴表」は認められず、拷問によっても自白が得られなかった場合には釈放されるというカロリナの規定に従い、裁判は終了すべきとされている。そこではガッセンが無罪かどうかということ自体を問うのではなく、厳密に手続きに従う姿勢が伺える。この鑑定を受け、一六二八年一二月一八日、顧問会から管区長へ最後の通達が届いた。法学部の鑑定も顧問会も、共同体の出してきた「新徴表」を適正とは認めなかった。ガッセンは自身の収監にかかった諸費用を負担し、復讐断念を誓約することを強いられたものの、ついに放免を勝ち取ったのである[147]。

オーバーローデンの管区長は常に共同体からの魔女裁判への圧力にさらされ、報告の中ではむしろ彼らの言い分に説得されているかのようにも見える。しかし、顧問会との連絡はほぼ途切れなく続き、実際の裁判運営もその指示に従って行われた。彼がさらなる拷問を求める地元の熱意に同調していたならば、裁判の結果は違ったものとなったであろう。

ディーブルクの事例——一六二七年の魔女裁判

もう一つの事例、ディーブルクに舞台を移そう。ディーブルクは上管区の西端に位置する小都市であり、三つの近隣共同体（アルトシュタット（Altenstadt）・モンフェルト（Monfeld）、ホルツハウゼン（holzhausen））および五集落（クラインツィンマー（Kleinzimmern）、アルトハイム（Altheim）、ミュンスター（Münster）、エッパーツハウゼン（Eppert-shausen）とヴェアラッハ村（Dorf Werlach））とともに行政単位であり裁判所管区でもあるツェント・ディーブルクを構成していた。一六一八年ころには市壁内に九〇〇余名、近隣を併せて一八〇〇名余の人口を数えた(148)。

ディーブルクが激しい迫害の波に見舞われるのは一六二六年からである。この年の秋、代替わりした新選帝侯ゲオルク・フリードリヒ・グライフェンクラウ・フォン・フォルラートは都市の誠実宣誓を受けるため、ディーブルクを訪問していた。選帝侯の行列の前に、突然数人の市民が駆け寄った。彼らは都市の代表と称し、その場で請願状を読み上げる。彼らの要求は「妖術の悪弊を取り除くこと」である。新選帝侯はこの口頭での要求に対し、即座に何らかの決断を下すことは避けた。なんら動きのない当局にしびれを切らし、翌一六二七年二月にこの請願は文書に整えられ、再度アシャッフェンブルクの宮廷顧問会に送付される(149)（図11）。

「選帝侯閣下のご慈悲において恭順なる臣民とツェント・ディーブルクの住民全体が、慈悲深くも近日行われる〔都市の〕訪問に際して、上述のツェントにおける魔術の悪しき業を除去するという必要不可欠なことのために、恭

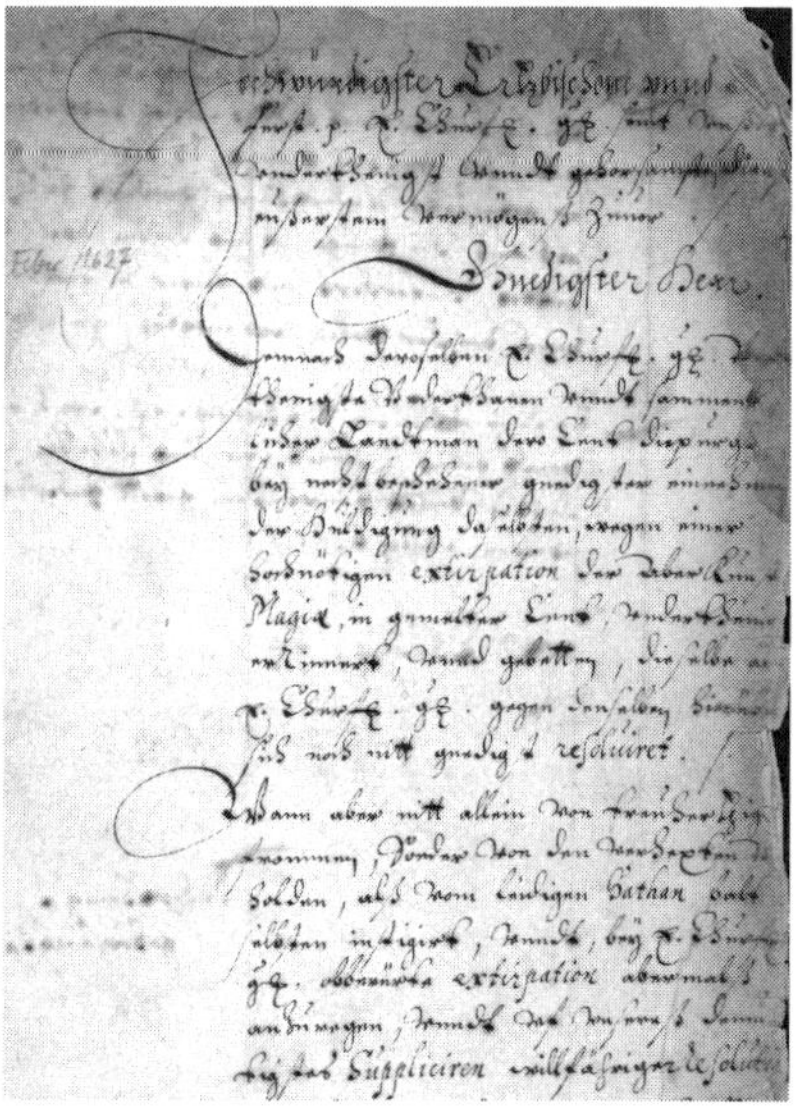

図11　ディーブルクの請願状の一部
（1627年２月６日）
出典：StA MZ, 28/291 Lage 3.

しく注意を喚起し、お願い申し上げます。選帝侯閣下の慈悲において、この魔術に対して〔裁判を開始することを〕未だ決議されておりません。〔中略〕我らの恭順にして神の意志を乞い求める嘆願はここに選帝侯閣下のご慈悲に訴えます。極めて忠実な臣民に対して慈悲深く当地の内部から〔妖術の悪弊を〕取り除かれんことを。のみならずまた、悪によって破滅をもたらす輩をこれから先すぐに炎によって焼き、地上からできうる限り根絶することを」。[150]

恭しい、同語反復を多用する冗長な形式でつづられたこの請願状には起草者の個人名はなく、「ツェント・ディーブルクの全住民」の名のもとに提出されている。また具体的な被疑者の名前や被害の状況、またその根拠などへの言及はなく、一般的な問題として魔女の害悪が論じられているのみである。

その後の経過はアシャッフェンブルクの顧問とディーブルクの役人との間の書簡のやり取りから明らかになっている。同年三月一六日の顧問からの書簡では、ディーブルクの役人が請願人らに対し、当局の職務を不当に侵害しないよう、法に準じた十分な徴表を提示するよう、そして「一致団結して互いに誓い合うことのないよう」指示したことが書かれている。[151]これは、トリーア選帝侯領などで見られたような反抗的な民衆組織が勝手に魔女裁判を行い、ひいては暴動じみた事態に発展することへの警戒であろう。[152]さらに同書簡では、請願人らにより幾度か密告が持ち込まれたことが触れられている。密告の根拠として挙げられたのは、次のような情報であった。「最近行われた魔女の処刑に際してエッパーツハウゼンのハンス・ラウフェンの未亡人が、妖術の疑いをかけられたゆえに、九ヶ月にわたって市外へ逃亡していたが、彼女は今共通の噂から次のように言われている。我々の他の管区ではそのような悪習〔妖術〕の根絶が再び行われているので、彼女は我々の管区ディーブルクにおいて同様の処刑が行われるかもしれないと心配しているのだ、と」[153]。近隣での魔女の処刑に対応するような逃亡、そして帰還後の噂。魔女でないならば、なぜ処刑が行われることを心配しなければならないのか？

宮廷顧問会がしばしば「証拠不十分」を理由にこのような請願を却下していたことを鑑みれば、ある程度具体的な情報を盛り込むことは請願の成否に関係したであろう。「女が一人で森から出てきた、その後濃い霧と強い風が起こった」[154]、「幼い息子が原因不明の発熱をしたときに、隣人や友人が見舞いに来る中、息子嫁だけが見舞いに訪れず、〔病気のことを〕聞いて笑っていた」[155]、このように請願状に織り込まれた断片的な噂などの情報は、「徴表」として受け取られ、時には宮廷顧問会が逮捕拘禁を許可する根拠となった。ここで請願状は民衆が何を妖術の被害とみなし、どのような態度をもって妖術の根拠とみなしたのか、そのような民衆的世界観を当局へと発信するメディアとして働いているのである。

一六二七年春、選帝侯はついに調査の許可を与える[156]。しかし、名指しされた六名に対する逮捕に十分な証拠はなかなか集まらなかった。停滞を破ったのは一人の女性の逃亡未遂事件である。彼女は同市に隣接するヘッセン・ダルムシュタット伯領の町で、追跡してきた五名のディーブルク市民に取り押さえられ、ディーブルクに送還された[157]。彼女の逃亡をこれほど迅速に阻止できたのは、当局ではなく市民たちの自発的な行動あってのことだったのである。おそらく彼女は噂の渦中にあり、隣人たちのインフォーマルな監視下に置かれていたのではなかったか。この逃亡と捕物劇は、民衆が当局の職権を犯してでも突出した自力制裁行動に出る可能性を暗示している。容疑を受けた中での逃亡未遂は彼女を逮捕し拷問にかけるだけの十分な根拠となり、裁判が開始された。尋問にかけられた被疑者が自供して挙げた「共犯者」はそのまま次の逮捕者となり、熱狂的な迫害の連鎖が始まった。ここに至っては宮廷顧問会の監督機能も形骸化し、この暴走に歯止めをかけることもできなくなった。かくてディーブルクは一六二七年～三〇年の四年間に、都市参事会員の妻など上層市民も含む一四三名の処刑を経験することになる[158]。この連鎖的な裁判からは、最初の請願がある程度の共同体の後押しを見越してのものだったのではないかと推測できる。

ディーブルクの事例――三十年戦争後の請願

ディーブルクにおける魔女裁判は一六三〇年を最後に終息したが、三十年戦争後にも一部の市民はまだ魔女裁判は終結しておらず、あくまでも戦争のために中断されたと考え、請願を繰り返している。

一六五三年、ディーブルクの在地役人は六月二一日のツェント裁判所の開廷に際して、「市民および住民」一部の市民が魔女裁判の「再開」を求めたことを報告している。在地の役人は根拠が不十分であるとして、この住民の「深刻かつ真剣な」請願を受け入れることができず、むしろ選帝侯代理人（＝ここでは顧問会のこと）に、伺いを立てるよう指示した[159]。そこで三名の市民の名で請願状が書かれる。「神がご自身で申命記第一三章および出エジプト記第二二章においてこの嫌悪すべきまた厳しく罰せられるべき悪行について、真剣に、また免れ得ない罰によって取り除き、根絶するようお命じになられた」ゆえに、魔女裁判は神意にかなっており、「スウェーデンの戦争（＝三十年戦争）」によってそのような裁判がいまだ置き据えられたままになっており、また保管されている記録からそのような悪行の十分な密告と誓約とともに、その同人物らにとりわけ疑いがかかっている」として、改めて選帝侯に裁判の再着手を迫ったのである。「未成年で罪のない、また揺りかごの中の子どもが、彼らの両親と別れて敬虔な人々もろともに誘惑され、そのような悪業に手を染めねばならないことにならぬよう」管区長に魔女裁判開始の指示を下すよう要請している[160]。

ここで興味深いのは、在地役人が初めに自らこの訴えを却下しておきながら、より高位の判断を仰ぐよう民衆に示唆したことである。民衆に次の一手を示すことで当面の彼らの不満を抑え、なおかつある程度彼らの行動を掌握することも在地役人の選択しうる行為オプションの一つだった。在地役人はすでにこのような請願が聞き入れられるものでないと予測していたのではなかったか。戦争の混乱を脱し秩序を取り戻しつつあったマインツ選帝侯領においては、在地役人と選帝侯政府の意思疎通は十分に行われ、魔女問題に対しては足並みをそろえる準備が出来ていたと考えられる。つまり、ここでの請願状はあくまでも当局による時間稼ぎないし一時的な不満のガス抜きに利用されたのである。

一六五三年の請願が不発に終わった後も、一六六七年八月一一日に再びディーブルクとオーベルンブルク(Obernburg)、ビュルクシュタットおよびアイヒェンビュールという広域にわたる住民の名で請願状が提出される。請願は「人々に対する憎しみや、例えば感情的な嫉妬からでは決してなく、ただ純粋な神の名における心からの熱意とキリスト教徒に課せられた幾千もの魂への憐れみゆえに、未だ誘惑されていない我らの貧しき罪なき子らである若者たちを守り愛に仕えるため」「神に背き害あるサタンに誓って肉体も魂も捧げた悪魔的な怪物たちに対して神の命による力において、またあらゆる正義の秩序に従い、このたび厳格な正義を手にし、神の怒りを鎮め、今後も神の罰が我々に降りかからぬよう(161)」魔女を裁くべきであると訴え、再び青少年を守り、神意に従うというモチーフが強調される。請願はさらに魔女の害悪について切々と訴える。

これらすべてはあまりにひどい汚辱と神の尊厳への侮辱、キリスト教へのあまりに回復しがたい害悪、数えきれないほどの魂の消失であり、悪魔の国を増幅させることであります。したがってそのような悪業とともに、当然なことに至高の神の怒りと〔それによって引き起こされる〕悲運によって、痛みに満ちた経験という多種多様の災い、神罰、そして大切な貯蔵ワインの腐敗、その他作物の腐食、痛ましい被害が明白に起こるに違いないのです。[162]

ここでは悪徳がはびこることによる神罰への恐れが、妖術の害悪それ自体よりも大きく描かれている。つまり、実際に存在している様々な不幸ではなく、将来起こりうる災厄にむしろ焦点が当てられていると言えよう。このようなレトリックを用いるならば、実際になんらの損害が起こっていなかったとしても、常時魔女裁判を開始することを正当化できることになる。

しかし、八月二〇日付の管区長からの書簡は、すでに魔女裁判を求める民衆の中に暴動の匂いを嗅ぎ取っている。「これまでにラントで起こっている魔女裁判への不適切な試みがどれほどに不愉快なことであったか」「妨害的な混乱をもたらす厚顔無恥な請願人ら」と強い非難の言葉が並ぶ。さらに、管区長はディーブルクの状況を「暴動(Zusammenrottierung)」という表現を用いながら報告する。「どの正直者も無事ではいられず、魔女にされてしまいかねません。ある者が他の者を公につるしあげ、罵り、中傷しており、ほんの少しの臆面もないどころか、これまでにあった裁判の繰り返しとして家の前を走りまわり、〔他の家と〕区別して侮辱しているのです。考えもなしに、父や母が〔魔女として〕焼かれた人物に、またそのようなことが起こった人物に対して、あいつは悪魔だ、誰それが悪魔だ、あの子とその子がお互いに妖術を教え合っている、などという言葉が出回っています……」[163]。しかし、ディーブルクから八〇キロメートルも離れ、かつ異なる管区に属するアイヒェンビュールの住民と共同で請願を出していることからは、すでに請願人たちが各共同体の中に賛同者を見出しがたくなっていたことを読み取ることができるのではないだろうか。各共同体の中で少数派になりつつあった魔女迫害推進派は、広域的に結びつきあわなければ勢力を保つことができなかったのであろう。

宮廷顧問会の統制を離れた一六二七年からの数年間の暴走という経験は、本来魔女裁判に懐疑的であった当局をますます慎重にさせていた。この請願状の後、魔女裁判が再開することはないばかりか、請願の起草者は公的秩序を乱したとして当局に拘束されている。[164] この報告とその後の処置について在地役人から諮問を受けたマインツの宮廷顧問会は即座に「このような騒擾的な臣民たち」に対しては八日間の牢獄塔への収監と罰金を科すよう申しつけ、また暴動に参加した者についても取り調べを行うことまで指示している。[165]

この対応に抗議して同年八月三〇日、カスパー・ブラウンを筆頭とする四名の市民の署名入りで請願がマインツまで届けられた。そこからも、魔女迫害に対する都市内部の空気がすでに変わっていたことが分かる。

神の栄誉を求め、我々の罪なき子らを多くの惑える魂たちと共に恐るべき魔女の悪業から救い出すべく、それをあえて確認し、抑制するという我々の名誉ある熱意それゆえに、人は我々をならず者と呼び、罰すべき中傷でもって攻撃しているのです。それによって他の敬虔な者たちも脅かされ、反対に疑わしい人々が、ありとあらゆる不遇を請願人に対して始め、請願人自身を迫害しているのです。[166]

いまや魔女迫害を求めることに市民の支持は得られないどころか、公然と批判されるようになった。それでもこの請願人らは魔女が跋扈することへの「神の怒り」と「それがラント全体を罰することがないよう」魔女迫害を遂行すべきであると従来の主張を繰り返している。

この請願に対しても、当局の態度に変化はない。九月八日の宮廷顧問会からの回答は、やはりこの請願人らの行動を「暴動」と称し、十分な証拠や罪体（corpora delicti）を提示することなく誰かを魔女呼ばわりすることは名誉棄損にあたると明言している。[167] さらに在地役人には、このような名誉棄損の禁止命令を印刷し、このような「暴動（rottirung）」を起こさぬよう、住民に知らしめるよう指示がなされている。[168]

それでもなお、九月二二日の管区長からの手紙は相変わらず請願人が魔女裁判を求め続けていることを報告している。「貧しいが名誉ある援助者らとともに」カスパー・ブラウンは管区長の不在中に再度魔女の火刑を求めて、魔女が焼かれるまでこの要求を続けると「恥ずかしげもなく」口にしたという。[169] さらに、魔女裁判が行われないならば仲間と共に妻子を捨て都市を去るとまで言っているという。これは、今までの「神の罰」という不確定な要素による恐怖の喚起とは全く性質を異にしている。人口の流出は実際に都市に不利益を与えうる、いわば脅迫であった。さらに、迫害に反対する市民を正真正銘の魔女であるとし、その人々の家族が過去の裁判記録に見られるのだと主張する。しかし、ディーブルクで最後に魔女裁判が行われたのはすでに三〇年以上も前のことであり、そのような記録をいったいどこで目にしたというのかと管区長は懐疑的である。管区長にとっては都市の平穏がいまや重要であり、これらの要求はすでに受け入れがたいものであった。

管区長は魔女狩り推進派らを名誉棄損で罰すると警告を発し、市庁舎において選帝侯からの命令を読み上げた。命令の内容は、根拠のない裁判要求を禁止するという九月八日にすでに示されたものであろう。さらにカスパー・ブラウン、マルティン・ペーター、ハンス・フィリップの三名は「暴動の主導者」として収監され、担保を入れた上で租税の二倍を納めるという宣告を受けた。[170]

管区長と選帝侯当局が魔女裁判に否定的なことで一致しているのはすでに明白である。それにも拘わらず、この措置の翌日、収監された三名のために上級機関へ訴え出るべく、他の支援者が在地役人に請願の許可を求めている。この支援者、織工キルシュタインと指し物職人クローバーは、「捕らえられた三名は正直な人物であり、魔女こそ裁かれるべき」と市庁舎に請願に訪れたという。[171] この行動はむしろ管区長の心証を悪化させたにすぎなかった。「私管区長はこの騒擾的な者どもを真剣に非難しましたが、私が後に見たように、〔彼らは〕魔女を焼くという口実のもとにどんどん深刻に〔互いに〕結びつき、彼らの際限のない意志を図々しく私に申し立てるのに何らの遠慮もないのです」[172]。この報告に対して、数日後に管区長に宛てられたマインツの宮廷顧問からの手紙は、管区長の処置を全面的に認めるものであった。宮廷顧問会としても、魔女裁判を求める動きに賛同はできないこと、名誉棄損者であるカスパー・ブラウンらは塔に収監され、パンと水のみを与えられること、そして中傷された人々が名誉を取り戻し、中傷が撤回されるまで収監されることと指示されている[173]。

請願人らはこれでもおさまらない。この書簡のやり取りから二週間ほど後、ディーブルクの在地役人からの報告を受けて、管区長は再度マインツへ次のように書き送っている。「昨今、各人が注意深く慎重であるようにと慈悲ある命令が公に読み上げられ、罪が罰せられるべき根拠となるような事実や十分な徴表なしには〔魔女裁判を要求することは〕不適切であるとされたにもかかわらず、〔請願人らは〕これに対してまったくの理由なき誤謬、中傷、名誉棄損でもって大真面目に〔魔女を〕罰するべきだとしているそうです。〔この命令は〕聞かれることなく、告発者らは先導するカスパー・ブラウンの下に現れて公に自ら〔魔女を告発すると〕知らしめるのみならず、魔女を罰するべきであり、また〔その要望は〕満たされるべきと一緒になって叫びました」[174]。さらに、これら魔女裁判推進派が居酒屋に集まり、ある人物がそこにやってくると彼を魔法使い（Hexenmeister）として追い出したりしているという[175]。

一〇月二二日にも、カスパー・ブラウンら一四名の署名が入った請願状が書かれている。

近頃、我々のラントでいくつかの呪わしい妖術への訴えについて慈悲深くも下された命令に恭順にして従い、ラントおよびツェントの住民は公的な集会において、命令権者であるツェントの役人様方の前で満場一致で上述の訴えを宣言し、それに対してシュルトハイス殿がこの合意に対して回答しようとされたのです。そこにディーブルクのツェントグラーフでありファウト〔在地役人の肩書きの一つ〕であるヴァイガント・ハーバーコーンがこの満場一致の宣言に反対し、ツェントグラーフも、ラントおよびツェントの住民も――名誉をもってお伝えしますが――〔我々を〕怠け者のごろつき、名誉中傷者で反逆者であると激しく猛烈に叱り飛ばし、大声で叫びました。このような共同体全体に対する名誉を傷つける暴言と罵りは許されるべきでなく、共同体の名誉ある評判を守り、保持しなければなりません。選帝侯陛下の御慈悲において、我々臣民の真剣な恭順たる願いを申し上げます。ハーバーコーンが我々に対して浴びせかけた害ある言葉と悪意ある誹りを打ち払うよう、あるいはそれが広がったことについて公的な撤回をツェントの集会において行わせるよう命令されんことを。また、共通のラントそしてツェントの住民は、当地に属する四名のシュルトハイスにより通知された証言にしたがって、すなわちこの言及された悪しき人間が捉えられ、刑が執行されるであろうならば完全にまた非常に満足するのですが、〔そのために〕そのような保証金が必要とされるので、我々自身がそれを提供するようにいたしました。神よ、我々は選帝侯閣下の御慈悲に乞い願います。問題の悪しき者どもが逮捕されるよう御慈悲をもって命令を下さりますよう。そうでなければ、毎年馬や牛、その他の家畜が私の意見では妖術によって殺されてしまい、畑の実りを台無しにされているにもかかわらず、我々や私たちの子どもたちを学校でも他の場所でもいつでも、危険が脅かすに違いないのですから、妻や子とディーブルクを離れ、よその土地で我々の食料を探さねばならにように強いられるようになるでしょう。(176)

いまや請願人は管区長および選帝侯当局からはっきりと「騒擾者」と位置づけられ、かなり不利な形勢に立たされているにも関わらず、ここでは魔女迫害に反対する者こそ「満場一致の宣言」に反対する少数者であるかのように描かれている。請願人に対する非難は「共同体全体に対する名誉を傷つける暴言と罵り」にすり替わり、請願人はこそが共同体全体の名誉の代表者と自認している。

さらに重要なのは、ここで請願人が魔女裁判を行うために裁判費用を保証する構えも見せていることである。裁判のための保証金は後述するように共同体のメンバーから集められたが、このような勇み足は当局には受け入れがたいものであった。さらに、「魔女裁判が行われないなら共同体を去る」という一文は、領邦全体が戦争による人的・物的損失から立ち直ろうとしていた最中にあっては明白な恫喝の響きを持ったであろう。

この請願状とほぼ同時に、彼らに協力したばかりに身柄を拘束され、罰金を申しつけられたディーブルク近郊アルトハイムの住民から恩赦請願が届いている。

カスパー・ブラウンは彼ら〔請願人〕が我々から〔魔女裁判のために〕金を取り立てると言いました。そこで私は、当局はそれに反対しているかどうか彼に尋ねました。彼はお上の態度は彼らにそうすることを禁止していないし、すでに多くの市民がそれにお金を払ったと言いました。そこで私は彼に一フロリンを渡しました。〔中略〕そして彼らは反抗的にも、再び訴えを起こしたのです。それについてアシャッフェンブルクの管区長閣下が四〇ライヒスターラー〔約二〇〇グルデン〕の罰金を支払うまで、私を城の塔に拘束するよう、ディーブルクのお役人様に書簡を寄越されたのです。というのも、そのようなこと〔資金の供出〕が選帝侯陛下の御慈悲により禁止されていたからなのですが、私は耳がよく聞こえないため、その禁令をまったく理解していなかったのです。私はそのことを知らなかったのです。[177]

この請願からも、選帝侯当局はすでに魔女裁判を求めること、ないしはそれに協力することを禁止するようディーブルクに通達を出していたことが分かる。魔女裁判を行うために当局の許可なく住民たちから資金を徴収したことは、明白に君主の租税徴収権の侵害であった。この請願状を書いた人物は一〇月二一日付の請願状の起草者一四名の中には入っていない。また魔女迫害を彼自身がどのように考えていたかには触れておらず、おそらくは魔女迫害を支持したとしても、消極的な態度にとどまっていただろう。

市民の中にはあけすけに請願人たちを批判するグループ、消極的に言われるままに魔女裁判のために資金を提供するグループ、そして急進的な請願人という三つのグループが成立していた。しかし消極的な協力にも重い罰金刑を科すという当局の断固たる態度が明らかになった今、第二のグループはあっさりと魔女迫害反対派に回るであろう。あくまでもカスパー・ブラウンら急先鋒に無知ゆえに従っただけであることを強調し、自らの消極的な魔女迫害への要求はおくびにも出さない。かつて請願状が魔女裁判の連鎖を引き起こした時、その陰には多くの市民の協力があった。不穏な噂を伝え、怪しい人物を名指しするのは請願状に現れない無数の市民たちであった。都市上層やかつて魔女を訴えた人々をも巻き込む激しい魔女迫害を経験した後、戦争の惨禍に巻き込まれたディーブルク市民は、一六六七年の時点ではすでに迫害への意欲を失っていた。請願状は引き金となりうるものであっても、そこに住民たちの同意がなければ実際の裁判には結びつかなかったのである。

ここからはまた、いかに当局が禁止令を浸透させるのに手こずったかも読み取ることができる。度重なる注意、警告、禁令の公布、逮捕、収監、それにもかかわらず請願は寄せられ続けた。これは当時の禁令がなし崩しにされる可能性を住民が知っていたためではないか。どの法令に従い、どの法令を無視するかという選択権を、人々は長く非公式に用い続けたのである。

このように、様々な方法で人々は魔女迫害を求めて君主や裁判領主に働きかけを行い、それはしばしば実際の裁判に結びついた。しかし裁かれる側もまた迫害の歯車から逃れるべく様々な手段で自らを弁護した。そこで次章では、魔女裁判における弁護の戦略を検討してみたい。

註

（1）塙「カロリナ」、二九八―二九九頁。他の箇所でも訴訟記録送付は繰り返し言及されており、関係条項は全二一九条のうち四二条に上る。John H. Langbein, *Prosecuting Crime in the Renaissance. England, Germany, France*, Harvard University Press 1974（以下、Langbein）, p. 172.

（2）Langbein, pp. 193-194.

（3）「第一〇九条　さらに、ある者が、人びとに、妖術によりて損害をまたは不利益を加うるときは、生より死へと罰せらるべし。しかして、かかる刑罰は、火をもって行わるべし。されど、あるものが妖術を用うるも、それをもって何びとにも損害を加えざりしときは、事件の状況に応じ、その者は別様に罰せらるべく、これにさいしては、判決発見人たちは、訴訟記録送付による鑑定を求むることにつきてのちに記述せられいるごとくに、訴訟記録送付による鑑定を用うべし」。塙「カロリナ」、二五五頁。また塙氏はここでZauberey の訳語として「魔法」を用いているが、本書の文脈上、これを「妖術」に変えた。

（4）塙「カロリナ」、二三一―二三二頁。

（5）カロリナにおける徴表に基づく拷問と自白については以下を参照。Langbein, pp. 155-158. 庭山英雄『自由心証主義――その歴史と理論』学陽書房、一九七八年、二〇五―二一一頁、藤本幸二「中近世ドイツにおける証拠法の変遷について――カロリーナ刑事法典における法定証拠主義を中心として」『一橋論叢』第一二五巻第一号（二〇〇一）、六九―八六頁、特に七八―八一頁。徴表に関するカロリナの当該条項は第一八条～第四四条、拷問使用に関しては第四五条～第六一条。

（6）SCT, S. 554.

（7）Ebd.

（8）Ebd. S. 555f.

（9）Ebd. S. 556f.

（10）Ebd. S. 557f.

（11）Ebd. S. 558.

(12) Ebd., S. 559.

(13) ケルン選帝侯領における水審をめぐる議論については以下を参照。Heuser, Kaltwasserprobe.

(14) 神判を含めた農村の戦略的コミュニケーションについては以下を参照。Rainer Walz, Der Hexenwahn vor dem Hintergrund dörflicher Kommunikation, in: *Zeitschrift für Volkskunde*, Jg. 82 (1986), S. 1-18（以下、Walz, Der Hexenwahn), hier S. 7, 11. また神判についてはロバート・バートレット著、竜嵜喜助訳『中世の神判――火審・水審・決闘』尚学社、一九九三年を参照。バートレットは、ドイツは神判が比較的長く存続した地域の一つであると指摘している。同書、一九九一―二〇一頁。

(15) SCT, S. 559f.

(16) Behringer, *Hexenverfolgung in Bayern*, S. 34, 52f. und passim. Thomas Paul Becker, Krämer, Kriecher, Kommissare. Dezentralisierung als Mittel kurkölnischer Herrschaftspraxis in Hexereiangelegenheiten, in: R. Voltmer (Hg.), *Hexenverfolgung und Herrschaftspraxis*, Trier 2005, S. 183-204（以下、Becker, Dezentralisierung), hier S. 188.

(17) SCT, S. 530.

(18) 委員会を扱った主な地域研究を以下に挙げる。ザールラントを中心に調査を行ったエファ・ラブヴィーは、強い中心的な制御力が存在しない、ないしは中央権力が魔女裁判に対し比較的利害を持たなかった地域において、委員会形成と激しい魔女迫害が行われたとし、委員会結成の政治的背景を示唆している。Labouvie, *Zauberei und Hexenwerk*. ヴァルター・ルンメルは、マンダーシャイド伯領やトリーア選帝侯領の飛び領地においても民衆主体に組織された「委員会」が農村における魔女迫害を主導的に担い、当局の支配権の中核をなす裁判権にかなりの程度の圧力をかけたことを明らかにした。Rummel, *Bauern*. ルクセンブルク公領においても、名称は異なるものの類似の民衆組織が活動したことがフォルトマーにより明らかにされている。Voltmer, Monopole. また、ディリンガーはトリーア選帝侯領とシュヴァーベン地方の魔女迫害の比較分析を行い、前者における委員会の背景に共同体主義的伝統を見ている。Dillinger, *Böse Leute*.

(19) 書記の役割についてはVoltmer, Einleitung, S. 61-63.

(20) 例えば一五九四年、メルテスドルフのマイエル、ヤコブが処刑された後、「彼の義理の息子がオムスドルフに未払いの報酬としてとどまっていた四〇〇グルデンを納めた」という。この記録からは書記に対する報酬が被告の遺族から直接支払われているように見えるが、書記一人に対する報酬として四〇〇グルデンは多すぎである。当時魔女裁判一件につき、平均二〇〇～四〇〇グルデンの費用がかかったということから、ここでは書記が何らかの形で裁判費用の管理を行っていたとも考えられる。Voltmer, Einleitung, S. 62f.

(21) 以下より引用。Voltmer, Einleitung, S. 52f.

(22) SCT, S. 555f.

(23) Wolfgang Krämer, *Kurtrierische Hexenprozesse im 16. und 17. Jahrhundert. Vornehmlich an der unteren Mosel*, München 1959（以下、Krämer), S. 10f.

(24) Ebd.

(25) 農民の闘争的コミュニケーションに関しては、以下の論文を参照。Walz, Der Hexenwahn; 服部良久「中・近世ドイツ農村社会の武装・暴力・秩序」前川和也編『コミュニケーションの社会史』ミネルヴァ書房、二〇〇一年、三八一―四〇八頁。

(26) Voltmer, Monopole, S. 43.

(27) Ebd., S. 40. 一五九一年、フェーレンの委員会が行った旅行の費用が、裁判費用に算出されている。「同様に、何度かヨハンとクリスマンは、マイエルのマクスマインが火刑に処された際、シュヴァイヒに赴いた〔時の経費として〕一五アルブス」。

(28) Brommer, S. 22f., 235; F. R. Janssen, S. 76–80.

(29) Walter Rummel, Soziale Dynamik und herrschaftliche Problematik der kurtrierischen Hexenverfolgungen. Das Beispiel der Stadt Cochem (1593–1595), in: *Geschichte und Gesellschaft* 16 (1999), S. 26–55（以下、Rummel, Soziale Dynamik), hier S. 38.

(30) 以下より引用。Ebd., S. 41.

(31) 以下より引用。Ebd., S. 41.

(32) 以下より引用。Ebd. S. 43.

(33) ティールマンの訴状。「フォークト殿は〔書記である〕アンドレセン・ギレンフェルトと委員会と共に、大いに疑がわしいことにしばしば居酒屋で目撃されています」。Ebd., S. 43.

(34) 以下より引用。Ebd., S. 45.

(35) 以下より引用。Ebd., S. 46.

(36) Ebd., S. 54.

(37) Ebd., S. 55; Oestmann, S. 551.

(38) 以下より引用。Rummel, Soziale Dynamik, S. 54.

(39) SCC, S. 4.

(40) Ebd., S. 4f.

(41) Ebd., S. 6.

(42) Ebd.

(43) Ebd., S. 7.

(44) Ebd., S. 9.

(45) Ebd., S. 10f.

(46) Ebd., S. 11.

(47) 例えばバイエルンでは、一五九〇年にインゴルシュタット大学による鑑定がこの「魔女マーク」の証拠能力を否定している。Behringer, *Hexenverfolgung in Bayern*, S. 219f. とりわけ魔女マークを探す刑吏個人に大きな決定権限を与えることになるという点でも、この検査方法は批判された。ケルン選帝侯領においても一六二九～三一年に盛んに議論の対象となったが、これが裁判で実践される状況に変化はなかった。Schormann, *Der Krieg*, S. 38ff.

(48) 「カロリナ第五八条において以下の規則が定められている。拷問はその人物の疑惑の状況に応じて多く、頻繁に、ないしは時折、厳しく、ないしは僅かに、一人の理性的な裁判官の裁量に従い行われるべきである」。SCC, S. 11f. これら拷問についての記述はカロリナをほぼそのまま踏襲している。第五二条、第五五条、第五八条を参照。塙「カロリナ」、二三五―二三六頁。

(49) SCC, S. 12f.

（50）Ebd., S. 13.
（51）Ebd.
（52）Ebd., S. 14.
（53）ミヒャエル・シュタピリウスはヴェストファーレンのヒルシュベルク（Hirschberg）で司祭を務め、一六一七年から翌年にかけて行われた魔女裁判を目の当たりにした。少なくとも一三名が犠牲となったこの一連の裁判に、彼は聴罪司祭として関わっている。さらに一六二八・二九年にヴェストファーレンを襲った裁判の波の中で、シュタピリウスは魔女迫害への疑問を強めていった。彼の書いた論文は一六七六年、アムステルダムに亡命したヘルマン・レーアの著作に引用される形で世に出ることになった。シュタピリウスは学識者ではなかったため、論文も学術的な体裁はとらず、彼の見聞きした二一の裁判事例を列挙する形式になっている。Decker, Herzogtum Westfalen, S. 365-368.
（54）Löher, S. 246.
（55）Ebd., S. 269f.
（56）Decker, Herzogtum Westfalen, S. 351, 365-368; Löher, S. 269f.
（57）Heinrich von Schultheiß, *Eine Außführliche Instruction Wie in Inquisition Sachen des grewlichen Lasters der Zauberey... zu procediren*, Cölln 1634（以下、Schultheiß）. この書籍はゲッティンゲン大学のＤＶ17プロジェクトにより、オンラインでの閲覧が可能である。http://gdz.sub.uni-goettingen.de/dms/load/img/?PPN=PPN505628600（最終アクセス二〇一五年一〇月二日）
（58）Decker, Herzogtum Westfalen, S. 361.
（59）Schultheiß, S. 78-97.
（60）Ebd., S. 109f.
（61）Ebd., S. 110ff.
（62）Ebd., S. 136, 141.
（63）Ebd., S. 142f.
（64）Ebd., S. 266-273.

(65) Ebd., S. 277f.
(66) Ebd., S. 264f.
(67) Ebd., S. 175–253.
(68) Ebd., S. 251.
(69) Decker, Herzogtum Westfalen, S. 363.
(70) Schultheiß, S. 324f.
(71) Ebd., S. 345f.
(72) Decker, Herzogtum Westfalen, S. 359; Schormann, *Der Krieg*, S. 69f.; Schultheiß, S. 487ff.
(73) LdANRW, Abt. R, KK III, Bd. 24, Bl. 592r, 612v, 622r, 628v, 631v, 641v, 774v–775r; Bd. 24a, Bl. 38v, 94v.
(74) LdANRW, Abt. R, KK III, Bd. 24, Bl. 592r. 一六三〇年五月一三日の議事録。
(75) Ebd., Bl. 612v.
(76) Ebd., Bl. 622r.（一六三〇年六月八日）, Bl. 628v.（一六三〇年六月一九日）, Bl. 631v.（一六三〇年六月二五日）
(77) Ebd., Bl. 641v.（一六三〇年七月八日）
(78) Ebd., Bl. 766v.
(79) Ebd., Bl. 774v–775r.
(80) Ebd.
(81) Decker, Herzogtum Westfalen, S. 359.
(82) ブイルマンはケルン選帝侯領内部に留まらず、近接するベルク公領の都市ジークブルク（Siegburg）でも魔女裁判を指揮している。ジークブルクでの魔女裁判については以下を参照。Peter Esser, Hexenverbrennung in der Eifel. Dr. Jur. Franziskus Buirmann der Hexenrichter aus Euskirchen, in: *Eifel Jahrbuch* 35 (1966), S. 30-36（以下、Esser）, hier S. 35f.
(83) Esser, S. 31.
(84) Schormenn, *Der Krieg*, S. 71.
(85) Ebd., S. 71.

(86) Ebd.
(87) Löher, S. 30f.
(88) Ebd., S. 174.
(89) Schormann, *Der Krieg*, S. 71.
(90) Esser, S. 34.
(91) Ebd. この白紙逮捕状を不当であるとして、参審人ラップは中立的な学識法曹による鑑定を要求した。これに対しブイルマンは、自分こそが中立的な学識法曹であり、自分が助言鑑定を行うべきなのだと主張している。Löher, S. 296, 602; Schormann, *Der Krieg*, S. 75.
(92) Esser, S. 35.
(93) LdANRW, Abt. R, KK III, Bd. 24a, Bl. 282rv.
(94) Ebd., Bl. 282v–283v.（一六三一年一〇月三一日）
(95) Ebd., Bl. 285v.
(96) Schormann, *Der Krieg*, S. 73; Löher, S. 296-304.
(97) Schormann, *Der Krieg*, S. 73f.
(98) Ebd., S. 74.
(99) Ebd., S. 77f.; Becker, Erzstift, S. 120.
(100) Schormann, *Der Krieg*, S. 79.
(101) Decker, Herzogtum Westfalen, S. 358f.
(102) Schormann, *Der Krieg*, S. 80.
(103) Siebel, S. 101.
(104) LdANRW, Abt. R, KK III, Bd. 24, 98r.（一六二九年三月二〇日）
(105) Ebd., Bl. 631v.（一六三〇年六月二五日）
(106) Schormann, *Der Krieg*, S. 77.

（107）Ebd., S. 78.
（108）Ebd.
（109）LdA NRW, Abt. R, KK III, Bd. 24a, Bl. 94r.
（110）例えば、一六二九年四月アンダーナハ上級裁判所に対する宮廷顧問会の指示。「アンダーナハ裁判所では必要に迫られた案件において、臣民たちの知らせを聞き、法に則って真剣に、偏りのない学識法曹の助言とともに手続きを進めるべし」。LdA NRW, Abt. R, KK III, Bd. 24, Bl. 115r. また同様の指示がニュルブルク管区に対しても見られる。Ebd., Bl. 183rv, 238rv.
（111）Becker, Dezentralisierung, S. 203.
（112）Siebel, S. 101.
（113）例えばレンス市の例を見よ。Bátori, Die Rhenser Hexenprozesse; dies, Schultheiß; 牟田和男『魔女裁判――魔術と民衆のドイツ史』吉川弘文館、二〇〇〇年（以下、牟田『魔女裁判』）を参照。
（114）カロリナ第四四条「ある者が、他の人々に（彼より）妖術を学ぶべく申し出ずるか、または、何びとかを妖術にかくと脅迫し、しかして、脅迫せられたる者にそのことが行わるるか、または、彼が、妖術使いもしくは魔女と特別の組をもつか、または、妖術を帯びたる怪しき物、態度、言語、流儀をもって、徘徊するかし、しかして、当該人物がそのことにつきて風評を立てらるるときは、それは、妖術に関する確たる一徴表を与うるものにして、拷問のための完全なる自由となるものなり」。同五二条「何ものかが妖術を自白する時は、その原因および情況が尋問せらるべく、さらに、何をもって、いかにして、かつ、いつ、妖術が行われしや、いかなる語をもってなりや、また、いかなる業をもってなりや、が尋問せらるべし（後略）」。塙「カロリナ」、一三一―一三三頁、一三五頁。
（115）Pohl, *Zauberglaube*, S. 298-308. 牟田氏による一部翻訳も参照。牟田『魔女裁判』、八一―一七頁。
（116）一九世紀の研究では、質問リストが一五九七年には存在していたとされ、時期的にも同領邦の最初の迫害と一致する。しかしポールは、その研究が今日すでに存在しない手稿史料か、あるいはやはり一六一二年の版に基づいた史料を用いたのではないかとして、一六世紀にすでにこのようなリストが存在していたことには懐疑的である。Pohl, *Zauberglaube*, S. 170.

(117) カロリナ第四七条「囚人に、彼に帰せられいる非行が生じたる時間に、ある場所にて、人びとと居合わしてあることを証しかつ示しうるや否やにつきて、想起せしむべし。即ち、それあることによりて、彼は、その被疑行為をなしたるはずなきことが理解せらるべければなり」。塙「カロリナ」、二三二頁。
(118) Pohl, *Zauberglaube*, S. 85.
(119) Ebd., S. 299.
(120) Ebd., S. 173.
(121) Ebd., S. 300-308.
(122) Ebd., S. 308.
(123) Ebd., S. 155f.; Weiß, Erzstift Mainz, S. 342ff.「犯罪行為」を当局に通告するという請願の機能については、一六四〇～五〇年代のアモールバハ管区の事例を別稿で論じた。拙稿「通告としての請願――近世マインツ選帝侯領の魔女裁判事例から」『ドイツ研究』第四九号（二〇一五）、七八―九〇頁。
(124) Gebhard, *Hexenprozesse*, S. 74f., 94.
(125) これについてはゲープハルトによる短い言及がある。Gebhard, Die Hexenverfolgung, S. 97f.
(126) BstA WBG, MRA K. 212/281, fol. 1r.
(127) Ebd., fol 1.
(128) Ebd., fol 3.
(129) Ebd.
(130) Ebd., fol. 5-10.
(131) Ebd., fol. 11.
(132) Ebd., fol. 13r.
(133) Ebd., fol. 13v-14r.「二年前、バルテル・フュッツェルの妻は幼い子と共にオティリアの家に行った。そこでオティリアは子を腕に抱き、踊った。しかし、その後妻が子と共に家に帰ると、不意に子供が病気になり、八日後に死んでしまった。哀れな子は、背中全体が青黒くなっていた」。

(134) Ebd., fol. 15v.
(135) Ebd., fol. 17.
(136) Ebd., fol. 19-22. 一六二七年一〇月九日の請願。「神聖〔ローマ〕帝国の一部においては古来の死刑に関する慣習や慣例が見られ、それらは上述の刑事裁判令のみならず、あらゆる等族と〔その〕当局に留保されています。〔中略〕しかし我々はこの慈悲深き勧告、選帝侯、諸侯そして等族の古き良き伝え来られたる法に応じた公正な慣習について、何も聞き知ってこなかったのです。この条項は一五三二年のレーゲンスブルク帝国決定においても「刑事裁判について」という題で最後に見られます。〔中略〕同様に、帝室裁判所令の第二部、第一題においても、以下のようにすべての下級裁判令と慣習は保たれ、留保されるとしています。『裁判においては、その地の下級裁判令と慣習に従い、またあらゆる諸侯領、土地、ヘルシャフトまたは当局ごとに、讃えるべき伝統と慣習が保たれる』と。〔中略〕誉れあるヴュルツブルク大司教領においても同様の魔女裁判が職権によって行われ、実践されています。選帝侯閣下の慈悲に乞い願います、我々においても同様にそのような古き慣習と慣行に基づいて慈悲深く〔裁判を〕取り扱いくださいますよう、またミルテンベルクやディーブルクのように、我々の共同体の魔女を裁いてくださいますよう」。
(137) Ebd., Fol. 25r.「クリストマン・ヴィンターの妻アンナと、同様にハンス・ユンゲンの妻オッティリアに対して度々帰された徴表は、逮捕を行うには十分でなく、拷問を行うにも不十分である。しかし、マルセル・ガッセンの未亡人マルガレータへの訴えについては、我々は次のように判断する。〔中略〕マルガレータは確実に逮捕され、収監される。その上で、まずは拷問を伴わない尋問を行い、彼女が何も話そうとしないならば、拷問にかけられることができる」。
(138) Ebd., fol. 33-34. 一六二八年二月二四日、管区長から顧問会への報告書。
(139) Ebd., fol. 31r. 一六二八年二月一八日、法学部からの勧告。一六二八年二月二六日の顧問会から管区長への指示。Ebd., fol. 35-36.
(140) Ebd., fol. 39-44. この尋問項目は一六二八年四月一四日の管区長からの報告書に添付されている。
(141) Ebd. fol. 61-63. 詳しくは次章で扱う。
(142) Ebd., fol. 64. 一六二八年四月一八日、顧問会から管区長への書簡。「我々は送付された文書を考察したが、次のような欠点を見つけた。公にされた告発点に基づいて質問項目が被告によって書かれ、証人が聴取されたのであるが、その告発点

〔の具体的内容〕が報告されていない。また、必要に応じて、証人によってもたらされた、告発点やまた添付された質問項目を含む証明は真摯に行われたのではあるが、それに対する回答は協議の必要がある。それゆえに、我々はそのような告発点に関する書面による申し立てを待つものとする」。

(143) Ebd., fol. 72.

(144) Ebd., fol. 74r.

(145) Ebd. fol. 72v–73v.

(146) Ebd. fol. 82v.

(147) Ebd. fol. 84.「件の不穏な共同体が、例の長く収監され拷問された未亡人に対し、最近さらに持ち込んだ妖術の徴表と称するものをつぶさに吟味した結果、我々はそれらを重大かつ適正なものとは見なされ得ないと判断した。それら徴表に基づき共同体は、原告とまた同時に証人をもってそれら徴表を申し立て、前述の未亡人に対し、より厳しく手続きが行われるよう猛烈に求めている。この被告を、彼女が拷問を耐え抜いた後に、そしてそれゆえに雪冤された徴表に基づいて、さらに長く投獄しておき、そこで彼女を損なわせることに応えることは、我らの判断としても難しい。これに関する我らの意見は、前述の捕らえられた未亡人を今やすぐに、復讐断念誓約をさせ、また彼女にかかった諸々の関係費用の未払い分や収監費用、彼女の家賃の支払いなどを行わせた上で釈放することである」。

(148) Valentin Karst, Die mittelalterliche Verfassung Dieburgs, in : Magistrat der Stadt Dieburg (Hg.), *Dieburg. Beiträge zur Geschichte einer Stadt*, Dieburg 1977, S. 49–56, hier S. 49.

(149) Pohl, *Zauberglaube*, S. 127.

(150) StA MZ, 28/291 Lage 3.

(151) StA MZ, 28/291 Lage 4.

(152) ディーブルクでは一五九〇年代に起こった魔女迫害の際に暴動が起こり、選帝侯自身が介入した経緯がある。Pohl, *Zauberglaube*, S. 116–123.

(153) StA MZ, 28/291 Lage 4.

(154) 一五九四年三月のオスターブルケンからの請願状。BstA WBG, MRA Fragm. K 598/62.

(155) 上管区ヴィッカーからの請願状（一六二七～三一年頃か）。BstA WBG, AAR 360/X Nr. 2, fol. 323-324.
(156) Pohl, *Zauberglaube*, S. 127.
(157) StA MZ, 28/291 Lage 22; Pohl, *Zauberglaube*, S. 128.
(158) 以降の迫害の経過と規模については Pohl, *Zauberglaube*, S. 135ff.
(159) BstA WBG, G. 10139, fol. 1.
(160) Ebd., fol. 2.
(161) BstA WBG, MRA K. 211/205.
(162) Ebd.
(163) BstA WBG, G. 10139, fol. 5.
(164) Pohl, *Zauberglaube*, S. 139f.
(165) BstA WBG, G. 10139, fol. 6.
(166) Ebd., fol. 7.
(167) Ebd., fol. 8.
(168) Ebd.
(169) Ebd., fol. 9.
(170) Ebd.
(171) Ebd.
(172) Ebd.
(173) Ebd., fol. 10.
(174) Ebd., fol. 12.
(175) Ebd.
(176) Ebd., fol. 13. 件のハーバーコーンの妻はおそらく一六二七年の迫害で処刑されている。Pohl, *Zauberglaube*, S. 340.
(177) BstA WBG, G. 10139, fol. 24.「耳がよく聞こえないため、禁令を理解できなかった」という部分は、近世のポリツァイ条令がどのように受け手に伝達されたのかという点から興味深い。現在該当する禁令は残っていないため、これが誰の名による、どのような形式のものであったかは明らかでないが、当時ポリツァイ条令は在地役人によってまず教会、市庁舎の前、ないしは裁判集会等の場で読み上げられたという。Landwehr, Die Rhetorik, 259f.

第四章　弁護と抵抗

本章では迫害者側からの視点から転じて、被害者側の視点を分析する。まずは、訴えられ裁判が開始される以前、裁判開始後、判決後という三つの段階に分けて請願の個別事例を取り上げ、そこに現れる具体的なレトリックを検討してみたい。続いて、帝国レベルでの防衛の場となった帝室裁判所の働きを検討しよう。これら諸要素の検討を通じて、魔女裁判における防衛がどのような戦略ないし論理をもって行われたのか、またその実践は領邦君主と在地役人、臣民の関係をどのように反映していたのかを明らかにしていきたい。

1　請願による弁護

魔女裁判においては、一旦訴追されればそこから生還することは往々にして困難であった。それぞれの領邦で定められた裁判条令には被告弁護の機会について言及が全くないことからも、被告が得られる弁明のチャンスが非常に限られていたことが分かる。(1) しかし、魔女裁判でも弁護や抵抗の試みが全くなかったわけではない。魔女裁判においては、どのような弁護戦術が有効だったのだろうか。

被告の家族や弁護人によって書かれた請願状は、即効性のある手段として有効であった。魔女裁判の場合に限らず、刑事裁判における請願への扉は全ての臣民に開かれていた。請願を通じて、裁判の不備を明るみに出して裁判を終わらせる、ないしは少なくとも手続きを遅らせ時間を稼ぐ、最悪の場合には有罪判決の後に恩赦を乞うことができたのである。近世の刑事裁判において、請願は極めて頻繁に用いられる防衛手段であったといってよい。その上でとりわけ興味深いのは、デーヴィスが指摘したところの「物語る技術」、いかにして名宛人の興味を引き、同情を買い、ひいては自らの要求を実現させるかという請願人らの戦略とレトリックである。請願においてはどのような「物語」がどのように語られるのか。

ここではいくつかの制限を設けなければならない。第一に、検討史料の多くはマインツ選帝侯領のケースとなる。トリーア選帝侯領には請願史料がほとんど残されていないことはすでに述べた。現存する少数の事例については先行研究の成果を適宜参照するにとどめる。また、本章における問題関心である請願に現れるレトリックを検討するには、ケルン選帝侯領に残る宮廷顧問会議事録史料は適当とは言えないだろう。とはいえ、ケルン選帝侯領の臣民が請願を利用しなかったということは決してない。ホイザーは一五九〇～一六七〇年までの一〇四三件の宮廷顧問会での魔女関連討議案件を分析した。それによれば、内訳は（一）裁判権をめぐるもの（七％）、（二）手続きや証拠評価に関する問い合わせ（二三％）、（三）裁判費用や被告の遺産に関するもの（三一％）、（四）裁判開始を求める請願に関するもの（六％）、（五）裁判手続きの無効に関するもの（二九％）、（六）妖術の名誉棄損に関するもの（三％）、（七）裁判法令に関するもの（一％）となっている。(2) 魔女裁判被告人ないしその家族の利益となりうる案件としては（三）の一部と（五）、（六）が該当するだろう。内訳が不明な（三）を除外しても（五）と（六）だけで宮廷顧問会における魔女関連案件の三割以上に上る。特に（五）裁判手続きの無効についての問い合わせは大きな割合を占めているが、これも手続きの不正を批判する被告側からの問い合わせであると想定すべきであろう。したがって、ケルン選帝侯領においても宮廷顧問会への請願はある程度弁護の手段として認識されていたと言ってよい。

第二に、ここで扱う請願史料の多くはその帰結が明らかとなっていない。したがって、請願の成果について論じることをここでは目的としない。ただし、トリーア、ケルン、マインツ選帝侯領における魔女裁判の処刑率はそれぞれ八八・七％、八七・三％、七七・五％にのぼることを鑑みれば、防衛が成功する確率は低かったと言わねばなるまい。(3)しかし魔女裁判における防衛は被告本人に留まらず、残される家族や親族たちにとっても大きな意味を持つものであった。被告処刑後にも請願が行われているように、少しでも身内の不名誉を減少させ遺族たちの名誉と財産を守ることもまた請願の重要な目的だったのである。

（1）訴訟開始前

魔女の噂や嫌疑が向けられた時、人々がとるべき行動は様々であったが、何の対策も講じず噂を黙認するのは一番の下策であった。魔女と非難されたのに反論せず沈黙を守ることは、後に魔女裁判開始の請願を行う人々にとっても、それを評価する学識法曹にとっても、有罪の徴表と見なされた。したがって、魔女非難に対して即座に反論を行うことはきわめて重要であった。(4)

ケルン選帝侯領、とりわけフェスト・レックリングハウゼンとヴェストファーレンでこのような嫌疑に対して潔白を証明するために好んで用いられたのは、水審であった。魔女と噂された人物は、水に浮かべば魔女、沈めば潔白という迷信的なこの方法を、裁判に至る前に自ら進んで受けようとしたのである。フェスト・レックリングハウゼンのエルゼ・キステンマッハーという女性は降りかかった嫌疑を晴らすため自らを水審にかけるよう、一六〇四～〇五年にかけて二度にわたって宮廷顧問会に願い出ている。一六二四年に至っても同じくケルン選帝侯領ホルネブルクで複数の臣民が水審を受けさせるよう在地役人に請願を行ったという。宮廷顧問会はこのような迷信を行おうとする人々を逮捕し取り調べるよう指示しており、すでにこの手続きが公には認められていなかったことが分かる。(5) しかし魔女容疑をかけられた人々にとっては、水審は自らの潔白を衆目の元に明らかにする一発逆転のチャンスだったのである。

もう一つの防衛方法は、魔女だという噂を触れまわる人物を名誉棄損で訴えることであった。ケルン選帝侯領フェスト・レックリングハウゼンでは一五九五年、居酒屋に現れた刑吏がビールを所望したもののそれを断られたため、居酒屋の主人にこう言ったという。「この妖術使いめ、俺にビールを寄越さないのはお前の姉妹を俺が焼いてやったからだろう。お前も燃やしてやるからな」。この暴言は、居酒屋の主人が市参事会に名誉棄損を訴え出る事態に発展した。厳密な意味で守秘義務が守られない中、実際に尋問を行い「魔女」たちの証言を聞いてきた刑吏という立場からこのような発言が出ることは極めて危険なことだったであろう。このような発言を放置せず迅速に訴え、かつ件の刑吏が「すでに酔っぱらっていた」という情報も付け加えることで、相手の発言の信憑性のなさをアピールする必要があったのである。(6)

マインツ選帝侯領ヴィッカーのケースでは、父クレース・ナウハイマーによって妻を魔女であると吹聴されたヨハネス・ナウハイマーが反論を試みている。(7)「全能なる神の摂理により、最近私の父クレース・ナウハイマーは彼の幼い息子をこの世から失いました。しかしまた私の父と継母とがそのことを折々あらゆる理由をつけて大声で触れまわっており、〔中略〕かの男の子が私の妻によって魔術の攻撃をうけ、妖術にかけられたというのです。しかし偉大にもご厚情ある命令権者であられる管区長様は、そのような私の妻に注がれた侮辱は、〔父と〕肉体や財産、血を分けた私にはふさわしくないとお考えでしょうし、それをそのままにしておくことは適当ではないとされるでしょう。そのことを認めるか、上記の父母をシュルトハイス様から尋問するよう指示してくださいますようお願い申し上げます。〔中略〕妻に向けられたこの中傷を、私が訴えないわけにいかないということは、私にとってのみならず私の子どもたちにとっても辛いことなのです。それゆえに、峻厳なる選帝侯閣下はそのような不適切な虚偽を許されませぬでありましょう。そのような私の妻に対する中傷を叱責し寛大なるご処置をとっていただけますよう。彼女は神とこの世にかけて無実であり、そのことは必要があれば十分に証明できることでしょう。というのも彼女は件の子を、彼が生きている間抱いたことはなく、ほとんど触れたこともないのですから。峻厳なる選帝侯閣下に私の恭順なる真剣な願いが届いたならば、どうぞ私の妻に向けられたひどい狼藉、押しつけられた耐えがたい根拠のない恥辱を詳しく調べ、言及した中傷と名誉棄損ゆえに適切な刑罰をもって吟味いただき、それと並んでそのような恥辱の汚点を再び雪ぎ、そのことについて永久に沈黙させることを、真剣に命令いただけますよう(8)」。

父クレースは、彼の後妻マルガレータとの間に生まれた子を亡くし、それを息子の妻であるカタリナによる妖術のためであると触れまわっている。このように大っぴらな非難を向けられた時に反論せずにいることは、自らの罪を認めたと見なされた。それゆえに、息子ヨハネスは先手を取って、反対に父と後妻を中傷の咎で調査するよう訴え出たのである。この請願では、相手の主張に対する理詰めでの反論と、人間の情感に訴えるレトリックが交互に現れる。「父と肉体や財産、血を分けた私」の妻であるカタリナがそのようなことをするわけがない、という親子間や親族間の親愛を示しつつも、父と継母が証人を立てることも証言を集めることもせずに邪推しているだけであると、その疑いが根拠のないものであることも続けて主張する。さらに父を訴えねばならない辛さ、母親に疑惑を向けられた自身の息子の苦しみに言及し、再度情緒に訴えかける。最後に妻と死んだ子どもの間には接触がほとんどなかったこと、名誉棄損の咎で調査を行い必要があれば処罰を科すこと、妻の不名誉を雪ぐことを再度訴え、この請願は終わっている。

この請願ではまず名誉を回復することに主眼が置かれている。当時、名誉を失うということは今日以上に大きな意味を持っていた。すでに前章で見たとおり、「魔女だと公に言われている」「悪評が立っている」そのこと自体が、逮捕に至る根拠として勘案されえたことを考えれば、中傷を黙ってやり過ごすことは自殺行為ですらあったであろう。反対に、堂々と実態の解明を当局に託し、相手の言い分を検証しようとする姿勢そのものが、何より説得的な無実の主張となったのである。ここでは実態の解明は明白に当局、具体的には在地役人であるシュルトハイスの課題とされている。これに対し父クレースも反対に訴え出ているが、この件に関して裁判に発展したという記録はこれ以上見当たらない。

ポールによれば、マインツ市参事会にはいくつかの中傷、名誉棄損に関する訴えが届いているという(9)。これは魔女裁判とは別個の扱いで処理されたため、実際に妖術が行われたかまでは追及されなかった。おそらくは口頭でのやりとりもあったであろう。それも含めれば、未然に防がれた魔女裁判も実際には相当数あったと考えてもいいだろう。

トリーア選帝侯領では一五九三年エーラングの市民アダム・レーダーが選帝侯に宛てて請願を行っている。彼もまた自らに被せられた妖術使いの噂を打ち消そうと、嫌疑消滅手続き（Purgationsverfahren）の開始を求めたのだった。特異なのは、彼が参審人も務めた裕福な市民であると同時に、かつてエーラングの魔女委員会のメンバーであり、一五八七～八八年にかけての魔女迫害に自ら参与していたという点にあろう。おそらく選帝侯ヨハン七世とも個人的な面識のあった彼からの請願は聞き入れられた。ヨハンはレーダーが新しい委員会メンバーたちから敵意と妬みゆえに嫌疑をかけられるようになったとし、嫌疑消滅手続きを遅滞なく行うこと、またその際に裁判費用が過剰にかさむようなことがないよう、直接トリーア高等裁判所に書面により指示したという。こうして、数ヶ月のうちに五〇名に上る証人たちが聴取を受けることとなった。このやり取りではエーラングのみならず、隣接する聖マクシミン、プファルツェルにおける裁判実践も俎上に載った。選帝侯代官およびエーラングの魔女委員会が敵対心をもってレーダーを魔女裁判に巻き込もうとしていたこと、聖マクシミンの管轄下では残忍な拷問によって特定の人物の名を共犯者として挙げるよう強制していたことなどの不正が明らかになったのである。

しかし、選帝侯が不在の間にレーダーは選帝侯代官によって捕らえられ、選帝侯の命令によって釈放されるまで七ヶ月にわたって拘束された。その間、彼は代官らに対する不名誉な非難を撤回するよう強制されたのである。監督機関としての高等裁判所も、レーダーの件には非協力的であった。トリーア高等裁判所は長い引き延ばしの末にレーダーの要求した裁判記録の開示を拒んだ上、委員会がレーダーに対する魔女裁判を開始するための徴表を集めることを支持した。さらに、コブレンツ高等裁判所もレーダーの名誉棄損の訴えを棄却した。一五九七年に至り、選帝侯はレーダーによる帝室裁判所への上訴を支持し、トリーア高等裁判所に裁判記録の写しを帝室裁判所に送付するよう強く求めている(10)。レーダーをめぐる魔女嫌疑は、在地の迫害勢力と結びついた在地役人およびそれに同調する高等裁判所と、適正な裁判運営を目指す選帝侯との対立にまで発展したのである。フォルトマーによれば、一五九七年の選帝侯による叱責をきっかけにトリーア高等裁判所は委員会や代官らによる不当な手続きに処罰をもって対応するなど、より厳しい措置を取るようになったという。これも、在地の不当な裁判実践に関する情報を君主に届けるパイプとして請願が機能した一例と見ることができるだろう。

庇護を求める臣民に対してケルン選帝侯が答えるケースは少ない。前章で見たように、魔女裁判監督官の魔女迫害を前に繰り返し保護を訴えたヴェストファーレンからの請願はほとんど聞き入れられなかった。ドロルスハーゲンのカスパー・ハーニシュマッハーは、二名の処刑された魔女から共犯者として名指しされたが、裁判に巻き込まれる前にこの地を逃れた。彼は自らの無実を訴え、一六三一年の五月と九月、二度にわたって保護を与えるよう宮廷顧問会に訴えている(11)。しかし顧問会の回答は「ヴェストファーレンの代官に保護を求めること」というにべもないものであった。ここにも、非中央集権的な魔女裁判の在り方が如実に表れていると言えよう。

（2） 裁判開始後の請願

裁判開始後に行われる請願の重要な課題は、逮捕あるいは拷問の不当性を訴え、また囚人たちを拷問と同様に苦しめる劣悪な収監状況を改善することであった。とりわけ体力のない高齢者や女性にとっては、収監それ自体がすでに生命を脅かす危険があったのである。まずはマインツ選帝侯領の事例を見てみよう。

一五九三年六月からオスターブルケンでは魔女迫害の機運が高まり、七月三一日に最初の処刑が行われた後、告発を受けた三名の女性が逮捕されている。ここからさらに密告の連鎖が生じ、同年末までに合計一五名が裁判にかけられた(12)。次の請願は、一五九三年八月半ばに逮捕された妻アポロニアの置かれた状況を少しでも改善させようと、夫ベルンハルト・ヴェグナーによって九月一九日の日付で提出されたものである。

オスターブルケンで裁かれた犯罪人である女が、忌々しくも不正でもって私の妻を魔女の咎で証言し、申告しました。そのため、当局は彼女を逮捕収監することになったのです。私が信憑性をもってお知らせしたように、さらに彼女に五回ものありとあらゆる恐ろしい拷問と苦しみをもって激しく処置することにもなりました。度を超えた忍びがたい痛みから、その苦しみを終わらせるため、彼女はいくばくかの行為をでっち上げ証言したのです。そのような行為は、しかし再度の聴取や詳細な照会を行った際には決して見つけられなかったのです。温情ある神よ、彼女は拷問によってぼろぼろにされてしまったので、四肢を思う通りに動かせないほどでした。そして牢獄における汚れた環境と不潔さで尊厳もほとんど失われてしまっており、耐えがたい辛苦を忍ばねばならないのです。〔中略〕件の私の妻は結婚生活全てにおいて一八年間神を敬い信心深く、他の人々との会話においても立派で信心深いとされていますし、そのように行動してきました。ですから私は彼女がそのような犯罪をするとはとても信じられません。また彼女がそのような恐ろしい集団のうちに数えられるなどと、望みを失いたくもありません。ですから、共感と親愛、また忠実な愛情と名誉ゆえに、私は彼女を取り戻すことをないがしろにしようとは思いません。〔中略〕それと並んで、彼女は自分ではお金を集めたりするために動けないため、それにより彼女がより清潔な扱いと手助けを得ることができるように、私の持てる全ての財産を質に入れ、個人的な担保も必要に応じて差し出すことを恐れながら願い出ます(13)。

彼女を密告した「魔女」の証言は不正であり、本来であれば三度までしか行使できないはずの拷問が五回にわたって行われていることにも言及される。ここからは、彼がこの請願に先立って抗議を行ったらしきことも読み取れる。しかし、このように裁判の不当さを批判しつつも、この請願のレトリックは裁判実践への攻撃よりは、むしろ被告への共感と同情を引き出すことに向けられている。しかも、ここでは即時の釈放ではなく差し当たりの牢獄における待遇改善が主な目的であった。夫婦の愛情と被告のキリスト教徒としての立派さ、妻としての貞淑さが強調され、それだけに彼女に加えられた容赦のない拷問の激しさ、彼女の肉体的衰弱が際立つように書かれている。しかしこれが単なる修辞ではないことも同時に明らかである。痛めつけられた妻の姿を目の当たりにして、彼女の苦痛を少しでも和らげるために全財産を差し出そうと言う夫の心は、戦略などを超えたところにあったかもしれない。彼女はこの後一一月二四日には釈放されている(14)。

アポロニアからやや遅れて同年九月に逮捕されたオサンナ・オッティンとマルガレータ・ヴァルヒ母子の夫たちからは、同年九月一八日付で請願が書かれている。ここでも、彼女らは「規律正しく神を敬い、尊敬すべき敬虔な人間であり、貞潔で忠実で従順」な人物であると描写され、長年の結婚生活におけるキリスト教徒としての、家庭人としての立派さが強調されている(15)。また同時に、彼女らが住民の馬を殺したなどという証言がいかに根拠のないものであるか、彼女に対する密告が信用ならない無効なものであるという法的な反論も欠かさない。とりわけ、すでに裁判にかけられ「共犯者」を密告した産婆クニグンデに対しては次のように書かれている。「上述の産婆がいかにふてぶてしく無礼な女であるか、誰でも知っています。彼女は収監される前に、大っぴらに言っていました。彼女〔＝クニグンデ〕が妖術の罪で逮捕されその気になったら彼女〔＝請願人の妻〕を密告しそれを吹き込んでやろうと。そのようにして、産婆の軽率な厚顔無恥ゆえに、ある誠実な女性を密告しようとしたのです」[16]。ここでは証人であるクニグンデの信用のなさ、軽率さといった負の性質が強調され、妻たちとの人間性の差をくっきりと浮かび上がらせる。また、誰がどのような証言を行ったか、請願人が知っていたことにも着目すべきである。請願人はオスターブルケンの富裕層に属しており[17]、自力で情報収集をするだけの人脈と発言力があったのであろう。

三つ目の史料は、被告本人の名で出された請願状である。一六二七年夏からオーバーローデンでは一人の女性をめぐって攻防が続いていた。この事件のあらましは前章ですでに述べたが、ここではマルガレータ・ガッセン本人によって書かれた請願状の内容を詳しく取り上げてみよう（図12）。

最近開廷されたニーダーローデンのツェント裁判所に、告発人らが揃って、私が憎み忌むべき妖術の悪行で逮捕されるべきだと、彼らが当時雇った書記によって非常に乱暴に申し立て、私はそのために非常に厳しく訴えられてしまったのです。それについて、私はすぐに弁護人によって、彼らが何の根拠もなく私に対して持ち出した事実に反する全ての、一つひとつの告発点に対応し、望むらくはそれら告発点は十分に否定されたものと思います。しかしその後も、狼藉者である告発人らは大変に容赦なく私を裁判にかけ、突然、彼らが拷問に十分な徴表や理由を示さないにも関わらず、さらに私を〔拷問を用いた〕尋問にかけよと要求しています。〔中略〕彼ら告発人は七つの告発点をかたくなにも報告し、証人としてバルテル・ヘッツェル、セバス・レオンハルト、ハンス・ヴュストの名を挙げました。彼らはすでに聴取されましたが、彼らの証言はあまりに偏っています。〔中略〕というのも、私が話したとされる七つの項目について〔中略〕、彼は中庭で聞いた、他の者は部屋の中で聞いたと言い、私自身はしかし友人と一緒に家の部屋の中できちんと過ごしていたのです。〔中略〕それにより、哀れでこの上なく絶望した悲しき未亡人である私をこの事件で訴えるだけでなく、〔私に〕恐れ多き瀆神の不名誉と悪行を帰せしめました。このような状況で、このツェント・ニーダーローデンの告発人は言語道断にも手続きを進めておりますが、私にかくも重き十字架を背負わせるようなことを当局は決して看過すべきではありません。というのも、彼らはあらゆる人々に向かって、私が明らかに妖術使いであると叫び、さらに極端な欺瞞でもって申し立てようとするのです。羊飼いクラウスの妻が私に関して、私が悪しき友〔悪魔〕に屈し、彼らに祈りを捧げたと、その言葉から私が確かに魔女であり、同時に悪しき人間であるに違いないと推定されると証言したというのです。上述のツェント・ニーダーローデンは同様に不当な告発人として彼らから聴取を行いましたが、証拠のない訴えは取り下げられず、それどころかその訴えを押し通そうという考えで、いまだに強情にそれを進めようとしています。それも噂で流れている単なる空っぽな言葉に基づいて、裁判をすすめているのです。しかし、今に至るまで彼らは私に対して疑わしいことは何も提示することができていません。天におわします神様と敬愛する聖人様たちから私が離反を誓っただの、悪しき霊に宣誓をしただの、同様に私が魔女術の黒い業に囚われているだの、私が何か悪しきことを行ったとか、誰か人間に害を与えたとか、あるいは何度も妖術の咎で疑われているとか、そのようなことは何も私に帰せしめることはできないのです。それどころか、悪いことなど何一つしていないという自覚があり、そして心の底から絶対に私は潔白です。私に対して虚偽の推定がなされたのですが、私は創造主に一度も背いたことはありませんし、悪魔と何かの関係を持ったことも決してありません。〔中略〕この哀れで苦しい立場にあり大きな辛苦に耐えている未亡人である私に、このような明らかな虚偽においてあまりの不利益と不当とが起こっているのです。〔中略〕上述の私を告発しているツェントは、私をただ憎しみと妬みから、このような証言を偽って申し立てたのであり、そのことは適切に証明されるでしょう。私に加えられた乱暴な中傷を雪ぎ、生じせしめられた費用を支払い、私の傷つけられた名誉と、私に加えられた侮辱に対して適切に損害が賠償されるよう、また長期にわたる拘禁を脱して再び自由放免となるように私に一時金を与えるよう、ツェントに対して適正に指示がなされますよう〔お願い申し上げます〕(18)。

ここでは彼女を告発する者たちがいかに信用ならない人物であるか強調されている。「何の根拠もなく私に対して持ち出した事実に反する全て」「彼ら狼藉者である告発人」「極端な欺瞞」「噂で流れている単なる空っぽな言葉」といった文言は、同時に彼女の市民としての誠実さを際立たせる。「このような証言を偽って申し立てた」告発人たちの行動は、それが宣誓に基づいた証言であるだけに一層悪質に描かれる。そして、彼らの言動は「ただ憎しみと妬み」という感情的な要因に基づくものであると断言する。「哀れでこの上なく絶望した悲しき未亡人である私」「哀れで苦しい立場にあり大きな辛苦に耐えている未亡人である私」と、女性であるがゆえの哀れさ、弱さも強調する。ただ彼女には実際には弁護人を立てられるほど金銭的余裕があり、決して経済状態が窮乏していたわけではない。

この請願は、一六二八年四月一四日に管区長から顧問会へ寄せられた報告に添付されており、最初の名宛人は管区長である。しかし、彼女は管区長のさらに上位当局である顧問会の存在に繰り返し言及している。おそらくこの請願も顧問会に届けられることを意識していたであろう。したがって、この請願は単に裁判管区の内側で完結するものではなく、上位権力に対して管区長の職責を問うものでもあったのである。終わりの部分では、告発人らのみならず、ツェント全体が不正な裁判に加担している主体として挙げられている。彼女の批判は、個人だけではなく共同体全体に向けられるのである。

結果的にマルガレータは無罪放免を勝ち取ることに成功した。これは請願の成果であるのみならず、ガッセン自身が拷問を耐え抜いたこと、宮廷顧問会が厳格な証拠評価を要求したこと、管区長が在地の迫害欲求に迎合しなかったことなど様々な要因が考えられよう。マインツ選帝侯領では在地役人は宮廷顧問会と密な連携をとり、在地の暴走を許さなかった。管区長に宛てられた請願も宮廷顧問会まで届けられ、獄中の被告の声も中央政府の知るところとなった。ケルン選帝侯領でヴェストファーレンの住民たちが繰り返し魔女裁判監督官に対する苦情を訴えても、中央当局は有効な対策を取りえなかったことと対照的である。

トリーア選帝侯領でも、裁判中の被告が選帝侯へ保護を求めるケースが散見される。一五八八年、グリムブルク管区ボイレンのハンス・ミュラーは密告により逮捕され、所轄管区長に密告者との対面を求めたが受け入れられなかった。この密告は委員会によって集められたものであり、管区長はそれに従って裁判を開始したのである。ミュラーは拷問を耐え抜きながら聖パウリン修道院と選帝侯に救済を求め、ついに選帝侯の計らいにより釈放された[19]。同様に、トライスの参審人であったジモン・ディーテリッヒは魔女の容疑を持たれ、一六〇二年選帝侯に庇護を求めた。これに対して所轄の管区長は、この案件を長引かせては裁判費用が高騰するため、むしろ迅速に判決を下さねばならないと主張したのである。さらにマイエンの管区長は一六〇〇年、選帝侯から裁判を中止するよう命じられた際、「命令によってやむを得ず」裁判を中断することを

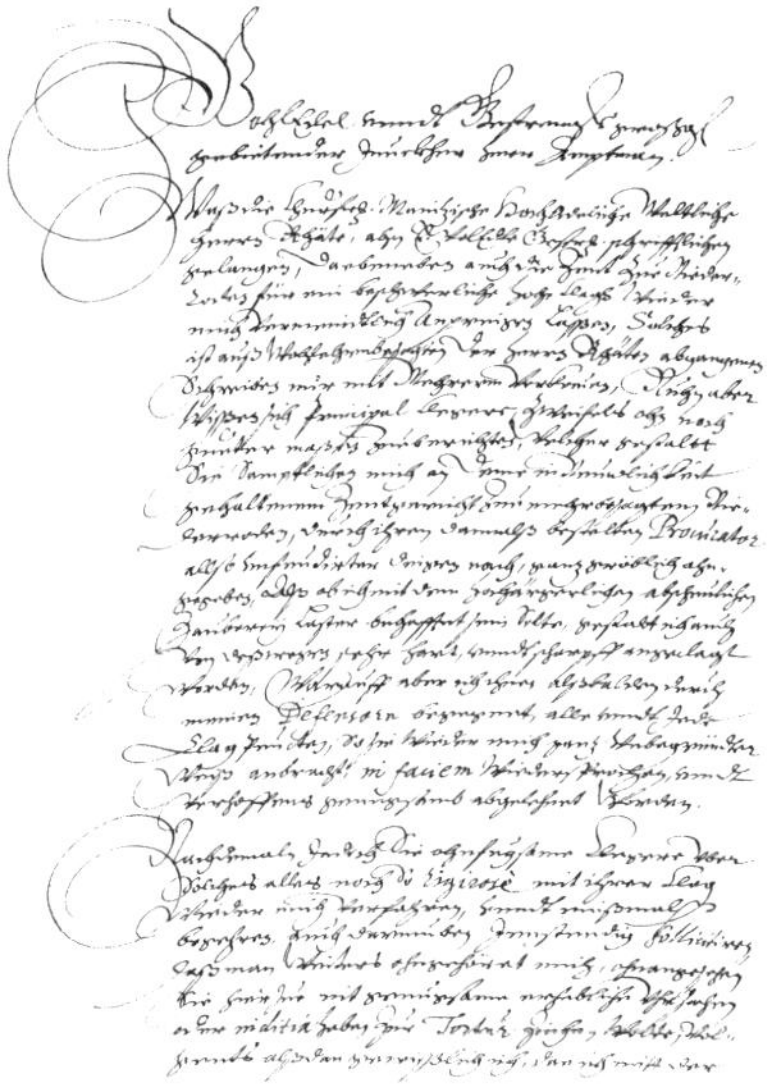

図12　マルガレータ・ガッセンによる請願状（1648年４月）
出典：BstA WBG MRA K. 212/281, fol. 61.

村の迫害者たちに申し出なければならなかった[20]。これらの事例やコッヘムの事例[21]に現れるように、トリーア選帝侯領の在地司直は概して迫害者側に立った。そのため魔女迫害の被害者は在地レベルを超えて選帝侯にまで庇護を求めねばならなかったのである。これに応えて、時に選帝侯は自らの高等裁判所に対して厳しい態度で介入した。

（3）裁判後の請願

第三の段階である裁判後に現れる請願においては、目的は大きく三つある。一つには、有罪の場合の減刑、二つ目は、拷問を耐え抜き放免となった場合の損害賠償の請求、三つ目は同様の場合の名誉回復である。

筆者が調査した限り、減刑を訴える請願はほとんど確認できなかった。一六二七年、ディーブルクで最も魔女迫害が熱を帯びていた頃、八〇歳の水車番ミヒャエル・フリッツもまたその犠牲となった。彼の七人の子どもと親族は、死刑判決がほぼ避けられぬ情勢となった一一月一三日、選帝侯に宛て処刑方法を斬首とすること、遺体を埋葬することを願い出ている。魔女の処刑が通常火刑によって行われていたこと、火刑が妖術・強姦・放火など極めて重い犯罪に対してのみ適用されたことを考えれば、斬首を願い出ることもある種の「減刑」嘆願であった。「私たちの父ないし友人〔である被告人〕は、選帝侯閣下のご慈悲において、長きにわたり彼の水車で真面目に働き、強制されることなく彼の罪を進んで自白しました。そして、とりわけ悔悛の情をもって繰り返し心にとめ、罪を悔いて涙を流しています。そして、荒廃状態に陥っている我らディーブルクの教区教会に信心深く彼の善行と遺贈を行いたいと願っています[22]」。すでに有罪判決は不可避であることが明白な中で、それでも悔い改めたキリスト教徒として善行を積もうというのである。家族や親族が「魔女」として処刑されることは、「残された罪なき子どもたちと友人たちに極めて厳しい重圧と烙印を与える」ことを意味した[23]。同様の請願は一六二九年ケルン選帝侯領ドロルスハーゲンからも届いている[24]。名誉が極めて重要な社会資本である近世において、少しでも不名誉の度合いを軽くしようという試みは、処刑される家族への思いと同時に、遺族の生き残りをかけた重要な戦略でもあったのである。運よく魔女裁判で放免を勝ち取った人々にも、名誉を回復するという重要な課題が残されていた。一度魔女裁判にかけられた人物が、数年あるいは十数年を経て再び告発されるというケースが複数あることから、徹底的に自身の潔白を明らかにすることは不可欠の手続きであったと言えよう。

一五九七年、マインツ選帝侯領で聖堂参事会の管轄下にあったフレアスハイムの二人の住民から、魔女裁判に関わる費用について請願状が提出され、議題となっている。

ハンス・プフラウムとキリアン・メルテンは次のように訴えている。彼ら両者の妻はなんら因果関係ある徴表なしに、たんなる他の嫉妬深い火刑に処された魔女たちの証言に基づいて逮捕され、さらには二度にわたって拷問を耐え通した。そしてその後、証言されたような事実は彼女らに見つけられず、それゆえに彼女らは無実なのであるが、今は牢獄に対し、費用と損害の償還を免除するよう乞うている。(25)

これは請願を扱った議事録であり請願状そのものは残っていないため、元の請願がどのようなレトリックを用いて書かれていたかは分からない。しかし、ここでも請願人は自身の妻が訴えられた原因として「感情的な嫉妬」を挙げ、そもそもこれが確たる証拠もなしに行われた裁判であったことを指摘している。ここでは、費用の償還は彼女らの無実をより明白に示すものとして重要視されているのである。(26)

また、魔女裁判によって失った名誉と職を回復することも重要であった。トリーア選帝侯領トライスの参審人であったジモン・ディーテリッヒは拷問を受けたが自白せず、コブレンツの高等裁判所に二度にわたって自ら鑑定を求め、無罪釈放となった。ただし、裁判費用は彼の支払いとなったようである。その後、ディーテリッヒはコブレンツ高等裁判所に委員会メンバーであった三名を訴えた。魔女裁判によって参審人の地位から追われた彼は、まずは復職と名誉回復を願い出て認められたのである。一六〇二年に彼の妻によって書かれた請願（図13）により、その経緯を知ることができる。皮肉なことに、その請願は彼がその後再び魔女裁判に巻き込まれたために書かれた。名誉回復は後の魔女裁判を必ずしも防止しえなかったのである(27)。

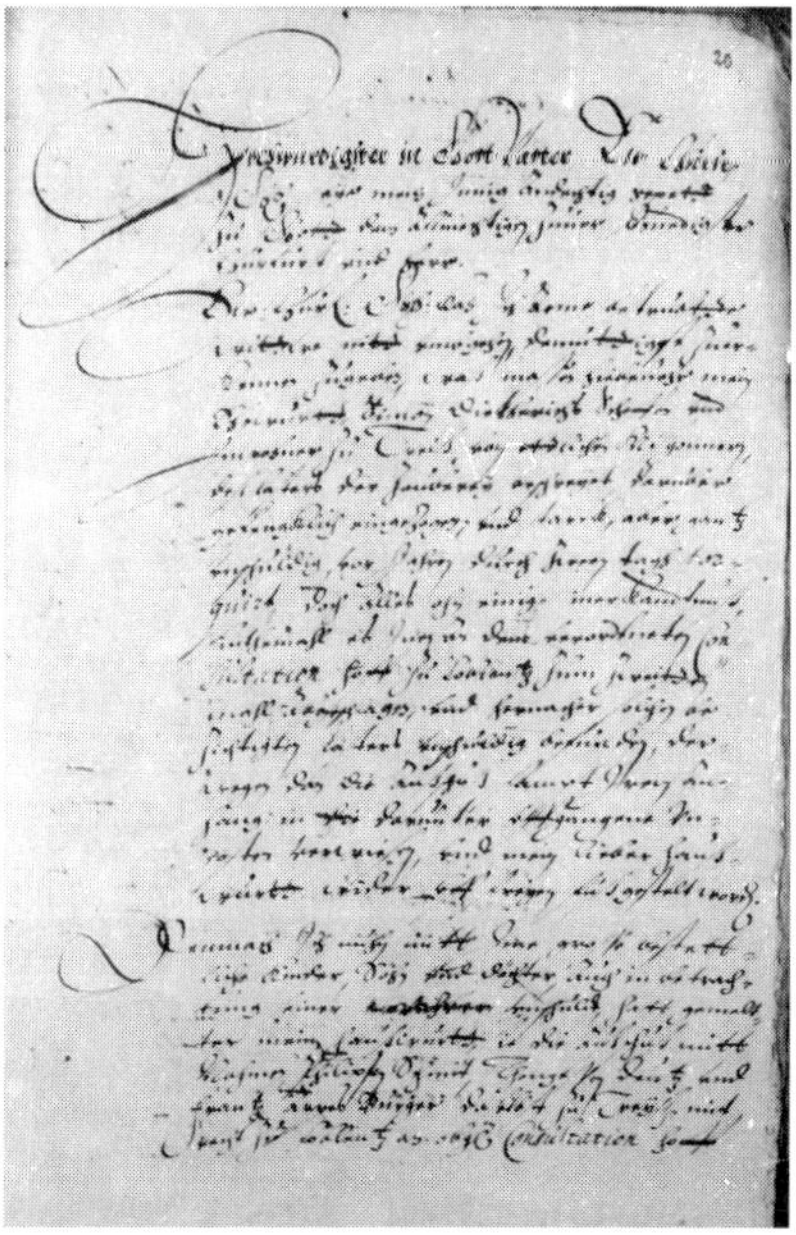

図13　ジモン・ディーテリッヒの妻マルガレータによる請願（1602年7月19日）
出典：LHA Ko 1C 7944, fol.20

2　帝室裁判所

名誉回復は近世に生きる人々にとって重要な問題であった。しかし領邦レベルでこの要求が満たされない場合、人々は時にシュパイヤーに活路を求めた。民事裁判の上訴機関としての帝室裁判所である。帝室裁判所は一四九五年の帝国改造においてラント平和実現と領邦からの民事事件に対する上訴裁判所という使命をもって設立され、一五二七年以降一六八九年まではシュパイヤーに置かれた(28)。しかし、帝国等族の裁判高権、とりわけ流血裁判権への配慮によって、領邦レベルを超えた刑事裁判の帝室裁判所への上訴は許されていなかった。したがって、魔女裁判に関係する案件としては、領邦君主同士が裁判権の管轄を争う裁判管轄訴訟、賠償や名誉棄損などを争う民事訴訟などが帝室裁判所の管轄となった。本節では、特に魔女裁判被害者が自らの弁護のために迫害者を訴えたケースを扱う。

（1）帝室裁判所の管轄

魔女裁判被害者が帝室裁判所に訴え出る場合には、三種類の訴訟が考えられる。「無効抗告訴訟（Nichtigkeitsklage）」あるいは「裁定訴訟（Mandatsprozess）」、民事裁判の枠内での「名誉棄損訴訟（Injurienprozess）」である。

無効抗告訴訟とは、正式に法的効力を持ち、執行されうる判決を無効であるとする異議申し立てである。[29] しかし上述のように刑事裁判における帝室裁判所への上訴は禁じられており、領邦レベルの裁判所で下された判決の内容を議論することは帝室裁判所では不可能であった。その代わり、まずは判決そのもの（原告が有罪か無罪か）ではなく、どのようにして領邦レベルの裁判所で手続きが行われたのか、重大な法律違反が行われたゆえに判決は無効であるかどうかが検証されることになった。その上で手続き上の不法が明らかになったならば、初めて無効抗告訴訟が許されることになる。この場合、被告となるのは常に帝国直属身分でなければならなかった。魔女裁判で無効抗告訴訟が起こされる際、しばしば領邦君主も訴えられているのはそのためである。これは形式上第一審であったが、実質的な上訴と同様の意味を持っていたと言っていいだろう。しかし、帝室裁判所でこの無効抗告訴訟が魔女裁判被害者の有利に終わったことを示す最終判決は見つかっていない。逆に多くのケースで領邦裁判所の手続きが適法と認められているのである。[30]

裁定訴訟とは、原告の求めに応じて、被告に罰則（主に罰金）をもって何らかの行為ないし行為禁止を命令する、帝室裁判所からの裁定を目的とした簡易手続きである。特に賠償不能な損害の恐れがある場合や緊急性の高い場合、そして被告の行為が公益に反し不法であると認められた場合には、被告に対する聴取なしに裁定が発せられた（Mandate sine clausula）。その後行われる抗弁に際して、被告が原告の申し立てに十分に反論できない場合には、先の裁定の有効性が改めて認められることになった（Mandate cum clausula）。要件が揃えば、手続きはまずは聴取なしの裁定から始まったのである。被告の側からの異議申し立ては、裁定後に初めて可能であった。もし被告から有効な抗弁が行われず、さらに被告が裁定に従わなかった場合には、警告の後に裁定に定められた罰則が科されることになった。裁定はカロリナの遵守、面会の許可、収監環境の改善など具体的な内容を指示しているため、原告である魔女裁判被告に当面の法的保護を与えるために有効だった。この手続きが無効抗告訴訟と比して原告に有利な帰結をもたらしえたことは、帝室裁判所に届いた魔女裁判被害者からの訴えの多くがこの裁定訴訟であったことからも伺える。ただし、この訴訟がどの程度受け入れられ、どの程度棄却されたかは、棄却された請願史料が残っていないため明らかではない。しかし多くのケースにおいて被告に対する聴取なしに裁定が発せられていることから、原告にとってこの手続きは有利に働く可能性が比較的高かったと考えてよいだろう。被告（魔女迫害推進者）の求めにも関わらず、最初の裁定が取り消されることがほとんどなかったことも、帝室裁判所が魔女裁判実践に対して懐疑的態度で臨んだことの表れである[31]。同時にその意味で、帝室裁判所にとって臣民からの請願は、各領邦における不当な手続きを知らせる情報源となっていた。

名誉棄損訴訟とは、魔女として公に非難されたことで傷つけられた名誉の回復を目的とし、それが領邦レベルの裁判所で認められなかった場合に帝室裁判所へ上訴するもので、民事訴訟の枠内にある。原告に対する魔女裁判が行われておらず、言葉の上だけで侮辱が行われた場合にも無形の名誉棄損として訴訟が可能であった。実際に裁判が行われ、言葉の上だけでなく拷問などにより肉体的にも損害を受けた場合には、有形の名誉棄損訴訟が行われた。また名誉棄損を受けた本人のみならず、魔女裁判で命を落とした人々の親族も、死後の名誉回復と賠償を求めて帝室裁判所に訴えを起こしている。この場合、魔女裁判の手続きが検証の対象となったが、帝室裁判所への刑事裁判の上訴禁止という事項には当てはまらないと解釈された[32]。原告の名誉が傷つけられたことが認定されれば、それは無効抗告訴訟を始める条件ともなったのである。

エーストマンの統計[33]によれば、魔女裁判に関係する訴訟は帝室裁判所では二五五件確認できる。一二四件は魔女裁判の管轄をめぐる領主間の裁判管轄訴訟、迫害者側からの訴訟、民事裁判の上訴などによって占められ、残りの一三一件は被迫害者の側から迫害者を訴えたケースであった。神聖ローマ帝国における魔女迫害犠牲者を数一万五〇〇〇人程度と見積もるならば、帝室裁判所まで異議申し立てをすることができたのは犠牲者全体の一％にも満たない。

被害者からの訴えのうち、無効抗告訴訟（二三件）、有形の名誉棄損訴訟（一九件）に対し、裁定訴訟は六五件を占める。成果から見ても、裁定訴訟で判決が残されている二三件のうち一九件が原告に有利に結審しており、八割以上で原告が勝訴している。これとは反対に、無効抗告訴訟では原告が勝利したケースは一つも残されていない。さらに結審までにかかる年月も裁定訴訟で平均三年に対し、無効抗告訴訟では平均一二・四年と極端に長期にわたる。[34]この結果からだけ見ても、魔女裁判被害者にとって裁定訴訟が一定の成果を期待しうるものだったことが分かる。

魔女裁判被害者のうち帝室裁判所に訴え出た七六件の原告は処刑を免れているが、エーストマンはこの高い割合が示される理由として、すでに領邦レベルでの裁判が釈放で終了した後に帝室裁判所への提訴がなされたことを挙げている。五四件の裁判は原告が逮捕されている状態で始まっているが、そのうち二一件では帝室裁判所への提訴後に釈放されている一方で、一四件の原告は帝室裁判所への提訴も虚しく処刑され、一〇件の原告は手続きの終了を待たずして獄中で死亡しているという。[35]帝室裁判所における手続きが非常に時間のかかるものだったこともあり、領邦レベルの裁判は帝室裁判所への提訴後も続行された。ただ、それは在地裁判所が帝室裁判所を軽んじ、その存在を無視したことを意味するわけではない。帝室裁判所への提訴後もしばしば原告は長く拘留されたが、即時に釈放すれば領邦の裁判所は自ら手続きの不当性を認めることになる。ここに簡単な帰属・上下関係では片付けられない領邦レベルでの裁判所と帝室裁判所との緊張関係を見ることができよう。

帝室裁判所における魔女関係の訴訟のうち、最終判決が出されているのは六一・三％である。[36] それら判決のほとんどは強制力をもって執行されることはなかった。[37] しかしこのことから帝室裁判所やその権威が軽んじられたと簡単に結論することは避けねばならない。複数の法学部鑑定が帝室裁判所の判決を先例として引用しており、その権威も認められていた。[38] したがって、帝室裁判所における判断は領邦内で行われた法学部や顧問会による鑑定に影響を与えたと考えるべきであろう。

帝室裁判所への提訴は時間も金銭もかかる手続きとなったため、決して簡単に利用しうる手段ではなかった。とはいえ、少数であれども帝室裁判所まで届いた請願は、魔女裁判被害者側の論理を伝える重要な史料である。原告となった魔女裁判被害者たちは、帝室裁判所をどのように利用しようとしたのだろうか。以下、我々の目下の関心地域から出た訴えに目を向けてみよう。

（2）帝室裁判所における魔女案件の事例

ケルン選帝侯領から最初に帝室裁判所に現れた魔女に関わる案件は、一五八八年魔女裁判の拷問によって死亡したマルガレーテ・ブーリヒの遺族による提訴であった。彼女はフェスト・レックリングハウゼンの都市ドルステンの市長を務めたマティアス・ブーリヒの未亡人であり、都市の有力者層に属していた。ドルステンの役人および裁判官を訴えた遺族らの請願状によれば、彼女は他の「魔女」の密告によって家畜を呪い殺したとして逮捕されたが、もともと密告者とブーリヒは不仲であり、長い間互いに険悪であったとして、この密告は個人的な敵対感情によるものであった。さらに裁判を指揮した裁判官は彼女に水審という迷信的な手続きを行った上、残忍な拷問によって彼女を死に至らしめ、さらに遺族らに永久にこの件に関して沈黙するよう命令したという。遺族たちは一五九三年になって初めて裁判の残酷さ、不当さを訴え出、口外禁止命令の無効を求めて提訴したのである。この訴訟に対する帝室裁判所の判決は残されていない(39)。当人が死亡して時間がたっていること、手続きそのものに対する訴えではなかったことから、帝室裁判所がケルン選帝侯領における裁判実践に何らかの意見表明を行う機会にはならなかったと思われる。しかし、魔女裁判監督官に全権が委ねられ、宮廷顧問会が中央による統制をいわば初めから放棄していたケルン選帝侯領においては、在地の裁判実践を咎め、何らかの制裁を行うのは中央当局には困難であった。それゆえに、遺族たちにとっては領邦のレベルを飛び越えて帝室裁判所に訴えかける必要があったのである。

一五九六年にはトリーア選帝侯領エーラングの市民アダム・レーダーが自身に帰せられた天候魔術を名誉棄損であるとして、エーラングの委員会メンバー二名を訴えている(40)。そこでは、彼が隣人たちよりも少しばかり裕福であったから、妬みゆえに密告を受けたのだとされている。ここで着目すべきは、レーダーが委員会のみならず、選帝侯代官に対しても不平を表明していることであろう。選帝侯がレーダーを個人的に擁護し、迫害側についた代官と高等裁判所を叱責したことはすでに述べたが、ここでは帝室裁判所が選帝侯領内部の裁判権をめぐる争いに組み込まれていたのである。

カタリナ・ヘシンは一五九九年の魔女裁判によってケルン選帝侯領ドイツ（Deutz）を追放されたが、ケルン市高等世俗裁判所において名誉棄損訴訟を起こした。高等世俗裁判所は彼女の名誉棄損の訴えを認めたものの、元の刑事裁判が有罪判決であったという理由から、この名誉棄損判決の執行を拒否していた。そのため、ヘシンはケルン市高等世俗裁判所を帝室裁判所に訴えたのである。帝室裁判所は有罪であるならば魔女に対する刑罰は火刑ないしはその他の死刑であり、無罪であるならば追放刑はあり得ないとした上で原告側の主張を支持し、一六〇三年、ケルン高等世俗裁判所に判決の執行を言い渡している。最終的な判決は裁判開始から一二年後の一六一五年に出されているが、史料は現存していない。しかし、これに先立ちたび重なる中間判決が出され、いずれも原告側に有利な内容であったことから、エーストマンはおそらく最終的にも原告の主張が支持されたと推測している。[41]これは最初のカタリナ・ヘシンに追放刑を下したドイツにおける刑事裁判の有罪判決を実質的に否定していることになる。帝室裁判所がはっきりと魔女裁判のあり方に疑問符を突きつけたとも取れる判決であったが、ケルン選帝侯領はこの後に一六二八年から迫害の最盛期を迎えている。つまり、帝室裁判所の判決はその後のケルン選帝侯領の魔女迫害を抑制するような役割は果たしていないのである。

もう一つの例を見てみよう。一六二八年ケルン選帝侯領ハルト管区で魔女として迫害されたフォスカンマー夫人は帝室裁判所に裁定訴訟を起こした。これに対し、帝室裁判所は一六二八年四月四日、ケルン選帝侯宮廷顧問会に対して「聴取なしの裁判停止裁定（Mandatum inhibitorium sine clausula）」を発している。しかし、この裁定から一週間以内に宮廷顧問の一人グラーザー博士によって、彼女に対する裁判は適法であるとする書状が整えられ、再びシュパイヤーに送られた。このような素早い反応は、領邦内の裁判高権に対する介入を嫌うケルン選帝侯の姿勢の表れであろう。帝室裁判所がこの書状を吟味し、再度の裁定を下すまでの時間はフォスカンマー夫人には与えられなかった。この間、彼女は拷問の末に自白させられ、処刑されたのである。[42]すでに裁判停止の裁定が出ていた中で拷問や処刑が行われたことは、明らかに帝室裁判所の決定に対する、またひいては帝国法に対する違反であった。しかし、これに対して帝室裁判所から何らかの罰則や反応があったかどうかは、記録に残されていない。[43]

さらに、一六三二年ヴェストファーレンのアッテンドルンから魔女迫害者に対する告訴がなされた。[44]参事会員であり帽子職人のアドルフ・クラーマーは魔女裁判監督官であるブランディス博士ならびにカスパー・ラインハルトの指揮する魔女裁判に巻き込まれ、拷問を受けた後に逃亡した。その後、クラーマーは選帝侯フェルディナントと裁判を指揮する魔女裁判監督官に対する帝室裁判所への提訴に踏み切ったのである。彼の弁護人がクラーマーのために起草した請願が残されている。「請願人である彼は若いころからずっと極めて神を敬い、名誉と徳をもって隣人とキリスト的友人と様々につきあってきました。彼はその名誉と誠実さから件のアッテンドルンの参事会に引き入れられたほどです。そこで疑わしい人物との付き合いなどありませんでしたし、誰も妖術を教えようなどとはしませんでした。妖術使いや女妖術使いなどとの仲間関係など全くなく、そのような妖術にまつわるような疑わしい事柄、言葉やしぐさと関わりも持ちませんでした。したがって、何者かが耐えがたい拷問ゆえ、あるいは憎しみや妬みないしは悪感情から彼を名指ししたのでありましょう(45)」。ここでも、クラーマーがいかに立派な人物であり、キリスト教徒として敬虔であるかが強調され、ゆえに彼が裁判に巻き込まれたのは何者かの悪意によるものであると主張されている。拷問で口を割った人物に対しては比較的同情的に書かれているのは、クラーマー自身が拷問を体験したことから、その苦しみを理解していたからだろうか。ここでの目的は、彼を密告した人物への攻撃ではなく、そのような不当な拷問を行い「多くの無実の血を流した(46)」魔女裁判監督官に対する批判なのである。「このような証言が明らかに憎しみや妬みから発せられたものであるとはっきりと証明することを申し出たのですが、魔女裁判監督官はこれを聞こうとはせず、請願人にすぐに目隠しし、足に万力をとりつけ、恐ろしく苦しめました。そして、まったくの暴虐と復讐心から、彼〔原告〕が妖術について自白することを望んだのです(47)」。これに対し、帝室裁判所は一六三二年八月に裁定を出し、とりわけカロリナの遵守と十分な知識なしに裁判を進めることへの禁止を盛り込んだ。

この裁定を受け、選帝侯はヴェストファーレンの代官に対してカロリナを遵守するよう改めて指示し、さらに魔女裁判監督官にはこの件について帝室裁判所に提出するための関係書類を整えることを義務付けた。ここからは、ケルン選帝侯が決して帝室裁判所の裁定を軽視していたわけではなかったことが分かる。しかし、魔女裁判監督官はこの用務をサボタージュしたようである。提訴から一年以上たった一六三三年一〇月一六日、期限を大分過ぎているにも関わらず被告側が召喚に応じていなかったのである。帝室裁判所の側からも出頭不履行に対するアクションは特に行われておらず、クラーマーは新しい魔女裁判監督官によって再び迫害に巻き込まれ、一六四一年になって再度請願を行っている(48)。最終的に一六四三年九月四日、ようやく帝室裁判所の判決が下る。判決文の史料は残されていないが、この間、被告である魔女裁判監督官やケルン選帝侯はシュパイヤーに一度も弁明に訪れておらず、判決は被告に有利な形にしかなりえなかったであろう。

以上の行論から、さしあたり次のようにまとめていいだろう。帝国レベルから見た場合、帝室裁判所への提訴は必ずしも領邦レベルの魔女裁判運営に影響を及ぼさなかった。帝室裁判所の司法判断は法学者の中では共有され頻繁に引用参照されるなど決してないがしろにはされなかったものの、魔女裁判の勢いを止めるだけの即時的な影響力は行使できなかったといってよい。そもそも魔女裁判全体において帝室裁判所まで達するケースが極めて稀であること、また帝室裁判所の裁定に地方裁判所が従わなかったとしても、違反に対する罰則が必ずしも厳格に適用されなかったことなどがその原因として考えられる。

むしろ着目すべきは、トリーア選帝侯領のアダム・レーダーの例に見るように在地の迫害推進勢力と選帝侯の意向が相違した時、選帝侯が帝室裁判所への上訴を積極的に支持したことである。領邦内部の裁判イニシアチブをめぐる葛藤において、帝室裁判所が利用されていると言えよう。他方、マインツ選帝侯領からの帝室裁判所への上訴はほとんど見られない。これは、選帝侯領内部で請願とそれへの応答がある程度完成されていたことに求められよう。これと対照的に、ケルン選帝侯領における非中央集権的な魔女裁判運営は魔女裁判被害者をして帝室裁判所への提訴に向かわせた。宮廷顧問会が裁判運営を魔女裁判監督官に一任していたこと、それゆえに積極的に在地における裁判運営に介入しなかったことにより、経済力のある臣民は帝国レベルにまでその活路を求めるよりなかったのである。

註

（1）ただし、カロリナ第一〇一条から第一〇六条には被告の弁護についての規定がある。それぞれの法令がカロリナを頻繁に参照していることを鑑みれば、間接的にのみ弁護の権利が認知されていたと捉えるべきである。

（2）Heuser, Kaltwasserprobe, S. 128f.

（3）トリーア選帝侯領については以下を参照。Dillinger, *Böse Leute*, S. 100. ケルン選帝侯領全体についての統計はないが、ホイザーがシェーンシュタイン・アン・デア・ジーク（Kurkölnische Unterherrschaft Schönstein an der Sieg）、ニュルブルク管区、ドラッヒェンフェルス（Drachenfels）、エアペル（Erpel）、アルテナー管区、フォークタイ・アーヴァイラー、メーレム・ローランズヴェルト（Mehlem/Rolandswerth）裁判管区、ヒュルヒラート管区、また個々の共同体ではレンス、メアル、シュヴァルツラインドルフ、ミュッダースハイム（Müddersheim）、ブリースハイム（Bliesheim）、ハイマーツハイムの裁判について裁判件数を調査しており、それらを合計した上での数字を示した。Heuser, Hexenjustiz, S. 56, 63ff., 67ff. マインツ選帝侯領に関しては以下を元に算出した。Pohl, *Zauberglaube*, S. 327–346.

（4）Walz, *Hexenglaube*, S. 335.

（5）Heuser, Kaltwasserprobe, S. 130.

（6）Gersmann, Auf den Spuren, S. 257.

（7）本書の第二章第5節で取り上げたクレース・ナウハイマー側の請願は、このヨハネスの請願に対する反論である。

（8）BstA WBG, AAR360/X Nr. 2, fol. 321–322.

（9）Pohl, *Zauberglaube*, S. 154.

（10）Rita Voltmer, Hexenjagd im Territorium der Reichsabtei St. Maximin（16.–17. Jahrhundert）: Zwei Untertanen-Supplikationen（1595/um 1630）, in: W. Reichert/R. Voltmer（Hg.）, *Quellen zur Geschichte des Rhein-Maas-Raumes: ein Lehr- und Lernbuch*, Trier 2006, S. 226–271, hier S. 267ff. またレーダーによる帝室裁判所での訴訟については本書の第四章第2節で扱う。

（11）LdANRW, Abt. R, KK III, Bd. 24a, Bl. 147r. 「（一六三一年五月一〇日）ドロルスハーゲン市民カスパー・ハーニシュマッハー、魔女裁判について。彼は二名の明白な、処刑された魔女から密告され、それゆえに逃亡しているのだが、無実であるので保護を求めている。結論、ヴェストファーレンの代官にこの件について報告を聞き、この件について保護を許可すべきか考えを聞くこととする」。Ebd., Bl. 256r.「（一六三一年九月一一日）カスパー・ハーニシュマッハーより魔女裁判の件について。さらに保護を求めている。結論、ヴェストファーレンの代官に申し立て、そこで保護を求めること」。

(12) オスターブルケンにおける魔女迫害の展開については以下を参照。Pohl, *Zauberglaube*, S. 97–106.

(13) BstA WBG, MRA, Fragm. K598/62, Lage 37.

(14) Vgl. Pohl, *Zauberglaube*, S. 102f., 105.

(15) BstA WBG, MRA, Fragm. K598/62, Lage 36.

(16) Ebd.

(17) Pohl, *Zauberglaube*, S. 103（Anm. 416）.

(18) BstA WBG, MRA K. 212/281, fol. 61–63.

(19) Dillinger, *Böse leute*, S. 319f.

(20) Ebd., S. 318.

(21) 本書の第三章第2節を参照。

(22) StA MZ, 28/291, Lage 86.

(23) Ebd.

(24) LdANRW, Abt. R, KK III, Bd. 24, Bl. 92v.

(25) BstA WBG, MDP 23, fol. 437r.

(26) 魔女裁判においては有罪が立証できなかった被疑者に対しても裁判費用の負担が求められることもままあった。例えば一五九五年一一月二四日、妻が魔女として逮捕されたフレアスハイムのトンゲス・ゲッケルは、彼女が正式な自白や有罪判決を待たずして獄中で死亡したにもかかわらず、二〇〇ターラーの裁判費用の弁済を申しつけられた。聖堂参事会はこれを受け、自白していない者やその親族にではなく、判決を下された者にのみ刑罰が与えられるべきということを確認したものの対応の決定にはいたらず、法律顧問に問い合わせることとなった。BstA WBG, MDP 23, fol. 386r–387v. その後の具体的な対応は明らかにはなっていないが、一五九六年に行われた裁判については、処刑された者から没収された財産によって、これら釈放された人々にかかった費用が弁済された。BstA WBG, MDP 23, fol. 516v; Pohl, *Zauberglaube*, S. 55. トリーア選帝侯領においても、無罪放免となった被告からも裁判費用が徴収されることになっていた。Dillinger, *Böse Leute*, S. 343f.

(27) LHAKo, 1C 7944, Fol. 20r. ジモンが一六〇二年再び魔女裁判に巻き込まれた際、妻の手によって書かれた請願である。「私の夫、トライスの参審人であり住民であるジモン・ディーテリッヒは、いくらかの妬みにより妖術の罪に問われ、それゆえに収監されました。彼はしかし全く無実でありますのに、数年前二日間にわたって拷問を受けました。しかし、何も自白することなく、コブレンツの宮廷に二度にわたって助言を求めました。そしてその後、罪に問われた悪行について無実であると判断され、それゆえに委員会は二人の仲間とともに裁判にかかった費用を申しつけました。そして私の愛する夫は再び自由の身となったのです。〔中略〕私の夫は、不名誉を加えられ、また参審人の地位を追われたことでフィリップ・シュミット、トンゲス・ドイツ、フランツ・アレスという名の市民である委員会メンバーを、コブレンツの宮廷に訴え、また地位回復を受けました。彼は判決と法によって、再び参審人の地位と彼のかつての名誉を認められました。詳しい内容は裁判記録に残っています」。

(28) 帝室裁判所の概要についてはAdolf Laufs, Art. Reichskammergericht, in: *HRG*, Bd. 4, Berlin 1990, Sp. 655-662. また勝田・森・山内、一七三―一七八頁を参照。

(29) Wolfgang Sellert, Art. Nichtigkeitsklage/Nichtigkeitsbeschwerde, in: *HRG*, Bd. 3, Berlin 1984, Sp. 974-978.

(30) Oestmann, S. 63ff.

(31) Ebd., S. 73-80.

(32) Ebd., S. 58-62.

(33) Ebd., S. 598-611.

(34) Ebd., S. 606f.

(35) Ebd., S. 513.

(36) Ebd., S. 328.

(37) Ebd., S. 510.

(38) Ebd., S. 325-364.
(39) Oestmann, S. 61, 96, 223, 548; Gersmann, Auf den Spuren, S. 255.
(40) Oestmann, S. 97, 214, 552.
(41) Ebd., S. 121, 158f., 279, 303, 423, 560.
(42) Schormann, *Der Krieg*, S. 59.
(43) Oestmann, S. 427.
(44) Ebd., S. 167, 427ff., 584f.
(45) LdANRW, Abt. R, RKG, Nr. 877, Aktenstück Q2, Bl. 4.
(46) Ebd.
(47) Oestmann, S. 428; LdANRW, Abt. R, RKG, Nr. 877, Aktenstück Q2, Bl. 4.
(48) Oestmann, S. 429.

第五章　裁判費用をめぐる諸問題

ここまでに裁判がどのように開始されたのか、またどのような手段で人々が防衛を試みたのかを検討してきた。最後に残された課題は、裁判費用をめぐる問題である。財産没収や裁判関係者への報酬規定など裁判費用をめぐるポリツァイ条令第二のグループを本章で検討してみたい。

裁判費用をめぐるポリツァイは、裁判関係者への報酬を定めた法令、裁判費用を賄うための財産没収を定めた法令の二グループに分けられる。前者はあらかじめ費用を規定することで裁判費用の高騰を抑えることが期待されていた。後者の財産没収は魔女迫害の時代には多くの領邦で実践されてきた。[1]カロリナは財産没収を一般に禁じるものの、第二一八条で「大逆罪」における被告の財産没収を認めており、一部の領邦では魔女犯罪は「神に対する大逆罪」としてこれに該当すると解釈されていたのである。[2]しかし、財産没収はケルン選帝侯領やマインツ選帝侯領では実施されていた一方、トリーア選帝侯領では合法ではなかった。[3]強硬に魔女迫害を主張した補佐司教ビンスフェルトも、財産没収にはほとんど関心を示さず、カロリナで禁止されているというシンプルな言及に留めている。[4]財産没収はある領邦においては許され、他の領邦では禁止されていたものであり、魔女裁判に自動的に付随するものではなかったのである。加えて、財産没収を厳密に不正なく実践することは当局にとって簡単なことではなかった。一方ではこれを実践する役人たちの規律が問われ、他方では共同体から選帝侯管轄へと財が移動することへの共同体からの反発が予想されるからである。

ここで問うべきはポリツァイ条令の内容のみならず、これらの規範に対し受け手である民衆、在地での規範の担い手である役人らはどのように反応したのか、これらの規範は守られたのか、それとも無視されたのか、もしそうだとすれば、その理由は何だったのかという問題である。本章ではそれぞれの領邦ごとに、魔女裁判費用をめぐる財産没収規定や報酬規定の内容を明らかにし、規範がどのように受け取られ、実施されたのかについて比較検討していこう。

1　トリーア選帝侯領――私的訴訟と糾問訴訟のはざま

（1）報酬規定（一六三〇年）

第三章で検討した一五九一年法令には、裁判費用が共同体にとって重い負担となっていることについて度々の言及がある。その原因の一つと見なされたのは、手続きの遅延であった。「ひどい延期が、原告ないし関係する人々に遅々とした遅滞から重い負担を生まないよう」[(5)]、在地役人は速やかに裁判を行い、疑義ある場合はトリーアとコブレンツの二都市に問い合わせるよう指示している。さらに、費用高騰のもう一つの原因とされているのが裁判関係者の過度の飲食である。「その他、刑事裁判において他の支出が問題になっている。彼らが裁判を統率している間、居酒屋において無軌道なひどいどんちゃん騒ぎが、それがなくとも大変な費用がかかるこの時に、過剰に行われている。余はここにおいてこれを徹底して取り上げ、停止させ、完全に禁止することを望む」[(6)]。同法令の言うところの「居酒屋で意見を表明するような無頼の輩」[(7)]である委員会のメンバーも、当然このような宴会に同席していたであろう。このような慣行を廃止すべく、同法令は参審人、書記、証人、刑吏ら裁判関係者への報酬を飲食などではなく金銭で支払うよう、具体的な報酬基準を設けたのである。[8] またその他の支出に関しては管区長らの裁量で報酬を支払うことを指示している。同時に、管区長ら裁判関係者には、できるだけ支出を抑えるよう求めた。「そうしなければ親や友人、親族、同居人が処刑されたことにより大きな悲しみにある未亡人や孤児がついには乞食に身を落としてしまい、〔中略〕正義はより困難に陥りうるのである」。[9]

裁判に際しての居酒屋での会食は魔女裁判に限ったことではなく、長らく慣習的に行われていた。例えば、一五七四年の法令では、居酒屋での会食が訴訟費用に上乗せされ訴訟当事者に過剰な負担が生じているとして、管区長にはそのような慣習の禁止が求められている。[10] 一五九八年の法令の中でも、在地の裁判所で参審人への報酬が居酒屋での飲食によって支払われていると言及されている。[11] いずれもこのような飲食慣行を非難するものであるが、同一内容の法令が繰り返し出されていること自体、いかにこの慣行が深く根付いたものであったかを示している。

司直への報酬は居酒屋への代金となって共同体へ還元された。地域の人々の交流の結節点となった居酒屋は、裁判においてもその役割を果たし続けたのである。在地司直は決して地域から孤立していたわけではなく、共同体のネットワークの中に根付き、経済的にも人的にも共同体と密接に結びついた存在であったと考えるべきであろう。逆に言えば、在地役人が裁判を行うに当たっては、共同体構成員との私的・公的な関わりと共同体の協力が未だ不可欠だった状況が見えてくる。この法令の中で繰り返し非難される民衆組織「委員会」の存在は、このような在地司直とのつながりなしには考えにくい。この法令の報酬規定の目的は、裁判費用の高騰を抑えることのみならず、伝統的な地縁的慣れ合いを廃して厳格な裁判運営を実現しようという点にあったと言えよう。

しかしこの法令の狙いの実現は困難を極めた。そのことは約四〇年後に選帝侯フィリップ・クリストフ・フォン・ゼーテルンが発した法令の中に端的に現れている。トリーア選帝侯領では一六世紀末に続き、一六二九年に再び魔女裁判の増加を経験している。そこで、一六三〇年二月に発布された条令には次のように書かれていた。

忌まわしき妖術の悪弊に対する審問、逮捕、拷問と処罰に際して、いかなる様々な濫用が起こっているか、またわが選帝侯領の飛び領地やその管区においても、特別な委員会が審問のために組織され、同時にいくつかの地で臨時の規則や独自の取調べが導入されており、その他にまた、件の委員会やその他の者たちによって吊り上げられ、浪費されたものである過度の費用が、貧しき罪人の残された遺産相続人や子どもたちについには破滅をもたらしている、という知らせが余の下に届いている。(12)

ここでも高額の裁判費用が「魔女」の遺族を苦しめていたことが分かるが、選帝侯はその主な原因を「委員会」に見ている。一五九一年法令で批判されたこの民衆組織が、四〇年を経てもなお廃れることなく活動を続けていたのである。しかし注目すべきことに、フィリップはここで前任者のように委員会を禁止しようとはせず、当局の管理下に置くことでその存在を認めている。「このような委員会が共同体を代表し、あるいは拷問に際して慣例でない手段を許すことは、決して適切ではないので、これらの手続きは高位当局の同意と事前の通知をもって行われるべし」(13)。尋問や拷問への立会は当局にのみ権限があるとして委員会の立ち会いは認めず、さらにトリーア・コブレンツの高等裁判所に鑑定を依頼するよう指示するところは一五九一年法令と同様である。しかし、事前に通知を行い当局の同意を得るという条件付きで委員会の活動それ自体は認めたのである。「高位当局（hoher Obrigkeit）」が何を指すのかは具体的に明らかにされていないが、在地役人ではなくトリーアないしコブレンツ高等裁判所、あるいは選帝侯宮廷レベルを指すと理解していいだろう。実際に委員会活動許可を求める共同体からの史料は残っていないが、少なくとも在地に深く根付いた民衆組織を排除することの困難さを伺うことができよう。

選帝侯はさらに、「裁判費用は支払い可能な、安価の、処罰を受けた者やその相続人にとってまずまずの額まで抑制し、調停すること」とし、裁判関係者の報酬金額を指定している（表1）。

後に見るマインツ選帝侯領の報酬規定とほぼ似通った金額が指定されているが、ここで着目すべきは委員会への報酬も規定されていることであろう。夏季と冬季で額が異なるのは、彼らの多くが農民ないし農業に深く関わることを生業とし、裁判活動に関わることで生業に生じた損害を保障するという意味合いがあったのであろう。こうして、選帝侯は委員会を裁判に関わる一要員と公式に認めることとなったのである。

管区長	……２金グルデン
ケルナー（管区長の代理人として）	……１金グルデン
都市シュルトハイス	……１金グルデン
農村シュルトハイス	……３グルデン
書記	……２グルデン
尋問に立ち会った参審人	……２グルデン
裁判書記	……12アルブス
裁判書記（判決文の起草）	……12アルブス
司牧者	……１金グルデン
委員会	……夏季18アルブス、冬季12アルブス

表１　トリーア選帝侯領・魔女裁判における報酬規定

（2）委員会の経済的機能

さて、一五九一年ならびに一六三〇年のポリツァイ条令で裁判費用増大の原因とされていた委員会であるが、実際に彼らの活動はどのように裁判費用の問題と関係したのだろうか。

カロリナで何度も言及され近世刑事司法の柱となった訴訟記録送付制度は、書類作成のための諸費用、鑑定費用や通信費など、裁判費用の増大をもたらした。さらに職権によらない弾劾訴訟の場合には裁判費用の保証を原告側が行う必要があり、個人には大きな負担となった。そこで、委員会は個人に代わって裁判費用を担保するという役割を担ったのである。そもそも魔女を告発することは、弾劾訴訟の方法によって個人でも可能なはずである。それがなぜ共同体全体で行う必要があったのか、その第一の要因は、費用の問題である。カロリナに定められた弾劾訴訟の規定に従う場合、原告となるには非常に大きなリスクを背負わねばならなかった。カロリナ第一二条・第一四条には、原告あるいはその受任代人は事件の情況および両当事者に対する尊敬度に応じて充分と認めうる保証あるいは担保を供するまでは、身柄を拘留されると定められている。さらに第一三条では被告が無罪放免となった場合の裁判費用の負担も原告に求められている。[14] 当時の魔女裁判の費用は一件につき二〇〇～四〇〇グルデンほどであった。ルンメルによれば、法律家の鑑定は一回につき六グルデン、公証人や書記の報酬は一五～二〇グルデン、参審人は一訴訟あたり一〇グルデン、伝令には最大二〇グルデン、フォークトは一一グルデン一八アルブス、管区長は一日につき一グルデン、刑吏は一回の職務奉仕（拷問及び処刑）につき、一〇～二〇グルデンほどであったという。そのほか、鑑定人、刑吏、証人の宿泊費、食費、処刑のための薪、聴罪司祭への謝礼などの雑費に加え、委員会メンバーや司直の居酒屋での飲食代も重なる。牛一頭の価格が二五～四〇グルデンほどだった当時、これら費用の合計は個人負担するにはあまりにも莫大なものであった。[15] 他方貧者に対して訴訟が起こされた場合、被告の有罪が確定しても、被告の財産では訴訟費用を支払いきれないことがあった。そのような場合、本来ならば不足分の費用を負担するのは当局である。[16] このことは、魔女裁判を遂行しようとする上で当局にとっても原告にとっても抑止材料になりえたであろう。

委員会は「生命も財産も互いに委ねあう」[17] という義務を共同体成員に負わせることによって、この訴訟費用の問題をクリアしようとした。つまり、有罪が確定した被告が裁判費用を負担しきれない場合には、全共同体がこの不足分の費用を弁済することになったのである。ルンメルによれば、トリーアの管区長は共同統治領において、委員会によって充分な保証金が積まれて初めて告訴を受理していたという。[18] 委員会のこの働きは、当局にとっても裁判費用の負担から免れるという点で有利なものであった。

各地の委員会は裁判費用を保証するため、いわば魔女裁判税ともいえる共同負担を導入している。[19] ロンギッヒとキルシュの委員会は一六三〇年、「緊急金（advisgeld）」として住民から一人三アルブスずつ徴収した。[20] 一五九〇年、プファルツェル管区のフェーレンでは、村共同体全体でも費用保証が出来ず、委員会のメンバーがユダヤ人から借金をしてさえいる(21)。一六一五年、聖マクシミン修道院管轄下の村ケンでは共有地である牧草地の一部と全村人の財産を担保におく旨の証文を書き、委員会が滞りなく告発を行えるようにした(22)。

このような負担を共同体が拒否する例も、少数ながら見られる。一五九三年にはボイレン（Beuren）村が五五〇グルデンをラインスフェルト（Reinsfeld）在地裁判所に支払うべしとの委員会の要求を拒否した。これに対し委員会は村の羊を借金の形にプファルツェルの居酒屋に有無を言わさず引き渡してしまうという行動に出た(23)。自発的にしろ強制的にしろ、委員会は共同体の協力によって、時には共同体の共有財産を担保にしてでも裁判費用を工面した。こうして裁判費用を保証することによって、実質的原告たる委員会のメンバーは被告と同様に拘留されるという義務を免ぜられたのである。

委員会の主要な任務は原告としての役割と裁判費用の保証という二点が中心となったと考えられるが、彼らの役割はさらに広いと考えてよいだろう。一五九一年法令の「〔委員会は〕続行中の裁判に際して、同時に原告であり、証人であり、時には裁判官（mitrichter）ですらある(24)」という文言は、委員会が原告、証人、裁判官という裁判における主要な役割全てに関わっていたことを伺わせる。

在地司直にとっては、委員会を代行機関として承認する形で掌中におさめ、自身の行為能力を補完させることは決して不利なことではなかった。一六二九年、ケンの司直は「管区長に従うこと、神の栄誉、悪習の処罰と公益の促進ただそのもののためだけにこの裁判を求めること(25)」を委員会に宣誓させている。一五九一年法令で委員会の存在自体が弾劾された後にもこのような手続きが残っていることは、在地役人にとって委員会の存在が少なからぬ利用価値を持ったことを意味している。委員会にとっても、役人と友好的な関係にあるということは、情報への近道であった。例えば一六一五年、かつてケンの委員会メンバーであった人物が、二四年前に当時の管区長や書記から聞き知った情報をその後の魔女裁判で証言している[26]。実際に審問を行う司直と委員会との密接な関係の中では、守秘義務もほとんど形骸化していた。尋問や拷問に際して行われたことを外部に対して秘密にしておくよう義務づけた一五九一年法令の指示[27]は、逆に情報が筒抜けとなっている実情を雄弁に物語るものであった。

以上のように、原告として訴訟費用を負担する点では、委員会は旧来の私的訴訟に従っている。しかし在地司直の承認を得ることで、委員会は原告としての立場を超え、司直の捜査義務や証人集めなど職権に関わる任務すらも行っている。この手続きがそもそも私的訴訟なのか、あるいは職権による糾問訴訟なのか、委員会の存在によってその境界は非常に分かりにくくなっているのである。

2　ケルン選帝侯領——裁判費用をめぐる宮廷顧問会の介入

（1）財産没収及び報酬規定（一六二八年）

一六〇七年の魔女裁判条令から二〇年が経過し、ケルン選帝侯領で魔女迫害の最盛期が訪れていた一六二八年一一月二七日、選帝侯フェルディナントは魔女裁判に新たな規定を設けている。ここでは一六〇七年法令で扱われなかった裁判費用の問題が取り上げられており、先行する法令を補完する内容となっている。ケルン選帝侯領で財産没収が言及されたのはそれが初めてではなかった。一六二七年一月一五日の宮廷顧問会議事録には、ケラー、フォークトといった選帝侯の役人や参審人が立ち会い、処刑者の財産を没収することで裁判費用を弁済するよう言及されている[28]。この決定が特定の地域にではなく、選帝侯領一般へ向けられていることは、各地から宮廷顧問会に多くの問い合わせがあったことを推測させる。例えば一六二六年五月に宮廷顧問会に寄せられた請願では、ハルト管区に属するアーロフの役人が裁判費用について問い合わせている。ベッカーによれば、これが宮廷顧問会にとって魔女裁判費用の問題に初めて直面する契機であり、その後一六二六年から始まる魔女迫害の最盛期には何年にもわたって同様の問題が浮上することになったという[29]。そのような費用問題に関する照会の増加を受け、一六二七年一月には宮廷顧問会により基本的な方針が示されたのである。本節で扱う一六二八年の法令は、それをさらに具体的に肉付けするものと位置付けられる。

この法令の冒頭で、フェルディナントは彼が一六〇七年に妖術の撲滅を目指し明確な手続きの指標を与えたものの、現在その悪業はむしろさらに蔓延していると憂慮する。そして妖術の撲滅を遂行するために、裁判官やその他裁判に関わる人々に職務に応じた適切な報酬が支払われることが肝要だとする。これらの費用を処刑者の財産没収によって賄うことを指示しつつ、「罪なき子ら、相続者や友人たちに慈悲深き同情から、厳しい措置に手心を加えようと思う」という[30]。マインツ選帝侯領では、後述するように一六一二年の改定以前には魔女裁判に際して処刑者の全財産没収という厳しい措置が取られていた。ケルン選帝侯領ではこれに先立つ財産没収規定は見られないものの、マインツ選帝侯領における改定の過程が先例として考慮されたことが窺われる。またこの部分は同時に、この法令が画一的にではなく、処刑者遺族の状況に応じて弾力的に運用されるよう、選帝侯の「慈悲深い同情」に留保される余地があることを示している。

続けて、基本的に魔女裁判の諸費用は処刑者の没収財産から弁済されるという大原則が示され、それは他の領邦でも導入され実施されているとしているが、これもマインツ選帝侯領を指していると思われる[31]。さらに、財産没収に関わる細部の手続きが示される。まず、十分な徴表に基づいて被疑者が逮捕されたならば、在地フォークト、シュルトハイス、ケルナーまたその代理人は、二名の参審人と裁判書記を招へいし、ただちに収監者の住居に赴き、現金ないし債権など現金以外の財産を目録にまとめる。その後、被疑者が処刑された場合、その財産は競売にかけられることになる。処刑者に子がある場合には子の一人当たりの相続分相当、子がない場合には、配偶者の財産や借財を除いた財産の半額が没収されることになる。さらに、不正の防止策として役人によって任命された一名の資格ある人物が収支決算について正しい明細を管理し、さらに財産目録を選帝侯の官房〔宮廷顧問会を指す〕に送付し助言と回答を得るよう指示している。

このように中央からの管理を強調したかと思えば、その直後には地方の慣習にも配慮を見せる。「いくらかの管区や下級領主の支配区においては、特定の人物が法判告や古き慣習に従い、犯罪者の裁判と処刑に関して費用その他を調達し、負担するべし」として、在地での独自の判断にも含みを持たせ、同規定が慣習的な法判告に何ら不都合を引き起こすものではないことを強調している。(32) このように繰り返し慣習法の優先が説かれていることは、ケルン選帝侯領の非中央集権の傾向と合致するものであろう。

規定はさらに裁判関係者の報酬について言及していく。裁判関係者は、「裁判の迅速化のために」、また裁判業務のために家業が行えなかったことに対する補償を得るとされている。(33) 当時の裁判関係者、とりわけ参審人らは裁判所専属のプロフェッショナルではなく、家業の傍ら時間を作って裁判業務を行うことが前提だった。フォークト・シュルトハイス・参審人・裁判書記は、裁判への陪席により日当一金グルデンを、ケルナーは同様に、前述したような財産目録の作成、財産額評価、財産の売却の監視をする場合、一金グルデンを支払われる。下級裁判吏は一二アルブス、夜間同様に勤務した場合も一二アルブス、昼夜にわたった場合は一グルデンを支払われる。業務中の食事は自前とされているが、処刑当日は慣行により経費で彼らに食事が賄われた。

これに加えて、「拘留が長引くと、〔証言の〕撤回や絶望やその他の不都合が引き起こされ、すでに様々な〔事例から〕経験があるように、無駄に他のものを待つことになるので、時間を浪費しないよう、裁判所の業務は夏には午前七時から午後三時に、冬には朝八時から午後二時まで行われるべし(34)」として、裁判を長引かせ無用な費用の増大を防ぐため勤務時間の規定にまで言及する。

しかし同時に選帝侯は、この報酬は健全性の向上と魔女撲滅という正義のためにあるもので、職を利用しての不必要な食事や利己的な利益を得ようとしてはならないと警告する。[35] この一文の陰には、不正な裁判費用が計上された多くのケースがあると推測できるだろう。

さらに、逮捕、拷問、最終判決の際には参審人全員が参加し協議すべきであるが、参審人の理解を超えるような事態が生じた場合には学識法曹に鑑定を仰ぐよう指示されている。[36] 学識法曹が派遣されてくる場合には、必要な食事のほか、日当として二金グルデンが報酬として定められた。またシュルトハイスや参審人に魔女裁判の経験がなく、常時魔女裁判監督官を臨席させ尋問その他の手続きを行う場合、魔女裁判監督官の給与はシュルトハイスや参審人らの現物給与の中から支払われるとされている。

(2) 魔女裁判の経済

この報酬規定はどのように受け止められたのだろうか。この法令は、一方では大迫害の経済基盤を守るため、他方では裁判関係者の不当な利益や被告家族の過度な負担を防止するためのものであるはずだった。しかしこの規則の効果に関しては、ショアマンは厳しい評価を下している。[37] 裁判費用そのものへの統制は一六二八年の法令で初めて試みられたのだが、それが在地で守られるまでにはかなりの年月が必要になった。

まず、規定の内容そのものへの抵抗があった。例えば魔女裁判監督官への報酬規定は在地役人からの反発を買うことになった。一六二九年七月、レッヒェニヒの参審人は魔女裁判監督官の給与を参審人らの給与から支払うこと、さらに判決ごとに二金グルデンを払うことへの苦情を申し立てている。[38] またこの法令はすぐには裁判費用の抑制には結びつかなかったようである。宮廷顧問会には魔女の遺族から、彼らが支払わねばならない裁判費用が高すぎるとの苦情が続々と届いている。一六三一年一月、アーヴァイラーからの訴えに対しては、宮廷顧問会は在地役人に再度一六二八年の魔女裁判法令を参照し、子の相続分以上に遺族に負担を求めないよう指示している。また処刑された人物の財産のうち、没収されるべき子の相続分が必要経費を上回った場合には、それを貧者に対する裁判費用に充填するよう決定している。[39] 同年五月レッヒェニヒで処刑された魔女の子どもたちと親族も裁判費用の負担について訴えた。顧問会の回答は「レッヒェニヒ裁判所に、誰に対しても正義を適正に行うよう、神と人間に対して責任を負うごとくとり行うよう命ずる」とある。[40] 一六三二年、ある未亡人はアーヴァイラー裁判所で行われた彼女の夫に対する裁判の費用があまりに多額すぎると訴えている。これに対して宮廷顧問会は、財産没収の明細を八日以内に送付せねばアーヴァイラー裁判所に二五金グルデンもの重い罰金を科すことを決定している。[41] 同じ年、娘を処刑された父親も裁判費用について、裁判所使節によって費用が跳ね上がったと不平を訴えている。宮廷顧問会はこの使節を聴取し結果を報告するよう指示している。[42] 一六三四年には妻を処刑された男により、裁判費用の一部を納めはしたものの残りの費用を払い切れず、家財が強制執行されそうになっていると同様の請願状が届いている。これに対して宮廷顧問会は、「アーヴァイラー裁判所の魔女裁判に関する見積りはほとんど不当であり、過剰に過ぎると判断する」として強制執行を即座に停止し、関係書類を一四日以内に宮廷顧問会に送付するよう指示している。[43] これらの例は、いずれも宮廷顧問会から見て裁判費用が大きすぎる、ないしは遺族に対する負担が重すぎると見なされたものである。おそらくは多くの共同体でこのような問題が起こっていたと考えるのが自然であろう。

とりわけ本書第三章第3節で取り上げた魔女裁判監督官ブイルマンに関しては、様々な苦情、請願が届けられている。例えば一六三一年九月一二日の議事録では、彼の指揮した財産没収に際して不正が行われた嫌疑があると議題に上っている。「なぜブイルマン博士はベーフゲンの相続財産から二〇〇ターラーを取ったのか、財産目録が相続者にほとんど届けられていないことについて。ラインバハの魔女裁判監督官であるブイルマン博士と同地の裁判書記は、魔女〔裁判〕記録において、〔処刑された〕ベーフゲンの遺言書および他の記録書類において、調査結果が読まれ、調査され、博士もまた聴取されることとする」[44]。この後、一六三一年一〇月二日には再度「大司教領における処刑された魔女の財産没収について。魔女排除に際しての処刑者の遺産没収において、とりわけアーヴァイラーでブイルマン博士によって奇妙なことが行われている」[45]と報告が届いている。ラインバハに留まらず、様々な地域でブイルマンが同様の問題を起こしていたことが分かる。同月二八日には宮廷顧問会は再度ラインバハにおけるブイルマンの専横について協議を行っている[46]。一一月には、ラインバハの裁判書記がボンまで赴き、彼の裁判について証言を行った[47]。これについて顧問会は明細を送付させるよう決定しているものの、ブイルマンに対する制裁などは行われなかったことは第三章で触れたとおりである。このような極端なケースに対しても宮廷顧問会の影響力が制限されていたことは、ケルン選帝侯領における魔女迫害がその土地に派遣される魔女裁判監督官ごとに大きな差異を見せることの原因となったと言えよう。

財産没収に関する請願ないし宮廷顧問会への照会の多くは、法令の解釈や現地役人の裁判費用の計算方法への不平といった色彩が濃い[48]。例えば、ここではマインツ選帝侯領とほぼ同様の文面で没収すべき財産が定められていたが、「子の相続分」がどの程度の割合を指すのか法令からだけでは明らかでなかった[49]。また、処刑された本人とその配偶者の財産の区別がおざなりにされたことも、多くの請願が寄せられる原因となった。

ショアマンが挙げている二つの例を見てみよう。一六三〇年八月、ボンのライナー・クルティウスは裁判費用一〇〇ターラーを、処刑された彼の妻の相続財産から支払うよう訴え出ている。同年一〇月、チュルピッヒの未亡人も、同様に結婚後の財産と配偶者それぞれの世襲財産との明確な区別を求めた[50]。世襲財産と結婚後の財産、配偶者それぞれの財産との区別は規定において言及されているが、実際の財産没収の場面ではおざなりな計算が行われた可能性があったことが伺われよう。

このような数多くの問い合わせに対し、宮廷顧問会は一六三一年に「魔女裁判を行う選帝侯領の全ての役人は、財産没収から一四日以内に費用明細を送る」旨、通達を出している[51]。一六三二年五月にはアーヴァイラー裁判所に財産没収と費用の明細を書面で送るよう、厳しい罰金で脅しつつ要求している。八月には魔女裁判にかかった全ての費用と財産没収目録の会計簿を六週間以内にボンに送るよう、領内の全ての役人に通達することを決定した[52]。一六三四年の議事録にも同様の内容が確認されている。「一二月一八日に全ての役人に通達された命令により、すでに〔魔女の〕排除にかかった費用の会計簿がいくらか届いているが、残りも同様に送付される。それら会計簿を受け取り、精査すべくパランド学士と共にヘレストルフ氏も派遣される[53]」。宮廷顧問会ないしは宮廷会計局（Hofkammer）に送られたはずのこれら会計簿は現在失われているため、ここから各地の魔女裁判の経済を知ることは残念ながらできない。しかし、徐々にではあるが魔女裁判の会計記録が顧問会に届けられるようになったことで、顧問会は在地における裁判の実態を把握できるようになっていった。この記録送付を通じて、地方裁判所における財産没収が多少なりとも中央当局の管理下に置かれることになったと見ることができるだろう。

このように、宮廷顧問会は一六二八年の法令発布後も各地からの問い合わせに個別に対応しながら長い時間をかけて統制をはかっていった。これは、一方では法令を実際に現地で実践することの困難さを示している。その背景としては、在地役人の条令への理解のなさ、意識的・無意識的怠慢、あるいは慣習との兼ね合いなどが考えられよう。とりわけ、全権を委任され現地の裁判を監督するはずの魔女裁判監督官が不正を働くことになれば、その制御はほとんど不可能となった。しかし、請願を通じて彼らの疑わしい行為も顧問会の耳に届くことになった。その意味で、請願状はいわば魔女裁判監督官制によって断絶していた地方と中央機関を結ぶ回路として機能した。こうした照会や請願とそれに対する回答という繰り返しの中で、緩慢にではあるもののポリツァイが在地に浸透していったのである。

3　マインツ選帝侯領──ポリツァイ規範と請願の循環

(1) 財産没収規定（一六一二年・一二月条令）

魔女処刑後の選帝侯政府による財産没収は、マインツ選帝侯領においては違法なことではなかった。現在史料として残っている該当法令は、選帝侯ヨハン・シュヴァイカート・フォン・クローンベルクによる一六一二年の一二月九日（一二月条令）と四月一三日（四月条令）の日付を持つ二つの条令である。前者は基本的な財産没収の方針を、後者はより詳細な財産評価の方法なども含めた運用規則を定めている。

一二月条令では、まず「忌まわしく呪うべき妖術の悪行」が日々行われ、日に次いで増加しているという危機的認識、そして「神によって命じられた当局の任務」として、これらの問題に取り組むという基本的な姿勢が示される。さらにこの条令からは、先々代の選帝侯ウォルフガンク・フォン・ダルベルク（Wolfgang von Dalberg　一五三八―一六〇一、在位一五八二―一六〇一）の時代にも同様の条令が存在していたことが分かる。「余（＝ヨハン・シュヴァイカート・フォン・クローンベルク）の二代前の前任大司教であり選帝侯であったウォルフガングのキリストの恩寵に満ちた記念碑によってすでにある秩序が打ち立てられて」おり、それによれば、処刑された人物に子がいる場合は子の相続分相当、子がいない場合は全財産が没収されることとなる。ここでは裁判費用のスムーズな弁済に加えて、将来の犯罪に対して厳罰による抑止効果も期待されていた。「上記の基準のように高められた刑罰によって他の者たちを抑止することができ、他方で過多となっている処刑費用が、無実の民に苦労をかけることなくより簡単に支払われうる」[54]。財産没収もまた処刑と同様に見せしめとして、あるいは処罰の一構成要素と考えられていたことが分かる。

とはいえ、選帝侯の国庫への財産没収は共同体にとっては財の流出を意味したため、共同体から国庫への没収財産の納付はしばしば滞った。ポールは選帝侯が没収財産を選帝侯の金庫に支払うよう在地役人に督促している複数のケースに言及し、財産没収は決してスムーズに行われたわけではなかったと結論している。(55)

例えば一五九三年六月三日、アモールバハ上級管区に属するオスターブルケンの裁判領主ニコラウス・ヴィルトは、管轄共同体であるアーデルスハイム（Adelsheim）からの請願について、アモールバハの管区長に指示を仰ぐ書簡を出している。住民らはこの請願で、魔女裁判に際して財産没収を行わず、複数共同体を包括する行政管区であるツェントの共通金庫から裁判費用を出すよう領主に要求したのである。(56) 財の流出は抑えたいが魔女の脅威を取り除くことは喫緊の課題というジレンマの中で、複数共同体が共同で裁判費用を出すという苦しい判断をしたのだろう。これに対する宮廷顧問会の回答は、そもそも逮捕に至る根拠が希薄であり、被告に対する風評など詳細な報告が必要とされる、というものであった。(57) 同年秋、おそらくこの請願状がきっかけとなり、アーデルスハイムの役人はマインツ選帝侯の直轄ツェントであるムーダウ、ブーヘン、オスターブルケンの代表者を招集して集会を行った。旧来の在地での裁判慣行と財産没収をめぐる新たな規定の間に軋轢が生まれていたことは明らかである。この集会をきっかけとして起草された請願状は、マインツ選帝侯領では妖術が白昼行われるほどに広がっているため、「中断や押し付けの改革なしに（ohne abbruch und aufdringend Neüerung）」、これらを罰するためのあらゆる適切な手段をとらねばならないとしている。(58) 先の請願の内容から推測すれば、この「押し付けの改革」とは、選帝侯ヴォルフガンク・フォン・ダルベルクによる財産没収規定と読むのが自然であろう。国庫への財産没収規定がこの時期すでに在地レベルの大きな抵抗にあっていたことが読み取れる。

遺産の没収には当然遺族からも抗議の声が上がった。一五九三年秋にオスターブルケンで処刑された産婆クニグンデの親族は、処刑後の財産没収に際して請願状を届けている。「我々兄弟や兄弟の子ら、さらに一部は養育されることなく残されたみなし子たちは、助けを求めねばなりません。それゆえ恭しくも真剣に、神とその慈悲によって願い懇願いたします。我々貧しい遺族である未亡人とみなし子皆に、我らの姉妹〔クニグンデ〕の遺産の半分を〔残すことを〕慈悲深き選帝侯様が寛大にも考慮し許可くださらんことを」(59)。クニグンデは子がなかったため、規定通りにいけば全財産を選帝侯の国庫に没収されるところ、この請願により没収額は半分にまで減らされたという。請願状は個人、さらには在地の利害と上級権力の定めた秩序との調整装置の役目も果たしていたといえよう。

さて、再び二月条令に戻ろう。条令は先々代の選帝侯による規定を確認した後、「余は以前の条令を以下のように多く抑制してしまうことを望む」と続く。

すなわち、その条令の効力によれば子どもが残されていなかった場合、遺産のすべてが徴収されることになっているが、将来はそのような場合には財産の半分が徴収されるべし。また被告の逮捕、〔収監中の〕扶養、処刑にかかった費用はそこ〔＝没収された財産〕から償還される。処刑費用の支払いの後にも徴収された割り当て分にまだ残りがある場合には、余はそれを神意に適った用途に用いたいと思う。すなわち貧しい病院や死にゆく人々のための施療院への行いや余の貧しき臣民たちに善きよう、再び用いるつもりである(60)。

この部分は、財産没収規定全体を通じての核と言える。すなわち、子どもがない場合には財産の半分を、子どもがいる場合には子の相続分相当を没収し、没収された財産は裁判費用の弁済に原則用いられることになるのである。「すべては善き節度と秩序をもって行われ、何人も正義や公正さについて苦情を申し出ることがないように」(61)という一文からも伺えるように、一六一二年の条令は多くの住民からの訴えや請願を受けて成立したことは明らかである。選帝侯は繰り返し、この条令の正当性を強調しなければならなかった。「この条令は熟慮の上に成立したものであり、法に反するものではない」「余があたかもそのような刑罰の際に自身の利益を生じせしめ、あるいは全般的な財産没収を導入することを意図したかのようには見られないであろう[62]」と、この条令が選帝侯ないし選帝侯当局自体に利害をもたらすものでないことを訴えている。さらに余剰分の使途に関しては、神意に適った用途に（ad pios usus）用いると強調されている。財産没収は遺族の個人的な困窮のみならず、共同体財産が選帝侯へ接収されることも意味していたゆえに、共同体の不満を解消するためには、選帝侯はしばしば民衆側から要求される「公益」という価値を前面に押し出し、財産没収の正当性を補強する必要があったのである。

（2）財産没収規定（一六一二年・四月条令）

四月条令も、「忌まわしい嫌悪すべき妖術の悪習」が選帝侯領において「ますます長く、ますます広く根を張り、蔓延しようとしている」という憂慮を示しつつ、そのような悪徳を防ぎ神の名誉を保つこと、将来にわたって臣民たちが「この悪しき霊の試練と誘惑」から救われるよう考えること、さらに具体的には、高騰する裁判費用に対し、裁判所が公正な手続きを続けられるよう救済的な措置を取ること、そのために必要に応じてこれまでの条令を改善することが「キリストの当局」としての任務であるとする[63]。世俗的支配者として裁判権を行使する正当性が、「神の栄誉を守る」「臣民を〔霊的に〕守る」といったキリスト教的価値観から補完されているのである。当局が常に自らの支配の根拠として神に言及するのは単なる形式上の問題ではなく、一種のプロパガンダと見るべきであろう。

続けて、選帝侯は再度二月条令で示された原則を示す。「裁かれた妖術使いが彼らの嫡出の養育すべき子を残していない時、彼ら処刑された犯罪者の個人的相続財産、所有物や財産、遺産の半分は余の金庫に納められるべし。しかし嫡出の子がいた場合は、子一人の相続分が余の金庫に納められ、〔そのほかは〕取り置かれるべし」。「国庫への割り当て分や費用の徴収に当たって、無秩序や過度〔の徴収〕は起こらず、何人も再び正義や適合性について苦情を申し出ることはないであろう」[64]という一文からは、やはりこれまでの執行に際して多くの不満が寄せられたことが推測される。

規定はさらに、容疑者逮捕後に始まる具体的な財産没収の手続きについて進んでいく。容疑者の逮捕後、シュルトハイスあるいは下級役人は二名の司直と裁判書記ないし都市公証人とともに容疑者の財産を差し押さえる。逮捕者の動産、不動産はリストにまとめられ、宣誓のうえで査定人がその価格を見積もることになっている。それらは売却され、そこから裁判費用が弁済されることになる。その際、罪状に関わりのない者が不利益を被らないよう、配偶者の財産、逮捕者の抱えている債務や抵当に入っている品・土地などを没収分から区別するよう指示もなされている。配偶者および婚約者に遺留される財産については、都市マインツの慣例に従い男性側に三分の二、女性側に三分の一と定めており、借財の償還についてもこの割合が適用されるという。ここでは、「特別な慣習が存在しない地域について」との留保つきであり、土地ごとに異なる割合が適用される可能性も留保されている。[65]子の相続分がどの程度の割合に相当するのかはマインツ選帝侯領の中でも地方ごとに異なっていたらしい。ポールが挙げているノイデナウの例では、相続割合は配偶者（夫）が三分の二、子が三分の一であった。子が複数いた場合は、子の相続分である三分の一をさらに人数で割ることになるので、子が三人の場合は財産の九分の一が没収されることになる。[66]

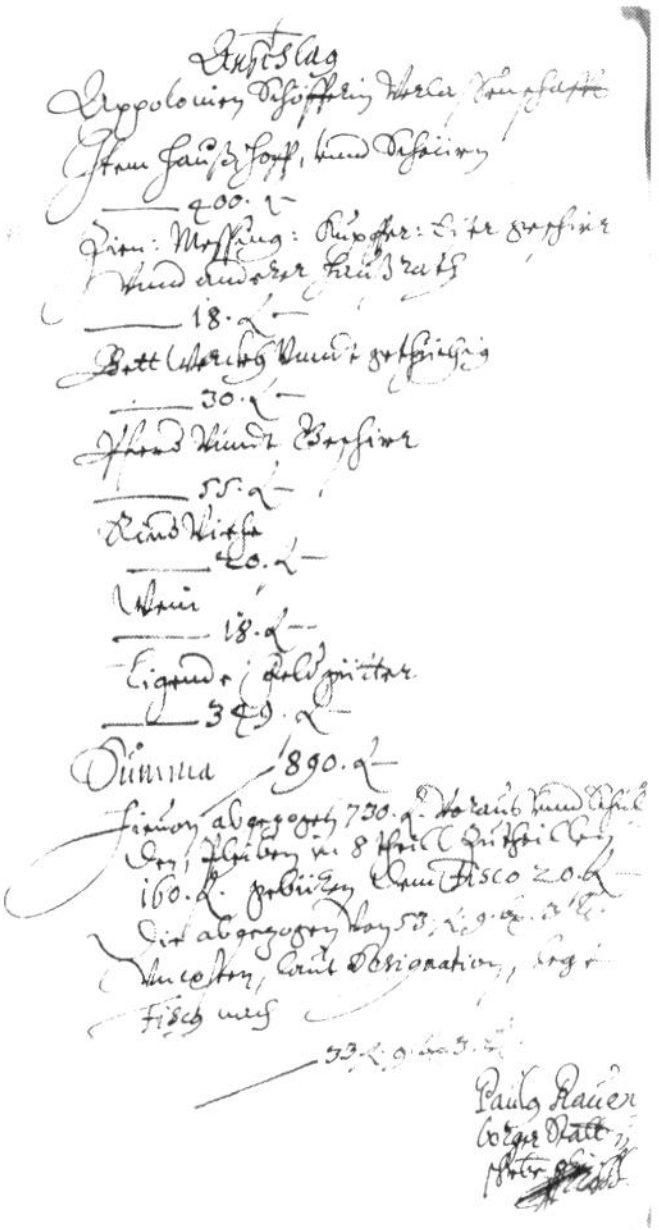

図14　アポロニア・シェッファーの没収財産目録
出典：BstA WBG, Gericht Miltenberg 690

さて、実際に財産没収は当局に何らかの利

益をもたらすものだったのだろうか。ショアマンは財産没収規定の発布の後、ローア管区における魔女裁判と財産没収における収支を分析している。それによれば、一六二六・二七年には二六件の処刑があり、財産没収による収入は合計三六九九グルデン、裁判の総支出は一三八九グルデンで、二三〇九グルデンの黒字となっている。[67]ところが翌年一六二八・二九年には、五五件の処刑に対し収入が一九一五グルデン、支出が三〇二一グルデンと、一一〇六グルデンの赤字である。前者の数字は、裕福なローアの都市参事会員が処刑され、彼の莫大な財産一二四五グルデンが徴収されたことから出たもので、例外的なものと言ってよい。財産没収のもたらす収支は年ごとに、また裁判所ごとに大きく異なるものであった。[68]例えば、一六二八年一二月にミルテンベルクで処刑されたアポロニア・シェッファーの財産没収に際しては、「家、納屋、倉庫四百グルデン。真鍮、銅、鉄の食器、その他家財道具一八グルデン。寝具と布三〇グルデン。馬と馬具五五グルデン。牛二〇グルデン。ワイン一八グルデン。所有農地三四九グルデン」と合計八九〇グルデンが見積もられている。しかし、そのうち借財や配偶者の財産など七三〇グルデンが引かれた一六〇グルデンをさらに相続権者が分けることとなり、結果として子一人当たり相続分は二〇グルデンに過ぎなかった。[69]彼女の裁判にかかった費用五三グルデンの半分にも満たない額である。超過分の三三グルデンは選帝侯によって補填されることとなった（図14）。

（3）報酬規定（マインツ選帝侯領・一六一二年）

マインツ選帝侯領においては、一六一二年の改革の際に財産没収規定と合わせて、報酬や収監費用に関する規定も発布されている。一六一二年三月一二日の日付をもつこの報酬規定はアシャッフェンブルクの代官の名で出されているが、少なくとも上管区全体に通用していた。[70]これは「妖術使いが財産没収や費用に関してどのように扱われるべきか、新たに打ち立てられた条令」とされ、魔女を収監するに際してどの程度の費用をかけ、どのように扱うべきかを定めたものである。

それによれば、収監者は最初の数日間は一日当たり一二デナリウス分を超えない程度のパンと水のみを与えられる。収監三日目以降は、収監者に一人当たり一バッツェン分を超えない温かいブイヨンと肉を、精進期間である場合はスープと野菜を、さらに一二デナリウス分のパンと四分の一リットルのワインを与え、それ以上は提供しないこととされている。さらに、収監者が自白した場合、牢から特別な小部屋か建物の中に移され、そこには二人の番人がつけられる。さらに収監者が神父によって聖体拝領を受けた後は、彼らに毎日一リットルのワインと一二デナリウス分のパン、二バッツェン分を超えない一、二品の温かい食べ物を与えるとされている。処刑の日には、悪行を働いた人物は午前七時に少量の軽食を与えられるのみである。しかし、収監者が年齢あるいは他の原因で衰弱するような場合には、それを見過ごすことなく、速やかに報告するよう義務付けられている。この規定には、個人の状況に応じてある程度弾力的な運用が想定されていると言えよう。

この規定は、一方で収監者の最低限の食事を保障し、他方で裁判費用の高騰を防止するものであったと考えられる。また、自白の後は待遇がやや改善され、聖体拝領など宗教的配慮がなされていることも、収監者の自殺を防ぐという目的があった。例えばディーブルクで魔女容疑者が収監された「魔女の塔」は非常に狭く、二つの小さな窓が光と空気を通したものの、とりわけ冬には寒気が収監者を苦しめた。牢の状況それ自体も副次的な拷問と言え、自白を促進することとなった。それゆえに、自殺によってこの苦境を免れようと試みる収監者も稀ではなかったのである[71]。

もう一つの、裁判に従事した人々への報酬規定を見ていこう（表2）[72]。これはツェント・シュペッサートおよび都市アシャッフェンブルクを対象としているが、ディーブルクやローアなど他の地域でもこれが受容され、少なくとも上管区全体に通用していた[73]。本規定は、まず各役職別に裁判一件ごとの報酬を定めている。ここに記載されて

ツェントグラーフ（アシャッフェンブルクから外の場合）……２グルデン シュルトハイス（アシャッフェンブルクないしダム内の場合）……２グルデン ツェントグラーフ……１グルデン 都市書記官……２グルデン 都市官吏……２/１グルデン 番人（一日あたり）……４バッツェン シュルトハイス・ツェントグラーフ・市長・都市書記官（尋問１回あたり）……３バッツェン 都市官吏（尋問１回あたり）……４バッツェン 刑吏（尋問１回あたり）……４バッツェン 刑吏（処刑１件あたり）……３グルデン

表２　報酬規定（マインツ選帝侯領・一六一二年）

いる報酬は、ツェントグラーフ、シュルトハイス、ファウト、ケラー、都市書記官、都市官吏には選帝侯から受ける禄のほかに追加で支払われるものであった。さらに、シュルトハイス、ツェントグラーフ、市長、都市書記官は審問ごとに三バッツェンを受け取るとある。興味深いのは、ここで「廃止された食事（Imbs）に代わって、金銭で支払われる」と書かれていることである[74]。同様に、ワインで支払われていた都市官吏や刑吏に対する報酬もそれぞれ金銭での支払いに改定されている。この「食事」とは、慣習的に行われてきた裁判関係者で行われる会食のことを指している。トリーア選帝侯領の一五九一年条令でも触れられていたのと同様の慣習であるが、マインツ選帝侯領でこれが明示的に廃止されたのはこの一六一二年時点が初めてであった。この規定以前、例えばビーバーで一六〇〇・一六〇一年に行われた裁判では、平均して五四グルデン一アルブス四ペニヒが支出され、そのうち食事代は二一グルデン一アルブス七ペニヒであり、裁判費用全体の四七・四％を占める[75]。裁判関係者の食費を金銭に換算することは、裁判費用の明朗化と同時にその高騰を防ぐ効果も期待されていたと考えられる。裁判関係者の賄いも一食あたりの金銭に換算されている。シュルトハイス、ツェントグラーフ、市長、都市書記官には二分の一グルデン、参審人には九アルブス、給仕やラント伯に使える下男には九アルブス、さらに刑吏には処刑一回あたり三グルデンが支払われることになる。こうして裁判関係者の報酬としての飲食を廃止し、統一的な基準を設けて裁判費用の統制をはかることがこの法令の目的であった。

ではこれらの収監費用および報酬に関する一連の規定は、以降の裁判費用抑制に効果を発揮したのだろうか。囚人の食費に関しては、実際の裁判では規定の価格を大きく上回る請求がなされている。ミルテンベルクで一六二八年に一七日間にわたって収監されたアポロニア・シェッファーに対しては、収監費用として九グルデン九バッツェンが計上されている(76)。同じくミルテンベルクで一六二九年に五月六日に逮捕され一九日に処刑されたガブリエル・シュナイダーには二週間で九グルデン二バッツェンが計上されている(77)。一日平均に直せば〇・五グルデン（＝約七・五バッツェン）以上になる。規定に従えば最大でも一日二バッツェン強にしかならないことを鑑みれば大きな差である。他方、アポロニア・シェッファーの裁判費用明細を見ると、処刑当日の食費が四グルデンも支出されている。規定では食事は廃止されるとあったものの、さらに、関係者の賄いも給与と併記されている。この書き方では、彼らに賄いの代わりに金銭が支払われたのか、それとも彼らに食事が供され、食費に支出された分と報酬が合わせて書かれているのか、判然としない。しかし、ここでは魔女裁判に関わる食費の支出は相変わらず続いていたのではないかと推測することができよう。というのも、食事を供給する居酒屋は共同体の内部にあり、魔女裁判によって利益を上げることができた。つまり魔女裁判それ自体が共同体内部の経済を動かすという一面を持っていた。そうなると、裁判関係者への飲食を廃止し、囚人への食費を最低限に抑えることは、食事を供給する側の減益につながった。飲食慣習の廃止はひいては共同体に流れ込むはずの金銭が失われることを意味し、それは決して歓迎されることではなかったであろう。一六五九年に再度発布された報酬規定が一六一二年規定とほぼ同様の表現を用いていることも、裁判関係者の飲食という習慣が根強く残った証左であろう。一六一二年の法令から五〇年弱が経過したのちも、「飲食に代わり」現金が支払われるという確認を繰り返し行う必要があったのである(78)。

しかし、全体として一六一二年以降、魔女裁判の費用は抑えられる傾向になったと言ってよい。ゲープハルトの

	裁判数	費用総額（グルデン）	裁判一件当たりの費用
アシャッフェンブルク（1611-1613）	66	5551	84,1
フレアスハイム（1615）	35	2625	75
フライゲリヒト（1601-1605）	139	6661	47,29
リーネック（1611-1613）	18	1020	55,66
ゼーリゲンシュタット（1601-1604）	9	495	55
ヴィーゼン（年代不詳）	2	101	50,5

表3　マインツ選帝侯領・魔女裁判の費用

算出した結果を見てみよう。表3は、一六一二年以前の各地の裁判費用を算出したものである。(79) この表から読み取れるように、マインツ選帝侯領内部においても裁判費用は地域ごとに大きく異なる。アシャッフェンブルクとフレアスハイムにおいて一件当たりの費用が他と比べて著しく高いのは、両地域において学識法曹が裁判に参与していたからである。例えば、一五九六年二月二三日、フレアスハイムの住民から、同地に駐在するマインツの書記官二名が処刑一件につき三グルデンをその他の裁判費用に加えて要求しており、それが大きな負担となっているという訴えが聖堂参事会に届いている。(80) これを受けて、聖堂参事会はこの金銭徴収の慣行は不当であり廃止するよう指示している。(81) このように、裁判関係者に支払われる報酬もその土地の慣習によって決定されており、このようなばらつきが生じる原因となった。

一六一二年以降、アシャッフェンブルクでは、一六二八年から二九年にかけて二一名の収監者が釈放された後に費用を請求されている。したがって処刑費用や財産没収に関わる諸費用（管財人らへの報酬など）は含まれていないものの、六件が一八グルデン以下、一二件が二〇グルデン以下であり、八六％のケースで二〇グルデン以下に収まっている。他の管区に比べて収監が長引く傾向にあったローア管区においても、一六二六～二九年の八三件の裁判において、三七・三％以上のケースで裁判費用は四〇グルデン以下となっており、六〇グルデンを超えるケースは一五・六％に留まる。ゲープハルトはマインツ選帝侯領全体で一六一二年以降の裁判費用の平均値を四〇グルデンと算定しているが、これは前出の一六一二年以前の裁判費用をまとめた表のうち、平均裁判費用が最小であったフライゲリヒトのそれ（四七・九二グルデン）よりも少ない数字である。したがって、この報酬規定は裁判費用の抑制にある程度の効果を発揮したと考えることができるだろう(82)。

裁判関係者への食事の供与が続いており、収監者の食事の削減幅も限定的であったとすれば、裁判関係者の報酬を抑えることが裁判費用抑制の最大の鍵であった。一六一二年の規定通りに報酬が支払われたとすれば、もっとも減収幅が大きかったのはこれまで最大の報酬を得てきた刑吏であった。例えば、一六〇二年のローア管区では刑吏には尋問一回につき一グルデン、処刑一件につき一〇グルデンが支払われた(83)。フロイデンベルクで一五九〇年に処刑を行った刑吏は、職務報酬二〇グルデンに加えて食費も受け取っている。ビーバーにおいては一六〇〇～〇二年の裁判では一件当たり刑吏への報酬は一〇・五グルデンが相場であった(84)。つまり、尋問一回で四バッツェン、処刑一件三グルデンという規定に従えば、刑吏の収入は四分の一から五分の一程度にまで減ってしまうことになる。この規定に反対して、ローアの刑吏は拷問を軽微にするというストライキも行っている。結果四名が自白せずに拷問を耐え通した。しかし、宮廷顧問会は刑吏に対して罰をちらつかせながら、再度拷問を行うように指示している(85)。このような宮廷顧問会の対応もあってか、刑吏の俸給が下がったことは魔女裁判の抑制それ自体にはつながらなかった。一六一二年以降も、マインツ選帝侯領における魔女迫害は一六一五年、一六二七年とさらに二度のピークを迎える。むしろ一六一二年の規定により裁判費用抑制が可能になったことによって、さらなる魔女裁判への道筋がつけられたと言える。

（4） 裁判費用をめぐる請願

一六一二年以前にも、財産没収をめぐっては多くの請願が寄せられ、それに後押しを受ける形で一六一二年法令が成立したことはすでに指摘した。しかし、財産没収の条件が緩められた後も選帝侯は恩赦の権利を行使し続け、臣民もまた相変わらず請願を繰り返したのである。四月条令には、次のような免除条項がある。「現金での即座の支払いが不可能である場合、また支払い不能が明白である場合、その支払い不能者に対しては一年間の猶予を与える。しかし、十分な担保がその条件である。その後に支払いが不可能である場合、慈悲により免除する」[86]。ある程度の譲歩の余地があるとポリツァイ条令に初めから明言されているのである。この留保条項を臣民たちは大いに利用しようとした。例えば、一六二七年六月ローアにおいて、樽職人のローレンツ・シュタイブは妻の処刑後、没収額の減免を願い出ている。その理由として、彼は財産没収が正当であるか否かではなく、自身の身体的問題や困窮を強調している。「貧しい老齢の身であり、重労働を耐え抜いたために今や身体の自由もきかない無力な男」は「二五年にわたり悪い噂を立てられることもなく正直、誠実に働いてきた罪なき樽職人」であると、市民としての善良さも主張する。結果、彼は二五四グルデンから一〇四グルデンへの減額を許された[87]。同年八月、同じくローアで一九歳のヨドクス・ヴァイデンヴェーバーは父を処刑され、残された家族のために請願状を書いている。彼らは子一人の相続分に当たる一六四五グルデンを没収されることになり、その窮状を次のように訴える。

峻厳なる選帝侯閣下、我々は上記ローアを管轄する慈悲深き選帝侯閣下のツェントグラーフに父の財産からすでに前述の没収財産の分割払い金として、我々にとって非常に厳しい負担となったのですが、七四五グルデンを納めました。私の母は病気の痴呆をもった女で、生計を立てるどころか家事さえままなりません。しかも、自分の面倒も自身で見られないほどなのです。そして彼女は痴呆であるゆえに、特別にしつらえた部屋にいるのですが、自身では何もできないので、必要に迫られて、特別に世話女中に面倒を見てもらわねばならず、大変お金がかかるのです。〔中略〕私は遠隔地で就学していたため、この未払い金についてどうしてよいか分かりません。ですので、どうぞ私と私の二人の年端もいかぬ愛する妹たちに、極度の負担や、それによって生じる破滅でお金の調達不能に陥らぬよう、残された九〇〇グルデンを選帝侯閣下のご慈悲において免除たまわりませんことを。(88)

ここでも強調されているのは残された家族、とりわけ年老いた母の困窮である。実際には、押収された財産額やヨドクス本人が書記として教育を受けていること、さらに母親のために女中を雇っていることからしても、ヴァイデンヴェーバー一家はかなりの富裕層に属すると言っていいだろう。したがって、この記述はあくまでも選帝侯の関心を引き、自分に有利な同情を引き出すためのレトリックであることは明らかである。一ヶ月後、宮廷顧問会は「慈悲深き同情と純粋な慈しみから」支払い残金九〇〇グルデンを四〇〇グルデンにまで減免することを決定した。(89)

このように、規定の運用と並行して選帝侯の裁量によってこれに手心を加えることは、いわゆる恩赦権（Gnadenrecht）として選帝侯に留保されていたのである。ただし、没収財産は選帝侯の任意に用いることができることから、選帝侯は決して頻繁にはこの恩赦権を行使しなかった。

しかし、財産没収規定の厳密な運用を求める請願には宮廷顧問会は積極的に対応する姿勢を見せた。一六二七年に妻を処刑された手工業者ハンス・シュミットからの請願を見てみよう。

妻エリーザベトが去る八月に妖術の罪で有罪判決を受け処刑され、慈悲深き選帝侯閣下のシュルトハイス殿、都市書記官殿、そしてその他ここミルテンベルクの代表者らは私の動産・不動産全ての資産をきちんと記述し査定することになっていましたが、彼らはその手を休めることはしませんでした。恐れながら選帝侯閣下の御慈悲に申し上げますと、〔その額は〕彼らの見積もりによれば疑いなく七〇〇〇グルデンにのぼり、〔私たち夫婦に〕相続者たる子がいないため、そのうち半分の三五〇〇グルデンが没収分として、さらに私に請求されたのです。慈悲深き選帝侯閣下、私はこの先、我が妻のためにひどい嘲弄と辱めを見聞きせねばなりません。私の残りの人生への少なからぬ損害が私にもたらされてしまったのです。〔その上に〕このような大きな金額を支払うことはあまりにも過酷で困難です。また恭しく願い奉ります。同様の魔女の処刑案件において、無実の者の財産を罪人のために支払い、無実の者の財産から国庫に納めることは慈悲深き選帝侯閣下のお考えとなるところではないでしょう。(90)

七〇〇〇グルデンにも上る動産・不動産を有する彼は間違いなく富裕層に属する。したがって、この請願では彼が経済的困窮に陥ってしまうということよりは、妻の処刑と財産没収によって被る名誉棄損が問題とされている。妻自身をかばい立てするようなことはせず、ただ「罪人」と「無実の者」との峻別を訴える。しかし、これをもって夫婦の情愛がなかったと言うことはできないだろう。処刑に至るまで、彼がどれだけ妻を守ろうとしたのか、史料からは知ることはできない。しかし、当時魔女裁判遺族の多くが自身も後に裁判に巻き込まれたことを考えれば、自らの潔白をも主張しておくことは有罪が決まった時点では必要不可欠であったであろう。さらに、配偶者の財産と処刑者の財産を区別せずに没収額を算出することは財産没収規定に違反する。しかし、彼は手続きの不当さを訴えるよりは、自身の困難に満ちたこれから先の人生を問題にしている。ここで「無実の者」である彼は、財産の多寡は関係なく、選帝侯によって守られるべき臣民なのである。これに対して宮廷顧問会は次のように回答した。「我々はそれぞれの配偶者の婚資との事前の分別なしに全資産を、〔配偶者である〕罪なき者の資産をも一緒に徴収し、無差別に半分を国庫に献呈されるという、この請願人のようなケースを、〔単なる〕一ケースと見なすことはできない。選帝侯閣下が慈悲深くも起草された、尊敬すべき数多言及されている財産没収条令にはそのようなケースに関して明白な基準が設けられている。つまり無実の者は罪人のために償いをする必要はなく、かの者の資産のためにいくらかの損失を心配するようであるなら、査察に当たる者らは、かの者〔の資産のうち〕の罪人である処刑者個人の遺産分、持参金やその他の財産と、他の罪なき者の資産と富を分け、また〔婚姻後の〕共通の獲得財産や認められた借財のために、特別な見積もりをとり、それに従って、裁かれた人物の分離された遺産と取り分から、没収財産が徴収される[91]」。ここでは財産没収規定に定められた配偶者の財産分離が再度確認されているだけであり、取り立てて新しいことが示されたわけではない。とはいえ、宮廷顧問会がこの請願を単なる例外と見なさず、在地役人に対応を求めたことは重要であろう。ここで請願は地方における不備を中央に通知し、ポリツァイ条令をさらに厳格に適用させるための促進剤として働いている。ケルン選帝侯領において見られたような請願とポリツァイとの循環的な関係がここにも見受けられるだろう。

註

（1）ヴュルツブルクとバンベルクの両司教領、ヘッセン・ダルムシュタット、ヘッセン・カッセル、バイエルンには財産没収規定が残る。また、ミデルフォートが調査した西南ドイツに一五領邦のうち、三領邦では該当する記録が見られず、三領邦では財産没収は完全に禁止されているという。残る九領邦では少なくとも部分的に、特定の時代においては財産没収が行われたとみている。Midelfort, *Witch Hunting*, pp. 167-168.

（2）この条文については、同時代から複数の解釈が存在していた。拙稿「魔女裁判における財産没収と請願――ポリツァイの視点から」『西洋史学』第二五四号（二〇一四）、一―一八頁、四―五頁を参照。

（3）Rummel, *Bauern*, S. 47.

（4）Binsfeld, S. 53f.「なぜ〔魔女として処刑された人間の〕財産は没収されないのか？　ユリウス・クラールスは前述の個所においてこう答えている。この罰は慣習法からは行われておらず、裁判所でもそのような慣例なのだと。我々はまた次のように答えることができるだろう。この悪業〔魔女〕においても他の多く〔の犯罪〕においても財産没収は皇帝カール五世の法令により停止されていると」。

（5）　SCT, S. 560.

（6）　Ebd.

（7）　Ebd., S. 556f.「またゆえに、そのような訴えに際して、共同体から先に示した許されざる団結を通じて、委員会が多数組織されている。その委員会は時として大半の者が居酒屋で意見を表明するような無頼の輩からなっている」。

（8）　Ebd., S. 560.「在地の参審人に八アルブス、在外の者で一～一・五マイル離れた所に居住する参審人に一〇アルブス、どこか〔一・五マイル以上離れた〕他の場所から借り出された参審人に一二アルブス、彼らのうち二名だけが、管区長、裁判官、書記とともに審問に参列すべし。一般に、書記・公証人には一日当たりその経費において三二アルブス、〔訴訟記録送付のための〕使者に六アルブス、証人に八アルブス、拷問と処刑に際して、刑吏とその使用人に一日あたりの経費に一・五グルデン〔支払われる〕」。

（9）　Ebd., S. 561.

（10）　SCT, S. 497f.「裁判に際して行われる会食や、書類の作成によって、訴訟当事者にひどく過剰な、耐え難い負担がかかっている。そこで余は、ここに以下のごとく望み、命ずるものである。訴訟当事者が適正かつ妥当な金額を超えて負担させられることがないように、管区長はその管区において〔裁判について〕よく照会し、過剰な支出や参審人の会食を廃止するよう指示すべし」。

（11）　SCT, S. 576f.「在地裁判所により行われている、小事件における教会裁判所の判決執行に際しての酒盛りは今後完全に廃止されるべきである。しかし、これに対してあらゆる管区において、その土地の裁判慣行を考慮してどれだけ多くの参審人がそのような執行に際して出席することが必要であるのか確認されるべきである。また彼ら参審人に、慣習的なスープと食べ物の提供ではなく、最高一ライヒスターラーまでの現金の割り前を認める。ここでは上級裁判事件と在地裁判所の間で違いが設けられるべきである。というのは、在地裁判所の参審人は、〔下級裁判事件に際しては〕上級裁判事件のそれよりも食事の量は少なく支給されていたからである」。

（12）　SCT, S. 612.

(13) Ebd.

(14) 塙「カロリナ」、二二八—二三〇頁。

(15) 牟田「村の魔女狩り」、二三五頁。Rummel, *Bauern*, S. 112, 157ff. 貨幣単位と換算率は選帝侯領の中でもばらつきがあるが、一六世紀後半にはおおむね一グルデン＝二四アルブス＝六バッツェン、一金グルデン＝七八〜八〇アルブスであった。Karl Weisenstein, *Das kurtrierische Münz- und Geldwesen vom Beginn des 14. bis zum Ende des 16. Jahrhunderts. Auch ein Beitrag zur Geschichte des Rheinischen Münzvereins*. Koblenz 1995, S. 309-333.

(16) 「第一五四条〔前略〕被告人がきわめて貧困なりて、その上、いま述べられたる保証、担保または引当てを供しうる親族たちを有せず、しかも、彼が、彼が責を帰せられいる殺害につきて、確たる免責事由を有するにあらずやとの疑いある場合には、裁判官は、事件の形態に応じて、可能なる限りの全力を尽くして調査をなすべく、司直に、かかることをすべて記述して、その決定を仰ぐべし。しかして、この場合にかかる調査は、裁判所または当該司直の経費負担により職権をもって行わるべし」。塙「カロリナ」、二二四頁。

(17) SCT, S. 555f.

(18) Voltmer, Monopole, S. 35; Rummel, *Bauern*, S. 47.

(19) Voltmer, Monopole, S. 26f.; Walter Rummel, Exorbitantien und Ungerechtigkeiten. Skandalerfahrung und ordnungspolitische Motive im Abbruch der kurtrierischen und sponheimischen Hexenprozesse 1653/1660, in: S. Lorenz (Hg.) *Das Ende der Hexenverfolgung*, Stuttgart 1995, S. 37-53, hier S. 45.

(20) Voltmer, Monopole, S. 50.

(21) Dillinger, *Böse Leute*, S. 343.

(22) Voltmer, Monopole, S. 36.

(23) Dillinger, *Böse Leute*, S. 345.

(24) SCT, S. 556.

(25) 「委員会の申請に基づき、管区長はその申請自体を宣誓が為されたとみなし、また場合によっては管区長に従い、神の栄誉、悪習の処罰と公益の促進ただそのもののためだけにこの裁判を求めることと宣言させた」。以下より引用。Voltm-

er, Monopole, S. 33.

(26) Voltmer, Einleitung, S. 54*f.

(27) SCT, S. 557.

(28) LdANRW, Abt. R, KK III, Bd. 23, Bl. 41v. Vgl. Schormann, *Der Krieg*, S. 56, 84.

(29) Becker, Erzstift, S. 94f. ベッカーはハルト管区から一六二七年に入ってからも四回同様の費用問題について宮廷顧問会に訴えがあったことを確認している。

(30) SCC, S. 15.

(31) Ebd.

(32) Ebd., S. 16.

(33) Ebd., S. 17.

(34) Ebd.

(35) Ebd., S. 18.

(36) Ebd.

(37) Schormann, *Der Krieg*, S. 87.

(38) LdANRW, Abt. R, KK III, Bd. 24, Bl. 238r. Vgl. Schormann, *Der Krieg*, S. 89.

(39) LdANRW, Abt. R, KK III, Bd. 24a, Bl. 55r.

(40) Ebd., Bl. 158.（一六三一年五月一七日）

(41) Ebd., Bl. 379r. Vgl. Schormann, *Der Krieg*, S. 88.

(42) LdANRW, Abt. R, KKIII, Bd. 24a, Bl. 525r.

(43) LdANRW, Abt. R, KK III, Bd. 26, Bl. 147. Vgl. Schormann, *Der Krieg*, S. 88.

(44) LdANRW, Abt. R, KK III, Bd. 24a, Bl. 258v.

(45) Ebd., Bl. 273r.（一六三一年一〇月二日）

(46) Ebd., Bl. 282.「ラインバハで魔女の排除が最良の状態ではなく、法に従って適正に行われるべきところ、むしろブイルマン博士の金銭欲のために、裁判全てが彼の一手に握られているという」。

(47) LdANRW, Abt. R, KK III, Bd. 24a, Bl. 282v-283v.「(一六三一年一〇月三一日) ブイルマン博士は様々な裁判で指揮権を握り、支出と収入も彼が管理している。そして報酬二〇〇ターラーを受け取っている。結論。明細を送付させること」。

(48) Schormann, *Der Krieg*, S. 87f.

(49)「子の相続分」に関しては、各領邦で定義の違いが見られた。同様に財産没収を行っていたヴュルツブルク司教領では子の人数に関わらず没収対象財産の五分の一が「子の相続分」とされたのに対し、マインツでは子の人数に従って割合は変動した。Schormann, *Der Krieg*, S. 88.

(50) Ebd., S. 89.

(51) LdANRW, Abt. R, KK III, Bd. 24a, Bl. 270. Vgl. Schormann, *Der Krieg*, S. 90f.

(52) LdANRW, Abt. R, KK III, Bd. 24a, Bl. 527v-529v.(一六三一年八月一九日)

(53) 以下より引用。Schormann, *Der Krieg*, S. 91.

(54) Pohl, *Zauberglaube*, S. 309.

(55) Pohl, Ein chronologischer Abriß, S. 234f.

(56) BstA WBG, MRA Fragm. K. 598/62, Lage 3

(57) Pohl, *Zauberglaube*, S. 98.

(58) Ebd., S. 98f.

(59) BstA WBG, MRA Fragm. K. 598/62, Lage 33. ポールはこの他に一五九三・九四年におけるノイデナウおよび一六〇〇年ビーバーにおけるケースでも同様に没収金額が減免された記録を確認している。Pohl, *Zauberglaube*, S. 194.

(60) Pohl, *Zauberglaube*, S. 309.

(61) Ebd.

(62) Ebd.

(63) Ebd., S. 310.

(64) Ebd., S. 311.

(65) Ebd., S. 312.
(66) Ebd., S. 190.
(67) この計算上の誤差は、ショアマンによるミスか、それとも史料上で誤記載があったのか、確認することができなかった。ショアマンが用いた史料は以下のものである。BstA WBG, G-3083.
(68) Schormann, *Hexenprozesse in Deutschland*, S. 86f.
(69) BstA WBG, Gericht Miltenberg 690.
(70) Pohl, *Zauberglaube*, S. 314.
(71) Ebd., S. 164-169.
(72) この史料に関してはいくつかの異本が見られるが、内容はほぼ同一である。一六五九年七月二七日付でも同様の内容が継承されているという。BstA WBG, MRA K. 210/186. 本書ではポールの著作から引用するが、ここで用いられているのはマインツ市文書館に残る版である。StA MZ LVO, 1613; Pohl, *Zauberglaube*, S. 322ff.
(73) Pohl, *Zauberglaube*, S. 199.
(74) Ebd., S. 315.
(75) Ebd., S. 198.
(76) BstA WBG, Gericht Miltenberg 690.「添付資料によれば哀れな罪人である女が収監中に飲食した分……九フロリン七バッツェン二アルブス」。
(77) Ebd.「添付資料によれば哀れな罪人である女が収監中に飲食した分……九フロリン二バッツェン」。
(78) BstA WBG, MRA 210/186. この法令は、おそらく物価変動を反映して報酬額がやや異なっている以外は、一六一二年法令とほぼ同一である。
(79) Gebhard, *Hexenprozesse*, S. 207.
(80) BstA WBG, MDP 23, fol. 426v. 当時の物価の目安としては、三グルデンはガチョウ一五羽分ないし鶏卵九〇〇個分程度に相当する。一六世紀マインツ選帝侯領の通貨は一グルデン（フロリン）＝二プフンドヘラー＝二〇シリング＝三〇アルブス＝二四〇ペニヒであった。物価の基準は一六二〇年代のディーブルクの都市会計簿からポールが算出したものを参照。

Pohl, *Zauberglaube*, S. 196ff.

(81) Pohl, *Zauberglaube*, S. 55.

(82) Gebhard, *Hexenprozesse*, S. 20ff.

(83) Ebd., S. 200f.

(84) Pohl, *Zauberglaube*, S. 201.

(85) Gebhard, *Hexenprozesse*, S. 202.

(86) Pohl, *Zauberglaube*, S. 313.

(87) BstA WBG, G. 3083, Bl. 80–81.

(88) BstA WBG, G. 3083, Bl. 92–93.

(89) BstA WBG, G. 3083, Bl. 96–97. 同様の没収額減免のケースについては以下を参照。Gebhard, *Hexenprozesse*, S. 227.

(90) BstA WBG, Gericht Miltenberg 690.

(91) Ebd.

終　章　総括と展望――支配者・臣民の二項対立を超えて

本書は、三聖界選帝侯領が国制上多くの共通項を抱えつつも、異なる形態で魔女裁判を経験したのはなぜなのかという疑問から、この三領邦における魔女迫害を比較検証しようとする構想から出発した。各選帝侯領に見られた迫害の構造から導き出されるのは何か。（一）共同体・地方役人・領邦君主の三者の関係性、（二）ポリツァイ条令の特色、（三）ポリツァイ条令と請願との関係という三点において整理し、その上で今後の課題と展望にも言及してみたい。

1　共同体―地方役人―領邦君主の関係

第一章で検討したように、近世の領邦国家には選帝侯に直属する中央機関、管区や裁判区といった地方行政・司法単位、そして都市や農村共同体という各レベルを想定することができる。しかし、それはこれら三者が単純なピラミッド構造や明白な主従関係を作っていたことを意味しない。トリーア選帝侯領では、地方役人が管轄する地方裁判所および共同体と選帝侯・中央機関とはむしろ隔絶していた。選帝侯はポリツァイ条令を用いて役人の役割を規定し、司法の規範を守らせようとしたものの、地方役人は裁判遂行に当たってむしろ共同体の側に立った。ヨハン七世の治世と迫害最盛期とはほぼ一致するが、彼が特別魔女迫害を推進したというよりは、それを有効に抑制することに失敗したという方が正しいだろう。一五九一年のポリツァイ条令でも裁判運営を委員会に委ねるのではなく、役人や上級裁判所の監督下で規範の枠内において魔女迫害を行わせるよう試みたものの、これが頓挫していることに現れている。史料状況が全体として貧弱であるということを差し引いても、トリーア選帝侯領で選帝侯ないし中央機関に宛てられた請願が特に少ないのは、このような選帝侯の政治的求心力の低さの表れであろう。人々は選帝侯に願い出るよりも、在地司直と結びつくことに迫害への近道を見出したのである。

このような役人と選帝侯との断絶の原因は、役人となる学識法曹の人材不足が考えられる。他領邦との兼務が当たり前に行われ、そして役人自身が時に小領邦の領主ですらあったならば、選帝侯に対する忠誠心も相対的に低くならざるを得なかった。在地役人は居酒屋など共同体のコミュニケーションの空間を村人たちと共有した。裁判に際しての会食習慣は「当局」と「臣民」との境界を曖昧にし、在地における人的結合を保たせ続けたのである。

若きバイエルンの公子フェルディナントの下で宮廷顧問会が設立されたケルン選帝侯領においても、この中央機関は魔女裁判において決定的役割を果たすことはなかった。すでに多くの先行研究が指摘するように、一六世紀は請願が激増する時代であり、限られた人的資源で寄せられる無限の請願に対応することは宮廷顧問会の処理能力の限界を越えた。そこで宮廷顧問会は他の政治・行政課題を優先させるために、魔女裁判を魔女裁判監督官に委ねることを選択したのである。こうして、中央機関であるはずの宮廷顧問会はその監督権限を実質的に放棄した。しかし、宮廷顧問会に対して地方裁判所が全くその権威を認めていなかったわけではない。むしろその介入を嫌うからこそ、地方裁判所が管区内の迫害推進勢力と妥協せざるを得なかったケルン選帝侯領レンス市のような事例もある。(1)

地方に介入する余力のない中央機関と、中央機関の介入を嫌う地方裁判所の利害が奇妙な形で一致しているのである。すでに述べたように、地方での魔女裁判実践の逸脱が報告されても顧問会からの制裁がほとんど行われていないことも特徴的であろう。

しかし、実際に共同体レベルと在地役人がどのように関わりあったのか、ケルン選帝侯領からはっきりと分かる事例は少ない。ヘルマン・レーアに見られるラインバハの事例では、選帝侯に任命される役人であるフォークトまでが魔女裁判監督官によって排除され、共同体から選出された参審人団も無力化された。ここでは、トリーア選帝侯領で見られたような迫害推進グループと在地役人との結びつきを示すような史料は確認されない。しかしレンス市でシュルトハイスが委員会と対立しながらも友人女性を魔女裁判から救おうとしたことは、やはり役人も共同体の人的結合の中に組み込まれていたことを示している。これが個別事例に留まるのかどうか、さらなる平行事例の探求が望まれる。

マインツ選帝侯領で行われた魔女裁判において、請願は多くの場合、宮廷顧問会や選帝侯が直接の名宛人になっている。在地役人に対しては、請願はむしろ口頭で行われ、中央レベルに送られて初めて史料として残されることになったという可能性も大いに考えられる。とはいえ、選帝侯宮廷にもほぼ請願史料が残されていないトリーア選帝侯領と比較すれば、請願実践がマインツ選帝侯領により深く根付いていたことは疑いのないことである。さらに特徴的なのは、マインツ選帝侯が個人として前面に表れ、魔女迫害に対するイニシアチブを示すことがほとんどない一方で、請願をめぐるやりとりが宮廷顧問会と管区長との交換書簡の中に残されていることである。請願に応えることは重要な政治課題であり、在地役人はそれを中央機関との緊密な連携において果たそうとしていた。そして、請願に応えるという実務に当たったのは、選帝侯の名の下での宮廷顧問会だったのである。上記二つの領邦と比較すれば、官僚的な中央機関による地方への監督がマインツ選帝侯領でもっとも機能していたことは明らかである。

中世以来の有力ラント貴族がいなかったこと、農民戦争を通じて有力都市が次々とその自立性を失っていったことはその背景として理解できよう。魔女裁判が当局の統制を離れ暴動化する危険は常に認識されていたものの、少数の例外を除き当局――この場合、中央機関と地方役人両者――は多くの場合、裁判の経過を掌中に収めていた。

本書では、宮廷顧問会を構成する人々の具体像には立ち入らなかった。しかし、宮廷顧問会が学識法曹による官僚的なコントロールを目指したものであったことを鑑みれば、近世領邦における学識者の役割は非常に重要である。本書の範囲を超えることであるが、三領邦における宮廷顧問会がそれぞれ異なる程度で機能していたことは、学識者の人的交流、大学教育の在り方などからさらに詳細に明らかにすることができるだろう。魔女問題に関してほとんど存在感を示すことがなかったトリーア選帝侯の宮廷顧問会に関しても、なぜこれが魔女迫害に際して機能しなかったのかということも含めさらに検討の余地がある。すでに学識者に着目したいくつかのプロソポグラフィー研究があるが、このような先行研究を足がかりに、この問題はさらに明らかにされていくべきものと思われる(2)。

2　対象地域におけるポリツァイ条令の特色

上に見たような共同体―地方役人―領邦君主間の関係は、それぞれの領邦におけるポリツァイ条令を特徴づけている。トリーア選帝侯による一五九一年のポリツァイ条令は委員会主導の魔女迫害という「弊害」を対症療法的に正そうとしたものであった。しかしその名宛人でありポリツァイを実現させるべき在地役人が地域の迫害推進グループと結びついたことで、ポリツァイ条令の実現は困難となった。さらに一六三〇年のポリツァイ条令はむしろ委員会の存在を受け入れ、委員会による魔女迫害を追認する形となった。ポリツァイが現実を作ったというよりは、現実にポリツァイが順応したことになる。これはトリーア選帝侯領だけに特徴的なわけではない。帝国法であるカロリナ自体が慣習法の尊重を前文に掲げているように、近世の法は常に伝統的な法形態との共存を前提としていた。領主側からの働きかけであるポリツァイ条令が在地からのリアクションを受けて妥協的に形成されていくことは、近世法の内在的問題であるといえよう。

ケルン選帝侯フェルディナントによる一六〇七年のポリツァイ条令は、トリーア選帝侯領におけるそれのように何らかの不都合や欠陥に対応するというよりは教条的かつ一般的な内容に留まった。トリーア選帝侯領で幾度も言及された訴訟記録送付の勧奨もここでは影を潜める。繰り返し述べてきたように、宮廷顧問会は監督機関としての自らの役割を魔女裁判監督官に委譲してしまっていた。ポリツァイ条令は魔女裁判監督官による統制を前提としているゆえに、彼らの裁判実践をチェックするという機能はポリツァイ条令の中には当然なかったのである。その意味で、ポリツァイ条令が正しく運用されているかどうかに関して選帝侯が大きな関心を払っているようには思われない。ここでは、実際にそれがもたらすべき効果よりは、ポリツァイ条令を発するという行為そのものに重きが置かれていたのではないか。宮廷顧問会における魔女問題を巡る討議においても、一六〇七年ポリツァイ条令の存在がまるで無視されているというベッカーやショアマンの指摘はそれを裏付けている[3]。ケルン選帝侯領でポリツァイの効果が実際に検証され、ポリツァイの徹底を宮廷顧問会が試みるようになるのは、一六二八年の財産没収規定以降と言わねばならない。

マインツ選帝侯領の一六一二年の尋問項目も現実の裁判実践を反映したものというよりは、魔女教理をそのまま映し出したような内容であった。しかもそこには詳細な手続きの指示も含まれていなかった。というのも、ここではポリツァイ条令の実際の運用は、宮廷顧問会と在地との綿密な連絡を前提としていたからである。反対に、同年の裁判費用をめぐる手続きは極めて詳細に定められている。とりわけ財産没収を巡っては煩瑣な目録作成などについても細かく定められたが、それを実行するためには役人が一定程度の高い規律を保つことが前提とされていたであろう。これもまた、地方と中央との緻密な対話が行われた上で実現されるべきものであった。マインツ選帝侯領のポリツァイ条令は、中央と地方機関との密接な関係の上に成り立つと理解されていた。もちろん、そのような連携は所与のものではなく徐々に形成されていったものであった。マインツ選帝侯領でもトリーア・ケルン両選帝侯領と同様、裁判報酬を饗応によって支払うことがないようにという規定が見られる。このことは、在地役人がもともとは分かちがたく地域社会のネットワークと結びついていたことを如実に示している。その意味で、在地支配層は選帝侯と共同体のまさに仲介者となったのである。

3　請願とポリツァイ

一口に請願といっても、その宛先、起草者、目的も様々なパターンがあり、極めて多様な役割を果たしている。まずは請願にどのような機能があったのか今一度整理してみたい。

第一に、請願は魔女裁判を求めるための重要な手段となった。請願は徐々に民衆の表現手段が奪われていく中で残された自己主張の方法であった。口頭から文書へ、暴力や自力救済から規律化された職権による裁判へという変化の時代、請願はコミュニケーションツールとして機能し続けた。これまでの請願分析は主に魔女裁判被害者の防衛手段としての請願に集中し、迫害促進のための請願は副次的にしか扱われてこなかった。しかし、本書は迫害を求める民衆の請願に現れる様々な表現を読み解き、民衆の関心事、どのような特徴を魔女と捉え、どのような契機で疑惑が発生するのかを、民衆の言葉によって再構成する試みであった。

請願のレトリックは、一般的な修辞、慣用表現にすぎないとして看過され、魔女研究の俎上には載せられることがほとんどない。しかし、請願の中の執拗なまでのリフレイン、冗長な言い回しの中には豊かな連関が内包されていることを強調したい。請願はいわゆる純粋な「エゴ・ドキュメント」ではない。請願は当初から上位権力者に読まれることを前提とし、その注意関心を引き付けるために様々な戦略が用いられたのである。ポリツァイ条令に繰り返し用いられる「慈悲深き」「寛大な」君主という定型句により、君主は理想的なキリスト教的支配者としての自己像を顕示した。しかし同時に、ポリツァイ条令の中で自らを繰り返し「慈悲深く寛大な君主」と称した選帝侯は、民衆から当然慈悲を期待された。請願の中に執拗なほどに現れる「慈悲深く寛大な君主」への呼びかけは、ポリツァイ条令の中に君主自ら示した理想の君主像をそのまま受け入れたもののように見える。しかしこれは、臣民が真に「従順」で「恭順」で「無力」になった、つまり内的な規律化が完成したことを必ずしも意味するものではあるまい。彼らは神の代理人としての君主の責任を問い、君主の慈悲を強調することで「保護されるべき臣民」である自らの権利をも声高に主張するのである。また請願の中で正当性の根拠としてしばしば用いられた「共同体全体のために」という一文は、同時に共同体の中にくすぶる嫉妬や憎悪といった隠された動機を表出させるものでもあった。本書第二章第5節で論じたように、公益や神の栄誉というレトリックによって覆い隠された無意識的な富める者への妬みや憎しみは、あらゆる人々が魔女となることを可能とさせたのだった。

第二に、請願は領邦君主にとって在地の不満を汲み上げ、行政司法制度の改善に役立てるための重要な情報源であった。そして、その情報はやがてポリツァイに反映されることとなった。請願が史料としてほとんど残存していないトリーア選帝侯領ですら、請願の痕跡がポリツァイ条令に見られる。一五九一年のポリツァイ条令は、放縦な委員会によって未亡人や孤児らが苦境に追いやられていることを案じ、それに対する具体的な方策を示すものであった。またトリーア市の魔女裁判遺児の保護を指示した一五九二年法令も、その陰に多くの請願があったことを示している(4)。マインツ選帝侯領の一六一二年財産没収規定でも多くの請願の存在が示唆されていることは、第五章ですでに示した通りである。

ポリツァイの側にもまた、請願を受け入れる用意がなされていた。ケルン選帝侯領ではマインツ選帝侯領にならった財産没収規定が示されるが、ここでは慣習法の優先にも言及するなど、最初から抜け道が用意されている。貫徹されないことがある程度前提とされていたのである。マインツ選帝侯領の財産没収規定においても、「選帝侯の慈悲」というファクターがアド・ホックに適用される可能性が示されている。規定そのものの中に恩赦への含みを持たせたり、現状行われていることを改めて規定の中に取り込んだりすることで、ポリツァイ条令には現実へと適応する「余白」がデザインされていたのである。

これは、君主による一方的な意志だけでは成立しえない支配の実態を物語るものだろう。ポリツァイ法に対して請願が寄せられ、それに対応することでポリツァイが法として確立されていく、そのこと自体はポリツァイの通用力のなさとしてのみ理解されるべきではない。むしろ、法令は民衆による来るべき請願を想定し、選帝侯の慈悲、恩赦を含めてデザインされたものであり、個々のケースに応じて弾力的に運用されうるものだった。ケルン選帝侯領では財産没収の実施をめぐり、人々は繰り返し中央機関である宮廷顧問会に問い合わせを行った。このような請願によるポリツァイ条令の確認の繰り返しは、ひいてはポリツァイの定着と確立を手助けすることとなった。一六〇七年のポリツァイ条令が「無視」されていたのに対し、裁判費用と財産没収という自明な経済的利害を扱った一六二八年法令に対しては、人々はその徹底を求めて熱心に働きかけた。宮廷顧問会もまた、裁判費用と財産没収の会計簿を送付させるよう求めるなど、ようやくポリツァイの徹底に動き出した。こうして、ポリツァイは上下両方向からの働きかけにより通用力を獲得するようになったのである。しかし、トリーア選帝侯領における委員会のように、民衆が自分たちのやり方を押し通す際には、ポリツァイ条令は大きな障壁とはならなかった。人々は、守りたい規範と守りたくない規範を自ら選択することで、ポリツァイの形成に間接的に関与したといえる。

請願と魔女裁判の展開、そしてポリツァイ条令の増加と近世的国家形成にある密接な関係はこれまで充分に評価されてこなかった。魔女裁判の終結は、啓蒙思想や科学的進歩、迷信の衰退から説明されてきたし、それらの説明はもちろん妥当であろう。しかし逆に言えば、魔女裁判の時代を経たことで、中央当局による司法実践への統制がより促進されたのもまた事実である。ケルン選帝侯領では一六九六年、選帝侯ヨーゼフ・クレメンス（Joseph Clemens　一六七一―一七二三、在位一六八八―一七二三）によりヴェストファーレンを対象に新たな魔女裁判手続法令が発せられている[5]（図15）。魔女裁判の最盛期とずいぶん時期がずれており、なおかつヴェストファーレンに対象が限定されているためか、管見の限りこの史料はこれまでの研究ではほとんど顧みられていない[6]。しかしその内容は、第三章で扱った一六〇七年の魔女裁判令に見られた魔女裁判監督官一任の姿勢とは全く異なり、ケルン選帝侯領における魔女裁判に対する態度の変化をはっきりと示している。

「以前より、また最近にも魔女の悪幣とそのような風評のある人物に対して行われた糾問と刑事裁判において、それが妬み、憎しみ、利欲やその他様々の理由なき邪推、秩序なき嫉妬から、無責任な乱暴が行われていることが何度も見受けられる[7]」。魔女裁判が不当な動機から行われているという情報を選帝侯にもたらしたのは、被告の家族や友人からの請願であろうか、あるいは多少なりとも懐疑的になった役人であろうか。いずれにせよ、ヴェストファーレンで行われている不法はボンの選帝侯の耳にまで届いていた。魔女を駆除することそれ自体に

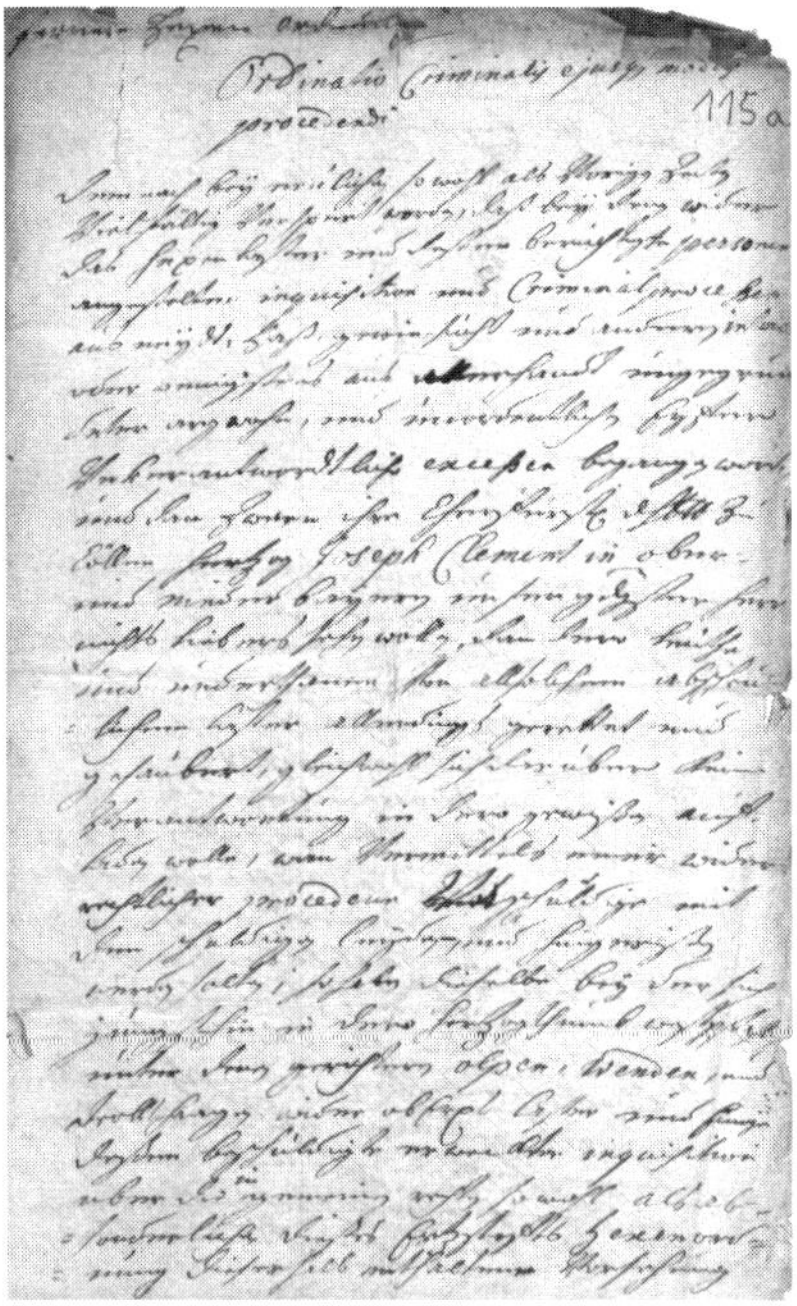

図15　ケルン選帝侯領ポリツァイ条令（1696年）
出典：LdANRW, Abt. W, KKE Bd. 47, Nr. 115a.

は賛成であるが、「法に反した手続きをもって無実の者を罪人と共に傷つけ、無実の者が処刑されるようならば」選帝侯もこれに責任を負うことはできないとしている。選帝侯の名の下での裁判で、そのような不法が行われることをもはや選帝侯は認めない。「第一に、〔事件の〕性質に応じて、なぜ、どのように罪に問われた人物や被告に行きついたのか、あるいは〔証人から〕引き出された情報について、〔証人の〕人物やその財産において確かなものであるのか、この糾問訴訟に配置された魔女裁判監督官の助言と鑑定なしには何人も逮捕されない。また上述の魔女裁判監督官は彼の鑑定が情報の質に応じて整えられるべきこと、さらに以下のように制限されることを注意すべし」[8]。これまでと同様に魔女裁判監督官が裁判を指揮するのだが、もはや彼らに全権委任するのではなく、そこに制限を加えることがこの条令の主題となっている。以下には、拘置において不必要な恐怖を囚人に与えないこと、拷問の脅しを行わないこと、どのような容疑で告発されているのかについて被告に知らされること、被告に弁護の機会が与えられることなどが続く[9]。さらに、「拷問が行われる前に、ラント代官とアルンスベルクの顧問会官房に中立的な鑑定を求めるために裁判関係者が派遣される」[10]という一文がある。拷問を開始するためには魔女裁判監督官以外の、この場合はヴェストファーレンの中央機関に当たる官房の同意が必要となった。さらに、「このような手続きをもって有罪を立証できなかった人物に対しては、一人の無実の人物に刑を宣告し、〔冤罪の〕重い責任を負うことになる危険を冒すよりは、むしろ神の全能とその判断に委ねよ」[11]とある。「疑わしきは被告人の利益に」の原則が、魔女裁判においても適用されるようになったのである。

　魔女裁判においては多くの逸脱が生じ、それゆえに多くの人命が奪われ、司法の権威は脅かされた。しかし同時にその狂乱があったからこそ、多くの請願が当局に届けられ、それに対応するポリツァイ条令が生まれた。少しずつ進行していた君主による在地司法への統制がさらに促進されるきっかけを与え、逆説的に領邦における司法の引き締めをもたらしたのは魔女裁判に他ならなかったのである。

この請願史料の魅力は臣民と支配者という二項対立を越えて、近世の人々の語りを蘇らせる点にある。一つの請願の中には異なる人々の声が同時に響いている。すなわち、ポリツァイ条令に現れる君主のレトリックと、保護を求める民衆のレトリックが背中合わせに現れてくるのである。「寛大な君主」と「恭順な臣民」両者による鏡像的レトリックは、図式的な君主―臣民像の下に様々に異なる利害を包みこんでいる。そこでは領主も臣民も呼びかけ、呼びかけられる主体であって、客体あるいはいわゆる社会的存在物ではないのである。

請願史料とポリツァイとの豊かな連関は、魔女迫害史研究に留まらず今後の歴史学研究においても実りをもたらすものとなる。魔女迫害に関しては請願史料の残存状況は必ずしも良いとは言えないが、誰しもが関係者となりえる日常に潜む「魔女」という題材だからこそ、請願に多種多様な意図を読み取ることができる。共同体の中の社会的関係、村や裁判所の経済関係、もはや自力救済が許されなくなった近世において変化する領主と臣民との関係など、魔女迫害の問題が内包する多種多様な諸関係を映し出す鏡として、請願を捉えることができるのである。

註

（1）ケルン選帝侯領レンス市を扱ったバトリは委員会と在地役人であるシュルトハイスとの魔女裁判をめぐる対立、上級裁判所の介入という興味深い事例をあぶり出した。Bátori, Die Rhenser Hexenprozesse; dies, Schultheiß. レンスのケースは邦語でも牟田氏によって紹介されている。牟田、『魔女裁判』、八六―九五頁。

（2）例えばケルン選帝侯領については以下を参照。Peter A. Heuser, Prosopographie der kurkölnischen Zentralbehörden. Teil I: Die gelehrten rheinischen Räte 1550-1600, Studien und Karriereverläufe, soziale Verflechtungen, in: *Rheinische Vierteljahrsblätter* 66（2002), S. 264-319. トリーア選帝侯領については以下の文献等を参照。Peter-Stephan Berens, *Trierer Juristen. Die Mitglieder der Juristenfakultät und ihre Einbindung in Ämter und Bürgerschaft der Stadt von 1600 bis 1722*, Trier 2008.

（3） Schormann, *Der Krieg*, S. 40f.; Becker, Erzstift, S. 107f.

（4） QRW. Nr. 297.「余ヨハン、トリーア大司教にして選帝侯には、嘆願を通して哀れな臣民が見出される」。

（5） LdANRW, Abt. W, KKE Bd. 47, Nr. 115a. ミュンスターに残されているのは印璽のない写しであるが、『ポリツァイ条令目録』にもこの写しの存在のみ言及されているため、おそらく原本は失われてしまったと思われる。Härter, *Deutsches Reich*, S. 471.

（6） ショアマンは一六九五年、一六九六年にようやく宮廷顧問会がヴェストファーレンでの魔女裁判に介入するとができたとしているが、その根拠として顧問会議事録（著者未見）に言及するのみで、法令の内容そのものには触れていない。Schormann, *Der Krieg*, S. 166.

（7） LdANRW, Abt. W, KKE Bd. 47, Nr. 115a, fol. 1.

（8） Ebd., Fol. 2.

（9） Ebd., Fol. 2f.

（10） Ebd., Fol. 4.

（11） Ebd.

おわりに

本書の構想は、筆者が修士論文、正確には卒業論文の頃から扱ってきたトリーア選帝侯領における魔女迫害への関心が原点となっている。魔女迫害がフィクションではなく実際に起きたことであると知った頃、なぜありもしない犯罪のために何万人もが犠牲にならねばならなかったのか、理解に苦しんだ。近世ドイツの農村の人々は日々何を信じ、何を大切に思い、どのように生きていたのか。民衆文化の世界について知りたいと、学部時代に辞書と首っ引きになりながらドイツ地域史研究を読んだことから深みにはまった。修士課程ではトリーア選帝侯領の事例を取り上げながら、近世民衆による主体的な司法参与の一事例として、あるいは領邦君主が刑事司法実践に深く鋤を入れ中央集権化を促進する契機として、魔女裁判を分析しようとした。しかし、博士課程に進んでからしばらくは一領邦の珍しい一事例という枠を抜け出していないのではと悩み、研究は停滞した。

その膠着を脱するきっかけとなったのは、一つにはポリツァイ研究の蓄積に触れたことであった。上からでも下からでもなく、領主権力と民衆のコミュニケーションの過程として規範形成を問うという視点はとても新鮮であり、同時に魔女迫害を説明するためにまさに必要な分析視角であると思われた。そこからポリツァイ形成の一助としての請願研究へとつながり、研究の方法的道筋が見えてきた。三つの選帝侯領の事例比較をしてみようと言ういわば大それた構想を得たことも、もう一つの転機であった。いずれの領邦についても緻密な地域研究があり、それぞれユニークな魔女迫害のあり方が提示されているようでいて、しかしまだ言うべきことが残されているように思われた。というのも、魔女迫害における請願とそれに対応する君主の働きかけであるポリツァイの役割が、決して十分に扱われてはいなかったからである。こうして、主要史料として請願とポリツァイ条令に分析対象を絞ったことから着地点が見えてきた。

本文で触れた通り、請願・ポリツァイの両テーマはともにそれ自体として厚い研究蓄積がある。本書はその大海の波打ち際に立つに過ぎないが、魔女の問題領域と隣接する領域との接続がいくらかでも示しえたならば、望外の喜びである。

本書は、二〇一三年度に東京大学大学院総合文化研究科より博士（学術）の学位を得た論文「三聖界選帝侯領における魔女迫害の構造比較――ポリツァイと請願を中心に」に、刊行にあたって加筆修正を施したものである。その一部の内容は以下の個別論文において発表されており、初出は以下の通りである。

「トリーア選帝侯領における魔女迫害――委員会を中心に」『史学雑誌』第一一七編第三号（二〇〇八）、四〇―六三頁（第三章第2節、第五章第1節の一部）。

「魔女裁判における財産没収――ポリツァイの視点から」『西洋史学』第二五四号（二〇一四）、一―一八頁（第五章第3節）。

この論文が完成するまでに、多くの方々からお力添えをいただいた。それがなければ、本書の刊行はおろか、研究生活を続けることも困難であったに違いない。この場を借りて厚くお礼を申し上げたい。

北海道大学文学部の山本文彦先生からは、丹念にテキストを読むこと、大きな文脈の中に位置づけた問題設定の重要さを教えていただいた。時間無制限で時には夜遅くまで続いた月曜日五限のドイツ史ゼミは、無知なりに歴史研究という永続的営みの一端に自分は連なっているのだという（分不相応な）知的興奮というものを教えてくれた、私の原点である。東京大学大学院総合文化研究科地域文化研究専攻に進学してからは、相澤隆先生よりご指導いただいた。地域研究の陥穽にはまり、近視眼的になりがちであった筆者に対し、いつも論理的なバランスの取れたご助言をくださった。研究の全体像や方向性を、筆者よりもずっと明確に把握しておられたと思う。本書の副題「民衆世界と支配権力」という表現も、相澤先生のご助言によるものである。池上俊一先生、長谷川まゆ帆先生からは、ラテン語史料の読解、雑誌論文の執筆など様々な場面でご指導いただいた。研究のみならず人生相談のようなことまで聞いていただき、長い大学院生時代を精神的にも支えていただいた。

留学中は、トリーア大学歴史学部のリタ・フォルトマー氏に言葉に尽くせぬほどお世話になった。下手なドイツ語での研究計画を根気よく聞いてくださり、三領邦の比較をしてみてはどうかとご助言くださった。方向性を見失って煮詰まっていた研究が再び動き出すことができたのは、彼女のおかげである。筆者は彼女から手稿史料読解の丁寧な手ほどきを受け、関連先行研究も多数ご教示いただいた。ドイツでの学際魔女研究会やザールラント大学ベーリンガー教授のコロキアムでの報告や論文発表の機会も与えてくださった。また時にはご自宅に招いていただき、留学生活のことや将来の不安など気さくに話を聞いていただいた。彼女から受けた学恩は計り知れないが、せめて、魔女研究を盛り上げていくという形で少しでもお返しし続けたいと願う。

上智大学グローバル教育センターにプロジェクトＰＤとして勤務した二〇一三年度には、松本尚子先生のゼミに出席させていただいた。「ポリツァイ」を主要分析軸に掲げたにも関わらず、法学の基本的素養もない筆者にとって、先生からいただくご助言は極めて貴重なものであった。また論文審査に加わっていただいた武蔵大学の踊共二先生はじめ、宗教改革史研究会の皆様には拙い報告を聞いていただき、多くの有用なアドヴァイスをいただいた。

上智大学グローバル教育センターの同僚であった上村威氏、覚張シルビア氏、加藤伸吾氏、中村翠氏、西脇靖洋氏には提出直前の原稿に目を通していただいた。また当時東京大学教養学部ドイツ科の教務補佐であった原田晶子氏は、目が痛くなりそうな細かい文献リストを丹念にチェックしてくださった。このほか、ここでお名前をあげることができない多くの先生方、学友、同僚にも、これまでのお力添えに厚く感謝申し上げたい。

これほど多くの方々からいただいた貴重なご教示を果たして本書で活かしきれたかと顧みると、己の力不足に忸怩たる思いを禁じ得ない。まだまだ遠い道のりではあるが、少しでも諸先生方の学恩に報いるべく今後も努めていくほかない。二〇一四年一月に発足した「学際魔女研究会」では、学部生の時からご著書や論文などでお名前のみ存じ上げていた諸先生方と同じ空間で魔女について議論するという、この上なく幸せな機会をいただいている。この研究会の活動を通じて、日本の魔女研究をさらに盛り上げていきたいと思う。

本書の出版にあたっては、日本学術振興会の平成二七年度科学研究費補助金「研究成果公開促進費（学術図書）」の助成を得た。編集を担当いただいたミネルヴァ書房の水野安奈さんのご尽力にも厚く感謝申し上げたい。

最後に、なかなか人並みに落ち着くことができない筆者を、心配しながらも見守り支えてくれた亡父と母、姉兄に、心からの感謝を込めて本書を捧げる。

二〇一五年秋　穏やかな日本海をのぞむ研究室にて

小林繁子

Diese Arbeit wurde im November 2013 von dem Department of Area Studies, Graduate School of Arts and Sciences der University of Tokyo als Dissertation angenommen. Sie basiert zum größten Teil auf Recherchen, die ich während meines Forschungsaufenthaltes in Trier vom Sommer 2009 bis zum Frühling 2012 durchführen konnte. Hierbei bin ich Frau Dr. Rita Voltmer, die mich im Verlauf meines Forschungsprojektes betreute, zu tiefem Dank verpflichtet. Sie trug durch ihre Freundlichkeit und ihr Entgegenkommen dazu bei, dass mir die Zeit in Trier stets in bester Erinnerung bleiben wird und gab mir wertvolle Hinweise und Ratschläge zur Archivrecherche, zur Entzifferung alter Handschriften und zur Quelleninterpretation. Ohne sie wäre diese Arbeit in der vorliegenden Form nicht möglich gewesen. Auch war es mir eine große Freude, an den Treffen des Arbeitskreises interdisziplinäre Hexenforschung（AKIH）teilnehmen zu dürfen. Mein großer Dank gilt den Mitgliedern des Arbeitskreises, die meiner Präsentation geduldig Aufmerksamkeit geschenkt haben und mir viele Anregungen und Denkanstöße gaben.

Niigata, im Oktober 2015
Shigeko Kobayashi

《著者紹介》

小林繁子（こばやし・しげこ）

1978年　生まれ。
2001年　北海道大学文学部卒業。
2013年　東京大学大学院総合文化研究科博士課程修了。
現　在　新潟大学教育学部准教授。
主　著　「トリーア選帝侯領における魔女迫害」『史学雑誌』第117編第3号、2008年ほか。

MINERVA 西洋史ライブラリー108

近世ドイツの魔女裁判
——民衆世界と支配権力——

2015年12月15日　初版第1刷発行　〈検印省略〉

価格はカバーに
表示しています

著　者　小　林　繁　子
発行者　杉　田　啓　三
印刷者　藤　森　英　夫

発行所　株式会社　ミネルヴァ書房

607-8494 京都市山科区日ノ岡堤谷町1
電話代表　(075)581-5191
振替口座　01020-0-8076

亜細亜印刷・兼文堂

ISBN978-4-623-07469-3

Printed in Japan

索　引

あ　行

か　行

さ　行

た　行

は　行

ま　行

や　行

ら　行

引用史料・文献一覧

未刊行史料

Das Bayerische Staatsarchiv Würzburg

AAR : 143 VII, Nr. 1; 360 X, Nr. 2

G- Akten : G. 3083; G. 3314; G. 10139; G. 18889; G. 18890

Gericht Miltenberg : 690; 691; 698

MRA : Cent K. 210-170; 210-185; 210-186; 210-205; 210-281; 598-62

MDP : 20; 23

Stadtarchiv Mainz

Abt. 28-291; 28-292

Landesarchiv Nordrhein-Westfalen Abteilung Rheinland

KK III, Bd. 23; Bd. 24; Bd. 24a; Bd. 26

RKG, Nr. 877, Aktenstück Q2

Landesarchiv Nordrhein-Westfalen Abteilung Westfalen

KKE, Bd. 47, Nr. 115a

Landeshauptarchiv Koblenz

1C 7944

刊行史料

AQUIN, Thomas : *Summa contra gentiles oder Die Verteidigung der höchsten Wahrheiten*. Aus dem Lateinischen ins Deutsche übersetzt und mit Übersichten, Erläuterungen und Aristoteles-Texten versehen von Helmut Fahsel, Zürich 1949.

BEHRINGER, Wolfgang (Hg.) : *Hexen und Hexenprozesse in Deutschland*, 5. Auflage, München 2001.

BINSFELD, Petrus (herausgegeben von KÜMPER, Hiram) : *Tractat von Bekanntnuß der Zauberer vnnd Hexen*, Wien 2004.

BROMMER, Peter (Hg.) : *Die Ämter Kurtriers. Grundherrschaft, Gerichtsbarkeit,*

Steuerwesen und Einwohner. Edition des sogenannten Feuerbuchs von 1563, Mainz 2003.

EMSLANDER, Heinz : *Dieburger Fautheibuch*, Dieburg ohne Erscheinungsjahr.

KRAMER, Heinrich (Institoris) : *Der Hexenhammer. Malleus Maleficarum. Neu aus dem lateinischen übertragen von Wolfgang Behringer, Günter Jerouschek und Werner Tschacher*, 8. Aufl., München 2010.

KRÄMER, Wolfgang : *Kurtrierische Hexenprozesse im 16. und 17. Jahrhundert. Vornehmlich an der unteren Mosel*, München 1959.

LÖHER, Hermann : *Hochnötige Unterthanige Wehmütige Klage Der Frommen Unschuldigen*, bearbeitet von BECKER, T. P. unter Mitarbeit von BECKER, T. mit einem Kommentar von BECKER, T. P./DECKER, R./DE WAARDT, H., Internetpublikation 2001.

URL : http://extern.historicum.net/loeher/ （最終アクセス2015年10月２日）

MACKAY, Christopher S. : *The Hammer of Witches. A Complete Translation of the Malleus Maleficarum*, Cambridge 2009.

BADISCHEN HISTORISCHEN KOMMISSION (Hg.) : Oberrheinische Stadtrechte, 1. Abteilung, bearb. von SCHRÖDER, R/KÖHNE, K., Heidelberg 1895.

PELIZAEUS, Ludolf und Arbeitskreis Hexenprozesse in Kurmainz (Hg.) : *„bestraffung des abscheulichen lasters der zauberey". Hexenprozesse in Kurmainz* (1 CD-ROM), Mainz 2004.

RADBRUCH, Gustav/KAUFMANN, Arthur (Hg.) : *Die peinliche Gerichtsordnung Kaiser Karls V. von 1532*, Stuttgart 1980.

RUDOLPH, F (Gesammelt u. Hg.) mit einer Einleitung von KENTENICH, G. : *Quellen zur Rechts- und Wirtschaftsgeschichte der rheinischen Städte, 1 : Trier*, Bonn 1915.

SCHILLING, Wolfgang : *Newer Tractat Von der Verführten Kinder Zauberey In welchem mit reifflichem Discurs, und muthmässigem Bedencken vorgehalten wirdt, auß was Ursachen viel unerwachsene, unnd unmündige Kinder ... unerhörter weiß verführt werden*, Aschaffenburg 1629.

SCHULTHEIS, Heinrich von : *Eine Außführliche Instruction Wie in Inquisition Sachen des grewlichen Lasters der Zauberey...zu procediren*, Cölln 1634.

URL : http://gdz.sub.uni-goettingen.de/dms/load/img/?PPN=PPN505628600 （最終ア

クセス2015年10月 2 日）

SCOTTI, J. J : *Sammlung der Gesetze und Verordnungen, welche in dem vormaligen Churfürstentum Cöln über Gegenstände der Landeshoheit, Verfassung, Verwaltung und Rechtspflege ergangen sind, vom Jahr 1463 bis zum Eintritt der Königlich Preußischen Regierungen im Jahre 1816*, Erste Abteilung in zwei Teilen, Düsseldorf 1830.

――――: *Sammlung der Gesetze und Verordnungen, welche in dem vormaligen Churfürstentum Trier über Gegenstände der Landeshoheit, Verwaltung und Rechtspflege ergangen sind, vom Jahr 1310 bis zur Reichs-Deptations-Schluß-mäßigen Auflösung des Churstaates am Ende des Jahres 1802*, o. O. 1832.

SPEE, Friedrich von Langenfeld (übersetzt von RITTER, J-F.) : *Cautio Criminalis, oder, rechtliches Gedenken wegen der Hexenprozesse*, München 2000.

VOLTMER, Rita/WEISENSTEIN, Karl (Bearb.) : *Das Hexenregister des Claudius Musiel. Ein Verzeichnis von hingerichteten und besagten Personen aus dem Trierer Land (1586-1594)*, Trier 1996.

ZENZ, Emil (Hg.) : *Die Taten der Trierer. Gesta Treverorum*, Bd. 7, Trier 1964.

Ein Warhafftige Zeitung. Von etliche Hexen oder Unholden/welche man kürtzlich im Stifft Maintz/zu Ascheburg/Dipperck/Ostum/Rönßhoffen/auch andern Orten/verbrendt/was Ubels sie gestifft/und bekandt haben, Frankfurt a. M. 1603.

Warhafftige und erschreckliche Beschreibung, von einem Zauberer (Stupe Peter genandt) der sich zu einem Wehrwolff hat können machen, welcher zu Bedbur ... ist gerichtet worden, den 31. October, dieses 1589. Jahrs, was böser Thaten er begangen hat ..., Cölln 1589.

URL : http://igitur-archive.library.uu.nl/bijzcoll/2006-0605-200158/UUindex.html（最終アクセス2015年10月 2 日）

Zwo gründliche und warhafftige Newe Zeitung. Die Erste Von den Hexen und unholden Mann und Weibspersonen, so man in der Churfürstlichen Statt zu Aschenburg unnd auch auff dem Land mit dem Fewer gestrafft unnd verbrandt hat... Geschehen, Giesen 1612.

研究文献

ANDERNACH, Norbert: Die landesherrliche Verwaltung, in: FLINK, K. (Red.), *Kurköln, Land unter dem Krummstab. Essays und Dokumente*, Kevelaer 1985, S. 241-251.

APPS, Lara/GOW, Andrew: *Male witches in early modern Europe*, Manchester/New York 2003.

BANGERT, William V.: *A history of the Society of Jesus. Second edition: revised and updated. The Institute of Jesuit Sources*, St. Louis 1986（上智大学中世思想研究所監修『イエズス会の歴史』原書房，2004年）.

BASCHWITZ, Kurt: *Hexen und Hexenprozesse*, München 1963（川端豊彦・坂井洲二訳『魔女と魔女裁判——集団妄想の歴史』法政大学出版局，1970年）.

BÁTORI, Ingrid: Die Rhenser Hexenprozesse der Jahre 1628 bis 1630, in: *Landeskundliche Vierteljahresblätter* 33 (1987), S. 135-155.

———: Schultheiß und Hexenausschuß in Rhens 1628-1632. Zum Ende einer Prozeßserie, in: FRANZ, G./IRSIGLER, F. (Hg.), *Hexenglaube und Hexenprozesse im Raum Rhein-Mosel-Saar*, Trier 1995, S. 195-224.

BAUER, Andreas: *Das Gnadenbitten in der Strafrechtspflege des 15. und 16. Jahrhunderts*, Frankfurt a. M. 1996.

BECKER, Thomas Paul: Krämer, Kriecher, Kommissare. Dezentralisierung als Mittel kurkölnischer Herrschaftspraxis in Hexereiangelegenheiten, in: VOLTMER, R. (Hg.), *Hexenverfolgung und Herrschaftspraxis*, Trier 2005, S. 183-204.

———: Hexenverfolgung im Erzstift Köln, in: LENNARTZ, S./THOMÉ, M. (Redaktion), *Hexenverfolgung im Rheinland: Ergebnisse neuerer Lokal- und Regionalstudien* (*Bensberger Protokolle 85*), Köln 1996, S. 89-136.

———: Hexenverfolgung im Herzogtum Jülich. in: *Neue Beiträge zur Jülicher Geschichte*, Bd. 8 (1997), S. 54-75.

———: Hexenverfolgung in Kurköln. Kritische Anmerkungen zu Gerhard Schormanns „Krieg gegen die Hexen“, in: *Annalen des Historischen Vereins für den Niederrhein* 195 (1992), S. 204-214.

BEHRINGER, Wolfgang: Das ‘Reichskhündig Exempel’ von Trier. Zur paradigmatischen Rolle einer Hexenverforgung in Deutschland, in: FRANZ, G./IRSIGLER, F. (Hg.),

Hexenglaube und Hexenprozesse im Raum Rhein-Mosel-Saar, Trier 1995, S. 435-447.

————: „Erhob sich das ganze Land zu ihrer Ausrottung". *Hexenprozesse und Hexenverfolgungen in Europa, in :* DÜLMEN, R. van (Hg.), *Hexenwelten. Magie und Imagination vom 16.- 20. Jahrhundert*, Frankfurt a. M. 1987, S. 131-169.

————: Geschichte der Hexenforschung, in : LORENZ, S. (Hg.), *Wider alle Hexerei und Teufelswerk. Die europäische Hexenverfolgung und ihre Auswirkungen auf Südwestdeutschland*, Ostfildern 2004, S. 485-668.

————: *Hexen. Glaube, Verfolgung, Vermarktung*, 4. Auflage, München 2005.

————: *Hexenverfolgung in Bayern. Volksmagie, Glaubenseifer und Staatsräson in der Frühen Neuzeit*, München 1987.

BELLINGHAUSEN, Hans : *Rhens am Rhein und der Königsstuhl*, Koblenz 1929.

BERENS, Peter-Stephan : *Trierer Juristen. Die Mitglieder der Juristenfakultät und ihre Einbindung in Ämter und Bürgerschaft der Stadt von 1600 bis 1722*, Trier 2008.

BLICKLE, Peter : Beschwerden und Polizeien. Die Legitimation des modernen Staates durch Verfahren und Normen, in : DERS. (Hg.), *Gute Policey als Politik im 16. Jahrhundert. Die Entstehung des öffentlichen Raumes in Oberdeutschland*, Frankfurt a. M. 2003, S. 549-568.

————: Die staatliche Funktion der Gemeinde. Die politische Funktion des Bauern. Bemerkungen aufgrund von oberdeutschen Ländischen Rechtsquellen, in : DERS. (Hg.), *Deutsche ländliche Rechtsquellen. Probleme und Wege der Weistumsforschung*, Stuttgart 1977, S. 205-223.

————: Kommunalismus, Parlamentarismus, Republikanismus, in : *HZ* 242 (1986), S. 529-556（前間良爾訳「共同体主義，議会主義，共和主義——邦訳と解説」『九州情報大学研究論集』第２号第１巻（2000），131-154頁）.

BLICKLE, Renate : Supplikationen und Demonstrationen. Mittel und Wege der Partizipation im bayerischen Territorialstaat, in : RÖSENER, W. (Hg.), *Kommunikation in der ländlichen Gesellschaft*, Göttingen 2000, S. 263-317.

BOSBACH, Franz : Köln. Erzstift und Freie Reichsstadt, in : SCHINDLING, A./ZIEGLER, W. (Hg.), *Die Territorien des Reichs im Zeitalter der Reformation und Konfessionalisierung. Land und Konfession 1500-1650*, Bd. 3 (Der Norwesten), Münster 1995, S. 58-84.

BRAKENSIEK, Stefan : Lokale Amtsträger in deutschen Territorien der Frühen Neuzeit. Institutionelle Grundlagen, akzeptanzorientierte Herrschaftspraxis und obrigkeitliche Identität, in : ASCH, R. G./FREIST, D. (Hg.), *Staatsbildung als kultureller Prozess. Strukturwandel und Legitimation von Herrschaft in der Frühen Neuzeit*, Köln/Weimar/Wien 2005, S. 49-67.

BRIGGS, Robin : *Witches and neighbours. The social and cultural context of European witchcraft*, Penguinbooks 1996.

BRÜCK, Anton Ph. : Johann Adam von Bicken. Erzbischof und Kurfürst von Mainz 1601-1604, in : *Archiv für mittelrheinische Kirchengeschichte* 23 (1971), S. 147-187.

BURKE, Peter : *Popular culture in early modern Europe*, London 1978（中村賢二郎・谷泰訳『ヨーロッパの民衆文化』人文書院，1988年）.

CHRIST, Günter : Frühneuzeitliche Staatlichkeit im Erzstift Mainz und im Hochstift Würzburg. Ein Vergleich, in : FERDINAND, S. (Hg.) : *Gesellschaftsgeschichte. Festschrift für Karl Bosl zum 80. Geburtstag*, Bd. 2, München 1988 S. 373-392.

CLARK, Stuart : *Thinking with Demons. The Idea of Witchcraft in Early Modern Europe*, Oxford 1999.

DECKER, Rainer : Der soziale Hintergrund der Hexenverfolgung im Gericht Oberkirchen 1630, in : BRUNS, A. (Redaktion), *Hexen. Gerichtsbarkeit im Kurkölnischen Sauerland*, Schmallenberg-Holthausen 1984, S. 91-118.

――――: Die Hexenverfolgungen im Herzogtum Westfalen, in : *Westfäliche Zeitschrift* 131/132 (1981/1982), S. 339-386.

DILLINGER, Johannes : *Böse Leute. Hexenverfolgungen in Schwäbisch-Österreich und Kurtrier im Vergleich*, Trier 1998.

――――: Hexenverfolgung in Städten, in : FRANZ, G./IRSIGLER, F. (Hg.), *Methoden und Konzepte der historischen Hexenforschung*, Trier 1998, S. 129-165.

――――: Hexerei und entstehende Staatlichkeit, in : DILLINGER, J./SCHMIDT, J. M. /BAUER, D. R. (Hg.), *Hexenprozesse und Staatsbildung*, Bielefeld 2008, S. 1-24.

――――: Nemini non ad manus adesse deberet Cautio illa Criminalis. Eine frühe Spee-Rezeption in der dörflichen Prozeßpraxis Südwestdeutschlands, in : FRANZ, G. /IRSIGLER, F. (Hg.), *Methoden und Konzepte der historischen Hexenforschung*, Trier 1998, S. 277-286.

———: Politics, State-Building and Witch-Hunting, in: LEVACK, B. P. (Ed.), *The Oxford Handbook of Witchcraft in Early Modern Europe and Colonial America*, Oxford University Press 2013, pp. 528-547.

DINGES, Martin: Justiznutzungen als soziale Kontrolle in der Frühen Neuzeit, in: BLAUERT, A./SCHWERHOFF, G. (Hg.), *Kriminalitätsgeschichte. Beiträge zur Sozial- und Kulturgeschichte der Vormoderne*, Konstanz 2000, S. 503-544.

DUHR, Bernhard: *Die Stellung der Jesuiten in den deutschen Hexenprozessen*, Köln 1900.

DÜLMEN, Richard van: *Theater des Schreckens. Gerichtspraxis und Strafrituale in der frühen Neuzeit*, München 1995.

ECKERTZ, G.: Hexenprozesse, in: *Annalen des Historischen Vereins für den Niederrhein* 9/10 (1861), S. 135-162.

EERDEN, P. C. van der: Cornelius Loos und die magia falsa, in: LEHMANN, H. /ULBRICHT, O. (Hg.), *Vom Unfug des Hexen-Processes. Gegner der Hexenverfolgungen von Johann Weyer bis Friedrich Spee*, Wiesbaden 1992, S. 139-160.

———: Der Teufelspakt bei Petrus Binsfeld und Cornelius Loos, in: FRANZ, G. /IRSIGLER, F. (Hg.), *Hexenglaube und Hexenprozesse im Raum Rhein-Mosel-Saar*, Trier 1995, S. 51-71.

EICHHORN, Jaana: *Geschichtswissenschaft zwischen Tradition und Innovation. Diskurse, Institutionen und Machtstrukturen der bundesdeutschen Frühneuzeitforschung*, Göttingen 2006.

EIDEN, Herbert: Elitenkultur contra Volkskultur. Zur Kritik an Robert Muchembleds Deutung der Hexenverfolgung, in: VOLTMER, R./GEHL, G. (Hg.), *Alltagsleben und Magie in Hexenprozessen*, Weimar 2003, S. 21-32.

———: Vom Ketzer- zum Hexenprozess. Die Entwicklung geistlicher und weltlicher Rechtsvorstellungen bis zum 17. Jahrhundert, in: HAAN, R. B./VOLTMER, R. /IRSIGLER, F. (Hg.), *Hexenwahn. Ängste der Neuzeit*, Berlin 2002, S. 48-59.

EMSLANDER, Heinz und Margarethe: *Hexenprozesse in Dieburg 1596-1630*, Dieburg 1996.

ENNEN, Edith: Kurfürst Ferdinand von Köln (1577-1650). Ein rheinischer Landesfürst zur Zeit des Dreißigjährigen Krieges, in: *Annalen des Historischen Vereins für den Niederrhein* 163 (1961), S. 5-40.

ERKENS, Franz Reiner/JANSSEN, Wilhelm: Das Erzstift Köln im geschichtlichen Überblick, in: FLINK, K. (Red.), *Kurköln, Land unter dem Krummstab. Essays und Dokumente*, Kevelaer 1985, S. 19-42.

ESSER, Peter: Hexenverbrennung in der Eifel. Dr. Jur. Franziskus Buirmann der Hexenrichter aus Euskirchen, in: *Eifel Jahrbuch* 35 (1966), S. 30-36.

FOERSTER, Joachim F.: *Kurfürst Ferdinand von Köln. Die Politik seiner Stifter in den Jahren 1634-1650*, Münster 1976.

FRANZ, Gunther: Antonius Hovaeus, Cornelius Loos und Friedrich Spee - drei Gegner der Hexenprozesse in Echternach und Trier, in: FRANZ, G./GEHL, G./IRSIGLER, F. (Hg.), *Hexenprozesse und deren Gegner im trierisch-lothringischen Raum*, Weimar 1997, S. 117-141.

———: Die Reformation im Erzbistum, in: *Trier. Die Geschichte des Bistums*. Bd. 4, Strasbourg 1998, S. 10-13.

FREIST, Dagmar: Einleitung, in: ASCH, R. G./FREIST, D. (Hg), *Staatsbildung als kultureller Prozess. Strukturwandel und Legitimation von Herrschaft in der Frühen Neuzeit*, Köln/Weimar/Wien 2005, S. 1-47.

FUHRMANN, Rosi/KÜMIN, Beat/WÜRGLER, Andreas: Supplizierende Gemeinden. Aspekte einer vergleichenden Quellenbetrachtung, in: BLICKLE, P. (Hg.), *Gemeinde und Staat im Alten Europa*, 25. Bd der Beihefte der *HZ*, München 1998, S. 267-323.

GAWLICH, Tanja: Der Hexenkommissar Heinrich von Schultheiß und die Hexenverfolgungen im Herzogtum Westfalen, in: KLUETING, H. (Hg.), *Das Herzogtum Westfalen*, Aschendorff 2009, S. 297-320.

GEBHARD, Horst: Die Hexenverfolgung in der mainzischen Zent Nieder-Roden, in: Arbeitskreis für Heimatkunde Nieder-Roden e. V. (Hg.), *Nieder-Roden 786-1986*, Badenhausen 1985, S. 91-104.

———: *Hexenprozesse im Kurfürstentum Mainz des 17. Jahrhunderts* (*Veröffentlichungen des Geschichts- und Kunstvereins Aschaffenburg 31*), Aschaffenburg 1989.

GERSMANN, Gudrun: Auf den Spuren der Opfer. Zur Rekonstruktion weiblichen Alltags unter dem Eindruck frühneuzeitlicher Hexenverfolgung, in: LUNDT, B. (Hg.), *Vergessene Frauen an der Ruhr. Von Herrscherinnen und Hörigen, Hausfrauen und Hexen 800-1800*, Köln/Weimar/Wien 1992, S. 243-272.

———: „Toverie halber...“. Zur Geschichte der Hexenverfolgungen im Vest Recklinghausen. Ein Überblick, in: *Vestische Zeitschrift. Zeitschrift der Vereine für Orts- und Heimatkunde im Vest Recklinghausen* Bd. 92/93 (1993/1994), S. 7-43.

GOLDSCHMIDT, Hans: *Zentralbehörden und Beamtentum im Kurfürstentum Mainz vom 10. bis zum 18. Jahrhundert* (*Abhandlungen zur mittleren und neueren Geschichte; H. 7*), Berlin/Leipzig 1908.

HANSEN, Joseph: Der Hexenhammer, seine Bedeutung und die gefälschte Kölner Approbation vom Jahre 1487, in: *Westdeutsche Zeitschrift für Geschichte und Kunst* 26 (1907), S. 372-404.

———: Heinrich Institoris, der Verfasser des Hexenhammers, und sein Tätigkeit an der Mosel im Jahre 1488, in: *Westdeutsche Zeitschrift für Geschichte und Kunst* 26 (1907), S. 110-118.

HANTSCHE, Irmgard: *Atlas zur Geschichte des Niederrheins*, Essen 1999.

HARMS, Wolfgang: *Deutsche illustrierte Flugblätter des 16. und 17. Jahrhunderts*, Bd. IV, Tübingen 1987.

HÄRTER, Karl: Das Aushandeln von Sanktionen und Normen. Zu Funktion und Bedeutung von Supplikationen in der frühneuzeitlichen Strafjustiz, in: NUBOLA, C. /WÜRGLER, A. (Hg.), *Bittschriften und Gravamina. Politik, Verwaltung und Justiz in Europa* (*14.-18. Jahrhundert*), Berlin 2005, S. 243-274.

———: Kurmainz, in: DERS. (Hg.), *Deutsches Reich und geistliche Kurfürstentümer* (*Kurmainz, Kurköln, Kurtrier*), Frankfurt a. M. 1996, S. 107-133.

———: Kurtrier, in: DERS. (Hg.), *Deutsches Reich und geistliche Kurfürstentümer* (*Kurmainz, Kurköln, Kurtrier*), Frankfurt a. M. 1996, S. 601-621.

———: *Policey und Strafjustiz in Kurmainz. Gesetzgebung, Normdurchsetzung und Sozialkontrolle im frühneuzeitlichen Territorialstaat*, Frankfurt a. M. 2005.

———: Strafverfahren im frühneuzeitlichen Territorialstaat: Inquisition, Entscheidungsfindung, Supplikation, in: BLAUERT, A./SCHWERHOFF, G. (Hg.), *Kriminalitätsgeschichte. Beiträge zur Sozial- und Kulturgeschichte der Vormoderne*, Konstanz 2000, S. 459-480.

HARTMANN, Peter C./PELIZAEUS, L. (Hg.): *Forschungen zu Kurmainz und dem Reichserzkanzler*, Frankfurt a. M. 2005.

HAXEL, Edwin: Verfassung und Verwaltung des Kurfürstentums Trier im 18. Jahrhundert, in: *Trierer Zeitschrift* 5 (1930), S. 47-88.

HEHL, Ulrich von: Die Hexenprozesse der frühen Neuzeit. Rheinische Aspekte eines europäischen Phänomens, in: DICKERHOF, H. (Hg.), *Festgabe Heinz Hürten zum 60. Geburtstag*, Frankfurt a. M. 1988, S. 243-264.

HENNEN, Anita: Walpurgisnacht und Maibräuche im Trierer Land, in: FRANZ, G. /IRSIGLER, F. (Hg.): *Hexenglaube und Hexenprozesse im Raum Rhein-Mosel-Saar*, Trier 1995, S. 151-165.

HENSLER, Erwin: *Verfassung von Kurmainz um das Jahr 1600*, Straßburg 1908.

HEUSER, Peter A.: Eine Auseinandersetzung über den Indizienwert der Kaltwasserprobe im Hexenprozeß. Studien zur Rick-Delrio-Kontroverse 1597-1599 und zur Zurückdrängung der Kaltwasserprobe aus kurkölnischen Hexenprozessen im 17. Jahrhundert, in: *Rheinisch-westfälische Zeitschrift für Volkskunde* 45 (2000), S. 73-135.

———: Hexenjustiz und Geschlecht. Die kurkölnischen Hexenprozesse des 16. und 17. Jahrhunderts in geschlechtergeschichtlicher Perspektive, in: *Rheinisch-westfälische Zeitschrift für Volkskunde* 47 (2002), S. 41-85.

———: Hexenverfolgung und Volkskatechese. Beobachtungen am Beispiel der gefürsteten Eifelgrafschaft Arensberg, in: *Rheinisch-Westfälische Zeitschrift für Volkskunde* 44 (1999), S. 95-142.

———: Prosopographie der kurkölnischen Zentralbehörden (Teil I). Die gelehrten rheinischen Räte 1550-1600, Studien und Karriereverläufe, soziale Verflechtungen, in: *Rheinische Vierteljahrsblätter* 66 (2002), S. 264-319; 67 (2003), S. 37-103.

HÖBELHEINRICH, Norbert: *Die „9 Städte" des Mainzer Oberstifts, ihre verfassungsmäßige Entwicklung und ihre Beteiligung am Bauernkrieg. 1346-1527*, Wiesbaden 1939.

HÜLLE, Werner: Art „Supplikation", in: *HRG*, Bd. 5, Berlin 1998, Sp. 91-92.

———: Das Supplikationswesen in Rechtssachen, in: *Zeitschrift der Savigny-Stiftung für Rechtsgeschichte* 90 (1973), S. 194-212.

IRSIGLER, Franz: Hexenverfolgungen vom 15. bis 17. Jahrhundert, in: FRANZ, G. /IRSIGLER, F. (Hg.), *Methoden und Konzepte der historischen Hexenforschung*, Trier 1998, S. 3-20.

———: Räumliche Aspekte in der historischen Hexenforschung, in: FRANZ, G.

/IRSIGLER, F. (Hg.), *Methoden und Konzepte der historischen Hexenforschung*, Trier 1998, S. 43-51.

ISELI, Andrea : *Gute Policey. Öffentliche Ordnung in der Frühen Neuzeit*, Stuttgart 2009.

JANSSEN, Franz Roman : *Kurtrier in seinen Ämtern vornehmlich im 16. Jahrhundert : Studien zur Entwicklung frühmoderner Staatlichkeit*, Bonn 1985.

JANSSEN, Wilhelm : Das Erzstift Köln in Westfalen, in : BERGHAUS, P./KASSEMEIER, S. (Hg.), *Köln-Westfalen 1180-1980. Landesgeschichte zwischen Rhein und Weser*, Münster 1980, S. 136-142.

――――: *Die Entwicklung des Territoriums Kurköln : Rheinisches Erzstift*, Bonn 2008.

JÜRGENSMEIER, Friedhelm : Kurmainz, in : SCHINDLING, A./ZIEGLER, W. (Hg.), *Die Territorien des Reichs im Zeitalter der Reformation und Konfessionalisierung. Land und Konfession 1500-1650*, Bd. 4 (Mitteleres Deutschland), Münster 1992, S. 60-97.

――――: Johann Philipp von Schönborn (1605-1673). Erzbischof- Kurfürst- Erzkanzler des Reiches, in : FELTEN, F. J. (Hg.), *Mainzer (Erz-)Bischöfe in ihrer Zeit*, Mainz 2008, S. 85-102.

KARST, Valentin : Die Kurmainzer Amtsstadt Dieburg im Dreißigjährigen Krieg, in : Magistrat der Stadt Dieburg (Hg.), *Dieburg. Beiträge zur Geschichte einer Stadt*, Dieburg 1977, S. 108-114.

――――: Die mittelalterliche Verfassung Dieburgs, in : Magistrat der Stadt Dieburg (Hg.), *Dieburg. Beiträge zur Geschichte einer Stadt*, Dieburg 1977, S. 49-56.

――――: Ein Dieburger Hexenprozeß von 1596, in : Magistrat der Stadt Dieburg (Hg.), *Dieburg. Beiträge zur Geschichte einer Stadt*, Dieburg 1977, S. 102-107.

KETTEL, Adolf : Kleriker im Hexenprozeß. Beispiel aus den Manderscheider Territorien und dem Trierer Land, in : FRANZ, G./IRSIGLER, F. (Hg.), *Methoden und Konzepte der historischen Hexenforschung*, Trier 1998, S. 169-191.

KIECKHEFER, Richard : *European Witch Trials. Their Foundation in Polular and Learned Culture 1300-1500*, Berkeley 1976.

KLUETING, Harm : Das kurkölnische Herzogtum Westfalen als geistliches Territorium im 16. und 18. Jahrhundert, in : DERS. (Hg.), *Das Herzogtum Westfalen Band 1 : Das kurkölnische Herzogtum Westfalen von den Anfängen der kölnischen Herrschaft im südlichen Westfalen bis zur Säkularisation 1803*, Münster 2009, S. 443-518.

KRISCHER, André : Neue Forschungen zur Kriminalitätsgeschichte, in : *ZHF* 33. Band, Heft 3 (2006), S. 387-415.

KRÜGER, Kersten : Policey zwischen Sozialregulierung und Solzialdisziplinierung, Reaktion und Aktion : Begriffsbildung durch Gerhard Oestreich 1972-1974, in : HÄRTER, K. (Hg.), *Policey und frühneuzeitliche Gesellschaft*, Frankfurt a. M. 2000, S. 107-119.

KUMPF, J. H. : Art. „Petition", in : *HRG*, Bd. 3, Berlin 1984, Sp. 1639-1646.

LABOUVIE, Eva : Hexenspuk und Hexenabwehr. Volksmagie und volkstümlicher Hexenglaube, in : DÜLMEN, R. van (Hg.), *Hexenwelten. Magie und Imagination vom 16.-20. Jahrhundert*, Frankfurt a. M. 1987, S. 49-93.

——— : *Zauberei und Hexenwerk. Ländlicher Hexenglaube in der frühen Neuzeit*, Frankfurt a. M. 1991.

LANDWEHR, Achim : Die Rhetorik der "Guten Policey", in : *ZHF* 30 (2003), S. 251-287.

——— : Policey vor Ort. Die Implementation von Policeyordnungen in der ländlichen Gesellschaft der Frühen Neuzeit, in : HÄRTER, K. (Hg.), *Policey und frühneuzeitliche Gesellschaft*, Frankfurt a. M. 2000, S. 47-70.

LANGBEIN, John H. : *Prosecuting Crime in the Renaissance. England, Germany, France*, Harvard University Press 1974.

LAUFS, Adolf : Art „Reichskammergericht", in : *HRG*, Bd. 4, Berlin 1990, Sp. 655-662.

LEVACK, Brian P. : *The witch-hunt in early modern Europe*, New York 1987.

LORENZ, A. : Hexenprozesse, in : *Aschaffenburger Geschichtsblätter* 1 (1908), S. 1-7.

LORENZ, Sönke : Der Hexenprozeß, in : DERS. (Hg.), *Wider alle Hexerei und Teufelswerk. Die europäische Hexenverfolgung und ihre Auswirkungen auf Südwestdeutschland*, Ostfildern 2004, S. 131-154.

——— : Die Rezeption der Cautio Criminalis in der Rechtswissenschaft zur Zeit der Hexenverfolgung, in : VAN OORSCHOT, T. G. M. (Hg.), *Friedrich Spee : Düsseldorfer Symposien zum 400. Geburtstag*, Bielefeld 1993, S. 130-153.

——— : Zur Spruchpraxis der Juristenfakultät Mainz in Hexenprozessen. Ein Beitrag zur Geschichte von Jurisprudenz und Hexenverfolgung, in : FRANZ, G./IRSIGLER, F. (Hg.), *Hexenglaube und Hexenprozesse im Raum Rhein-Mosel-Saar*, Trier 1995, S. 73-87.

LOREY, Elmar M. : *Heinrich der Werwolf. Eine Geschichte aus der Zeit der*

Hexenprozesse mit Dokumenten und Analysen, Frankfurt a. M. 1997.

LOTT, Arno : *Die Todesstrafen im Kurfürstentum Trier in der frühen Neuzeit*, Frankfurt a. M. 1998.

LÜDTKE, Alf : Herrschaft als soziale Praxis, in : DERS. (Hg.), *Herrschaft als soziale Praxis. Historische und sozialanthropologische Studien*, Göttingen 1991, S. 9–63.

MACFARLANE, Alan : *Witchcraft in Tudor and Stuart England. A regional and comparative study*, Routledge & Kegan Paul 1970.

MAIER, Hans : Polizei als politische Theorie zu Beginn der Frühneuzeit, in : BLICKLE, P. (Hg.), *Gute Policey als Politik im 16. Jahrhundert. Die Entstehung des öffentlichen Raumes in Oberdeutschland*, Frankfurt a. M. 2003, S. 569–179.

MARQUORDT, Gerhard : *Vier rheinische Prozeßordnungen aus dem 16. Jahrhundert (Mainzer Untergerichtsordnung von 1534, Trierer Untergerichtsordnung von 1537, Kölner Gerichtsordnung von 1537, Jülicher Ordnung und Reformation von 1555) : ein Beitrag zum Prozeßrecht der Rezeptionszeit*, Bonn 1938.

MAYER, Paul : Statistische Auswertung der Hexenprozeßakten von 1616 bis 1630 für die Stadt Miltenberg und die Cent Bürgstadt, in : KELLER, W. O. (Hg.) : *Hexer und Hexen in Miltenberg und in der Cent Bürgstadt. „Man soll sie dehnen, bis die Sonn' durch sie scheint!"*, Miltenberg 1989.

MIDELFORT, H. C. Erik : Geschichte der abendländischen Hexenverfolgung, in : LORENZ, S. (Hg.), *Wider alle Hexerei und Teufelswerk. Die europäische Hexenverfolgung und ihre Auswirkungen auf Südwestdeutschland*, Ostfildern 2004, S. 105–118.

——— : *Witch Hunting in Southwestern Germany 1562–1684*, Stanford 1972.

MOELLER, Katrin : *Dass Willkür über Recht ginge. Hexenverfolgung in Mecklenburg im 16. und 17. Jahrhundert*, Bielefeld 2007.

MOLITOR, Hansgeorg : Die Generalvisitation von 1569/70 als Quelle für die Geschichte der katholischen Reform im Erzbistum Trier, in : ZEEDEN, E. W. (Hg.), *Gegenreformation*, Darmstadt 1973, S. 155–174.

——— : Gegenreformation und kirchliche Erneuerung im niederen Erzstift Köln, in : FLINK, K. (Red.), *Kurköln, Land unter dem Krummstab. Essays und Dokumente*, Kevelaer 1985, S. 199–207.

——— : Kurtrier. in : SCHINDLING, A./ZIEGLER, W. (Hg.), *Die Territorien des Reichs*

im Zeitalter der Reformation und Konfessionalisierung. Land und Konfession 1500–1650, Bd. 5 (Der Südwesten), Münster 1993, S. 50–71.

MUCHEMBLED, Robert : *Kultur des Volks - Kultur der Eliten. Die Geschichte einer erfolgreichen Verdrängung*, Stuttgart 1978.

———— : Sorcellerie, culture populaire et christianisme au XVIe siècle, principalement en Flandre et en Artois, in : Annales *E. S. C.*, 1973, pp. 264–284（相良匡敏訳「一六世紀における魔術，民衆文化，キリスト教――フランドルとアルトワを中心に」二宮宏之・樺山紘一・福井憲彦編『魔女とシャリヴァリ（新装版）』藤原書店，2010年，39–77頁）.

MÜLLER, Hans : *Oberhof und neuzeitlicher Territorialstaat : dargestellt am Beispiel der drei rheinischen geistlichen Kurfürstentümer*, Aalen 1978.

NEUGEBAUER-WÖLK, Monika : Wege aus dem Dschungel. Betrachtungen zur Hexenforschung, in : *Geschichte und Gesellschaft* 29, H. 2 (2003), S. 316–347.

NEUHAUS, Hermut : *Reichstag und Supplikationsausschuß. Ein Beitrag zur Reichsverfassungsgeschichte der ersten Hälfte des 17.* Jahrhunderts, Berlin 1975.

———— : Supplikationen als landesgeschichtliche Quellen. Das Beispiel der Landgrafschaft Hessen im 16. Jahrhundert, in : *Hessisches Jahrbuch für Landesgeschichte* 28 (1978), S. 110–190; 29 (1979), S. 63–97.

NIKOLAY-PANTHER, Marlane : *Entstehung und Entwicklung der Landgemeinde im Trierer Raum*, Bonn 1976.

OESTMANN, Peter : *Hexenprozesse am Reichskammergericht*, Köln 1997.

OLSCHEWSKI, Dagmar : Zur Strafgerichtsbarkeit in Kurtrier in der Frühen Neuzeit, in : RUDOLPH, H./SCHNABEL-SCHÜLE, H. (Hg.), *Justiz = Justice = Justicia? Rahmenbedingungen von Strafjustiz im frühneuzeitlichen Europa*, Trier 2003, S. 397–416.

PELIZAEUS, Ludolf : *Vier Biographien aus den Dieburger Hexenprozessen von 1627 bis 1628*, Dieburg 2003.

PENNING, Wolf-Dietrich : *Die Weltlichen Zentralbehörden im Erzstift Köln von der ersten Hälfte des 15. bis zum Beginn des 17. Jahrhunderts*, Bonn 1977.

POHL, Herbert : Hexenverfolgungen im Kurfürstentum Mainz. Ein chronologischer Abriß, in : FRANZ, G./IRSIGLER, F. (Hg.), *Hexenglaube und Hexenprozesse im Raum Rhein-Mosel-Saar*, Trier 1995, S. 225–254.

———— : Kurfürst Johann Philipp von Schönborn (1647–1673) und das Ende der

Hexenprozesse im Kurfürstentum Mainz, in: LORENZ, S./BAUER, D. R. (Hg.), *Das Ende der Hexenverfolgung* (*Hexenforschung 1*), Stuttgart 1995, S. 19–36.

———: *Zauberglaube und Hexenangst im Kurfürstentum Mainz. Ein Beitrag zur Hexenfrage im 16. und beginnenden 17. Jahrhundert*, Stuttgart 1998.

REHSE, Brigit: *Die Supplikations- und Gnadenpraxis in Brandenburg-Preußen. Eine Untersuchung am Beispiel der Kurmark unter Friedrich Wilhelm II.* (*1786–1797*), Berlin 2008.

RESMINI, Bertram: Hexenprozesse im Amt St. Maximin im Spiegel der noch vorhandenen Verfahrensakten, in: *Jahrbuch für westdeutsche Landesgeschichte* 34 (2008), S. 209–355.

RITTER, Alexander: Hexenprozesse am hessischen Mittelrhein. Bisher unbeachtete Quellen aus Archiven in Hessen und Rheinland-Pfalz, in: *Jahrbuch für westdeutsche Landesgechichte* 32 (2006), S. 197–220.

ROBBINS, Rossell Hope: *The Encyclopedia of Witch & Demonology*, London 1959 (松田和也訳『悪魔学大全』青土社, 2009年).

RÖRIG, Fritz: *Die Entstehung der Landeshoheit der Trierer Erzbischofs zwischen Saar, Mosel und Ruwer und ihr Kampf mit den patrimonialen Gewalten: Anhang: Zur Entstehung des Agrarkommunismus der Gehöferschaften*, Lintz 1906.

ROTHOFF, Guido: Gerichtswesen und Rechtsordnungen, in: FLINK, K. (Red.), *Kurköln, Land unter dem Krummstab. Essays und Dokumente*, Kevelaer 1985, S. 257–264.

ROWLANDS, Alison, Rothenburg gegen Würzburg. Durchsetzung von Herrschaftsansprüchen im Hexenprozess der Margaretha Hörber, 1627, in: VOLTMER, R. (Hg.), *Hexenverfolgung und Herrschaftspraxis*, Trier 2005, S. 113–129.

———: Witchcraft and Gender in Early Modern Europe, in: LEVACK, B. P. (ed.), *The Oxford Handbook of Witchcraft in Early Modern Europe and Colonial America*, Oxford University Press 2013, pp. 449–467.

RUDOLPH, Friedrich: *Die Entwicklung der Landeshoheit in Kurtrier*, Trier 1905.

RUDOLPH, Harriet: *Eine gelinde Regierungsart. Peinliche Strafjustiz im geistlichen Territorium. Das Hochstift Osnabrück* (*1716–1803*), Konstanz 2000.

———: "Löblich und wol regiert"?: Strafjustiz in Kurköln in der frühen Neuzeit, in: IRSIGLER, F. (Hg.), *Zwischen Maas und Rhein. Beziehungen, Begegnungen und*

Konflikte in einem europäischen Kernraum von der Spätantike bis zum 19. Jahrhundert, Trier 2006, S. 199-221.

RUMMEL, Walter: *Bauern, Herren und Hexen. Studien zur Sozialgeschichte sponheimischer und kurtrierischer Hexenprozesse 1574-1664*, Göttingen 1991.

———: Exorbitantien und Ungerechtigkeiten. Skandalerfahrung und ordnungspolitische Motive im Abbruch der kurtrierischen und sponheimischen Hexenprozesse 1653/1660, in: LORENZ, S. (Hg.) *Das Ende der Hexenverfolgung*, Stuttgart 1995, S. 37-53.

———: Gutenberg, der Teufel und die Muttergottes von Eberhardtsklausen. Erste Hexenverfolgung im Trierer Land, in: BLAUERT, A. (Hg.), *Ketzer, Zauberer, Hexen. Die Anfänge der europäischen Hexenverfolgungen*, Frankfurt a. M. 1990, S. 91-117.

———: Phasen und Träger kurtrierischer und sponheimischer Hexenverfolgungen, in: FRANZ, G./IRSIGLER, F. (Hg.), *Hexenglaube und Hexenprozesse im Raum Rhein-Mosel-Saar*, Trier 1995, S. 256-331.

———: So mögte auch eine darzu kommen, so mich belädiget. Zur sozialen Motivation und Nutzung von Hexereianklagen, in: VOLTMER, R. (Hg.), *Hexenprozesse und Herrschaftspraxis*, Trier 2005, S. 205-228.

———: Soziale Dynamik und herrschaftliche Problematik der kurtrierischen Hexenverfolgungen. Das Beispiel der Stadt Cochem (1593-1595), in: *Geschichte und Gesellschaft* 16 (1999), S. 26-55.

RUMMEL, Walter/VOLTMER, Rita: *Hexen und Hexenverfolgung in der Frühen Neuzeit*, Darmstadt 2008.

SCHILLING, Heinz: Die deutsche Gemeinde Reformation. Ein oberdeutsch-zwinglianisches Ereignis vor der „reformatorischen Wende" des Jahres 1525? in: *ZHF* Bd. 14 (1987), S. 325-332.

———: Die Konfessionalisierung im Reich. Religiöser und gesellschaftlicher Wandel in Deutschland zwischen 1555 und 1620, in: *HZ* 246 (1988), S. 1-45.

SCHLUMBOHM, Jürgen: Gesetze, die nicht durchgesetzt werden: Ein Strukturmerkmal des frühneuzeitlichen Staates? in: *Geschichte und Gesellschaft* 23 (1997), S. 647-663.

SCHMIDT, Eberhard: *Einführung in die Geschichte der deutschen Strafrechtspflege*, Göttingen 1951.

SCHMIDT, Jürgen Michael : Ein politisches Ausrottungsprogramm? Kurpfalz, Kurmainz, St. Alban und die große Hexenverfolgung in Bodenheim 1612-1615, in : VOLTMER, R. (Hg.), *Hexenverfolgung und Herrschaftspraxis*, Trier 2005, S. 147-182.

SCHNABEL-SCHÜLE, Helga : Rechtssetzung, Rechtsanwendung und Rechtsnutzung. Recht als Ursache und Lösung von Konflikten, in : HÄBERLEIN, M. (Hg.), *Devianz, Widerstand und Herrschaftspraxis in der Vormoderne. Studien zu Konflikten im südwestdeutschen Raum (15.-18. Jahrhundert)*, Konstanz 1999, S. 293-315.

———— : Vierzig Jahre Konfessionalisierungsforschung - eine Standortbestimmung, in : FRIEß, P./KIEßLING, R. (Hg.), *Konfessionalisierung und Region*, Konstanz 1999, S. 23-40.

SCHNEIDER, Bernhard : Die Trierer Erzbischöfe im 17. und 18. Jahrhundert, in : DERS (Hg.), *Geschichte des Bistums Trier, Bd. 3 Kirchenreform und Konfessionsstaat 1500-1801*, Trier 2010, S. 76-101.

———— : Erzbistum Trier (ecclesia Trevirensis), in : BRODKORB, C./GATZ, E. /FLACHENECKER, H. (Hg.), *Die Bistümer des Heiligen Römischen Reiches von ihren Anfangen bis zur Säkularisation*, Freiburg 2004, S. 747-768.

SCHORMANN, Gerhard : *Der Krieg gegen die Hexen. Das Ausrottungsprogramm des Kurfürsten von Köln*, Göttingen 1991.

———— : Die Hexenprozesse im Kurfürstentum Köln, in : FRANZ, G./IRSIGLER, F. (Hg.), *Hexenglaube und Hexenprozesse im Raum Rhein-Mosel-Saar*, Trier 1995, S. 181-193.

———— : *Hexenprozesse in Deutschland*, Göttingen 1981.

SCHULZE, Winfried (Hg.) : Ego-Dokumente. Annäherung an den Menschen in der Geschichte, Berlin 1996.

SCHWERHOFF, Gerd : *Aktenkundig und gerichtsnotorisch. Einführung in die Historische Kriminalitätsforschung*, Tübingen, 1999.

———— : Das Kölner Supplikenwesen in der Frühen Neuzeit. Annäherungen an ein Kommunikationsmedium zwischen Untertanen und Obrigkeit, in : MÖLICH, G. /SCHWERHOFF, G. (Hg.), *Köln als Kommunikationszentrum. Studien zur frühneuzeitlichen Stadtgeschichte*, Köln 1999, S. 473-496.

———— : Hexerei, Geschlecht und Regionalgeschichte. Überlegungen zur Erklärung des

scheinbar Selbstverständlichen, in: WILBERTZ, G. u.a. (Hg.), *Hexenverfolgung und Regionalgeschichte. Die Grafschaft Lippe im Vergleich*, Bielefeld 1994, S. 325–353.

———: Kriminalitätsgeschichte im deutschen Sprachraum. Zum Profil eines "verspäteten" Forschungszweiges, in: BLAUERT, A./SCHWERHOFF, G. (Hg.), *Kriminalitätsgeschichte. Beiträge zur Sozial- und Kulturgeschichte der Vormoderne*, Konstanz 2000, S. 21–67.

SCHWINGES, Rainer C.: Zur Professionalisierung gelehrter Tätigkeit im deutschen Spätmittelalter, in: BOOCKMANN, H./GRENZMANN, L./MOELLER, B./STAEHELIN, M. (Hg.), *Recht und Verfassung im Übergang vom Mittelalter zur Neuzeit*, II. Teil, Göttingen 2001, S. 473–493.

SCRIBNER, R. W.: Communalism: Universal category or ideological construct? A debate in the historiography of early modern Germany and Switzerland, in: *The historical Journal* 37-1 (1994), pp. 199–207.

———: Communities and the Nature of Power, in: DERS. (Ed.), *Germany. A New Social and Economic History, Volume 1. 1450–1630*, New York 1996.

SELLERT, Wolfgang: Art „Nichtigkeitsklage/Nichtigkeitsbeschwerde", in: *HRG*, Bd. 3, Berlin 1984, Sp. 974–978.

SIEBEL, Friedrich Wilhelm: *Die Hexenverfolgung in Köln*, Bonn 1959.

SIMON, Thomas: Hofrat und Hofkammer in Kurköln. Funktionsprofil und Verwaltungsverständnis der Spitzenbehörden eines geistlichen Territoriums, in: ZEHNDER, F. G. (Hg.), *Im Wechselspiel der Kräfte. Politische Entwicklungen des 17. und 18. Jahrhunderts in Kurköln*, Köln 1999, S. 237–266.

SIMON, Thomas/KELLER, Markus: Kurköln, in: HÄRTER, K. (Hg.), *Deutsches Reich und geistliche Kurfürstentümer (Kurmainz, Kurköln, Kurtrier)*, Frankfurt a. M. 1996, S. 423–445.

SOLDAN, W. G./HEPPE, H: *Geschichte der Hexenprozesse. Neugearbeitet und herausgegeben von Max Bauer*, 3. Aufl., Hanau 1911.

SOMAN, Alfred: The Parlement of Paris and the Great Witch Hunt (1565–1640), in: *Sixteenth Century Journal* 9 (1978), pp. 30–44.

STADT AMORBACH (Hg.), *700 Jahre Stadt Amorbach 1253–1953*, Amorbach, 1953.

STEINER, J. W. C.: *Geschichte der Stadt Dieburg und Topographie der ehemaligen*

Centen und Ämter Umstadt, Babenhausen und Dieburg, Darmstadt 1829.

STIMMING, Manfred: *Die Wahlkapitulationen der Erzbischöfe und Kurfürsten von Mainz (1233-1788)*, Göttingen 1909.

STOLLEIS, Michael: Was bedeutet „Normdurchsetzung" bei Policeyordnungen der frühen Neuzeit?, in: HELMHOLZ, R. H./MIKAT, P./MÜLLER, J./STOLLEIS, M. (Hg.), *Grundlagen des Rechts. Festschrift für Peter Landau zum 65. Geburtstag*, Paderborn/München/Wien/Zürich 2000, S. 739-757（和田卓朗訳「初期近代〔＝近世〕のポリツァイ条令における「規範の現実的通用」とは何を意味するか」『大阪市立大学法学雑誌』第49号第２巻(2002)，332-365頁).

STORM, Monika: Das Herzogtum Westfalen, das Vest Recklinghausen und das rheinische Erzstift Köln: Kurköln in seinen Teilen, in: KLUETING, H. (Hg.), *Das Herzogtum Westfalen*, Aschendorff 2009, S. 343-362.

THOMAS, Keith: *Religion and the decline of Magic*, George Weidenfeld & Nicolson Ltd 1971（荒川正純訳『宗教と魔術の衰退』法政大学出版局，1993年).

TRUSEN, Winfried: Der Inquisitionsprozess. Seine historischen Grundlagen und frühen Formen, in: *Zeitschrift der Savigny-Stiftung für Rechtsgeschichte*, Kan. Abt. 105, 1998, S. 168-230.

Van REY, Manfred: Kurkölnische Münze- und Geldgeschichte im Überblick, in: FLINK, K. (Red.), Kurköln, *Land unter dem Krummstab. Essays und Dokumente*, Kevelaer 1985, S. 281-299.

VOLTMER, Rita: ...ce tant exécrable et détestable crime de sortilege. Der "Bürgerkrieg" gegen Hexen und Hexenmeister im Herzogtum Luxemburg (16. und 17. Jahrhundert), in: *Hémecht. Revue d'histoire Luxembourgeoise. Zeitschrift für Luxemburger Geschichte* 56 (2004), S. 54-92.

――――: Claudius Musiel oder die Karriere eines Hexenrichters. Auch ein Beitrag zur Sozialgeschichte des späten 16. Jahrhunderts, in: FRANZ, G./IRSIGLER, F. (Hg.), *Methoden und Konzepte der historischen Hexenforschung*, Trier 1998, S. 211-254.

――――: Dörfer vor Gericht. Ruwer und Eitelsbach während der großen Hexenverfolgung am Ende des 16. Jahrhunderts, in: KORDEL, M. (Hg.), *Ruwer und Eitelsbach. Zwei Dörfer im Spiegel ihrer Geschichte (Geschichte und Kultur des Trierer Landes. Band 2)*, Trier 2003, S. 95-167.

———— : Einleitung, in : VOLTMER, R./WEISENSTEIN, K. (Bearb.), *Das Hexenregister des Claudius Musiel. Ein Verzeichnis von hingerichteten und besagten Personen aus dem Trierer Land (1586–1594)*, Trier 1996, S. 9*–104*.

———— : „Gott ist tot und der Teufel ist jetzt Meister!" Hexenverfolgungen und dörfliche Krisen im Trierer Land des 16. und 17. Jahrhunderts, in : *Kurtrierisches Jahrbuch* 39 (1999), S. 175–223.

———— : Hexenjagd im Territorium der Reichsabtei St. Maximin (16.–17. Jahrhundert) : Zwei Untertanen-Supplikationen (1595/um 1630), in : REICHERT, W. / VOLTMER, R. (Hg.), *Quellen zur Geschichte des Rhein-Maas-Raumes : ein Lehr- und Lernbuch*, Trier 2006, S. 226–271.

———— : „Hört an neu schrecklich abentheuer / von den unholden ungeheuer". Zur multimedialen Vermittlung des Fahndungsbildes „Hexerei" im Kontext konfessioneller Polemik, in : HÄLTER, K. /SÄLTER, G. /WIEBEL, E. (Hg.), *Repräsentationen von Kriminalität und öffentlicher Sicherheit. Bilder, Vorstellung und Diskurse vom 16. bis zum 20. Jahrhundert*, Frankfurt a. M. 2010, S. 89–163.

———— : „Krieg, uffrohr und teuffelsgespenst". Das Erzbistum Trier und seine Bevölkerung während der Frühen Neuzeit, in : SCHNEIDER, B. (Hg.), *Geschichte des Bistums Trier, Bd. 3, Kirchenreform und Konfessionsstaat 1500–1801*, Trier 2010, S. 20–37.

———— : Kurtrier zwischen Auflösung und Konsolidierung (16.–18. Jahrhundert), in : SCHNEIDER, B. (Hg.), *Geschichte des Bistums Trier, Bd. 3, Kirchenreform und Konfessionsstaat 1500–1801*, Trier 2010, S. 38–54.

———— : Monopole, Ausschüsse, Formalparteien. Vorbereitung, Finanzierung und Manipulation von Hexenprozessen durch private Klagekonsortien, in : EIDEN, H. /VOLTMER, R. (Hg.), *Hexenprozesse und Gerichtspraxis*, Trier 2002, S. 5–67.

———— : Netzwerk, Denkkollektiv oder Dschungel? Moderne Hexenforschung zwischen "global history" und Regionalgeschichte, Populärhistorie und Grundlagenforschung, in : *ZHF* 34/3 (2007), S. 467–507.

———— : Reichskhündig exempel und wirtzbürgisch werck. Zur Dynamisierung von Hexenjagden, in : Historisches Museum der Pfalz Speyer (Ausstellungskatalog), *Hexen. Mythos und Wirklichkeit*, München 2009, S. 159–167.

VOLTMER, Rita/KOBAYASHI, Shigeko: Supplikationen und Hexereiverfahren im Westen des Alten Reichs. Stand und Perspektiven der Forschung, in: *Kurtrierisches Jahrbuch* 51 (2011), S. 247-269.

WALTER, Ferdinand: *Das alte Erzstift und die Reichsstadt Köln*, Bonn 1866.

WALZ, Rainer: Der Hexenwahn vor dem Hintergrund dörflicher Kommunikation, in: *Zeitschrift für Volkskunde*, Jg. 82 (1986), S. 1-18.

————: Dörfliche Hexereiverdächtigung und Obrigkeit, in: JEROUSCHEK, G. (Hg.), *Denunziation: historische und psychologische Aspekte*, Tübingen 1997, S. 80-98.

————: *Hexenglaube und magische Kommunikation im Dorf der frühen Neuzeit. Die Verfolgungen in der Grafschaft Lippe*, Paderborn 1993.

WEISENSTEIN, Karl: *Das kurtrierische Münz- und Geldwesen vom Beginn des 14. bis zum Ende des 16. Jahrhunderts. Auch ein Beitrag zur Geschichte des Rheinischen Münzvereins*, Koblenz 1995.

WEIß, Elmer: Die Hexenverfolgungen in der mainzischen Zent Buchen, in: TRUNK, R./BOSCH, H./LEHRER, K. (Hg.), *700 Jahre Stadt Buchen. Beiträge zur Stadtgeschichte*, Buchen/Odenwald 1980, S. 117-131.

————: Erzstift Mainz, in: LORENZ, S. (Hg.), *Wider alle Hexerei und Teufelswerk. Die europäische Hexenverfolgung und ihre Auswirkungen auf Südwestdeutschland*, Ostfildern 2004, S. 339-354.

WUNDER, Heide: Hexenprozesse und Gemeinde, in: WILBERTZ, G. u. a. (Hg.), *Hexenverfolgung und Regionalgeschichte. Die Grafschaft Lippe im Vergleich*, Bielefeld 1994, S. 61-70.

WÜRGLER, Andreas: Bitten und Begehren. Suppliken und Gravamina in der deutschsprachigen Frühneuzeitforschung, in: NUBOLA, C./WÜRGLER, A. (Hg.), *Bittschriften und Gravamina. Politik, Verwaltung und Justiz in Europa (14.-18. Jahrhundert)*, Berlin 2005, S. 17-52.

————: Humble Petitions and Social Conflicts in Early Modern Central Europe, in: *Petitions in Social History. International Review of Social History* 46 (2001), S. 11-34.

ZAGOLLA, Robert: *Folter und Hexenprozess. Die strafrechtliche Spruchpraxis der Juristenfakultät Rostock im 17. Jahrhundert*, Bielefeld 2007.

阿部謹也『西洋中世の罪と罰——亡霊の社会史』弘文堂，1989年。

――――『中世の星の下で』影書房，1983年。

池田利昭「中世後期・近世ドイツの犯罪史研究と「公的刑法の成立」――近年の動向から」『史学雑誌』第114編第9号（2005），60-84頁。

――――『中世後期ドイツの犯罪と刑罰――ニュルンベルクの暴力紛争を中心に』北海道大学出版会，2010年。

石井洋二郎『差異と欲望――ブルデュー『ディスタンクシオン』を読む』藤原書店，1993年。

井上正美「十六・十七世紀魔女裁判研究への視角」『立命館文學』442・443号（1982），643-686頁。

――――「トレヴァー＝ローパー「魔女－熱狂」論の検討――魔女裁判研究の覚書」『立命館文學』400～402号(1978)，718-739頁。

ウェーバー，マックス著，世良晃四郎訳『支配の社会学Ⅰ』創文社，1960年。

――――世良晃四郎訳『支配の諸類型』創文社，1970年。

上山安敏『魔女とキリスト教――ヨーロッパ学再考』人文書院，1993年。

上山安敏・牟田和男編『魔女狩りと悪魔学』人文書院，1997年。

エストライヒ，ゲルハルト著，成瀬治編訳『伝統社会と近代国家』岩波書店，1982年。

――――阪口修平・千葉徳夫・山内進訳『近代国家の覚醒――新ストア主義，身分制，ポリツァイ』創文社，1993年。

踊共二「宗派化論――ヨーロッパ近世史のキーコンセプト」『武蔵大学人文学会雑誌』第42巻第3・4号（2010），109-158頁。

勝田有恒・森征一・山内進編著『概説西洋法制史』ミネルヴァ書房，2004年。

黒川正剛『魔女とメランコリー』新評論，2012年。

小林繁子「通告としての請願――近世マインツ選帝侯領の魔女裁判事例から」『ドイツ研究』第49号（2015），78-90頁。

佐久間弘展「ドイツ中近世史におけるポリツァイ研究の新動向」『比較都市史研究』第25号第1巻（2006），57-70頁。

櫻井利夫『中世ドイツの領邦国家と城塞』創文社，2000年。

神寶秀夫『近世ドイツ絶対主義の構造』創文社，1994年。

――――「ドイツ領邦絶対主義形成過程における中間的諸権力――領邦都市マインツの場合」『史淵』第137号（2000），141-157頁；第138号（2001），145-179頁；第139号（2002），117-142頁；第140号（2003），195-236頁。

高津秀之「ベッドブルク狼男事件の衝撃――宗教改革期における想像力と社会」『多元文化（早稲田大学多元文化学会）』第1号（2012），1-12頁。

田島篤史「15世紀における『魔女への鉄槌』の受容――シュパイアーの印刷・出版業者ペーター・ドラッハの会計簿の分析を通じて」『歴史家協会年報』第7号（2011），1-17頁。

塚本栄美子「ドイツ宗教改革の浸透と臣民形成――「信仰統一化」をめぐる研究動向を中心に」『待兼山論叢』27号（1993），83-106頁。

辻泰一郎「ポリツァイ条令立法史研究の歩みを振り返って」『明治学院法学研究』第98号（2015），1-61頁。

デーヴィス，ナタリー・ゼーモン著，成瀬駒男・宮下史朗訳『古文書の中のフィクション――16世紀フランスの恩赦嘆願の物語』平凡社，1990年。

トレヴァー＝ローパー，H. R. 著，小川晃一・石坂昭雄・荒木俊夫訳『宗教改革と社会変動』未来社，1978年。

永田諒一『ドイツ近世の社会と教会――宗教改革と信仰派対立の時代』ミネルヴァ書房，2000年。

成瀬治・山田欣吾・木村靖二編『世界歴史大系　ドイツ史1』山川出版社，1997年。

庭山英雄『自由心証主義――その歴史と理論』学陽書房，1978年。

バートレット，ロバート著，竜嵜喜助訳『中世の神判――火審・水審・決闘』尚学社，1993年。

波多野敏「ボダンの悪魔学と魔女裁判」上山安敏・牟田和男編『魔女狩りと悪魔学』人文書院，1997年，185-212頁。

バッシュビッツ，クルト著，川端豊彦・坂井洲二訳『魔女と魔女裁判――集団妄想の歴史』法政大学出版局，1970年。

服部良久『アルプスの農民紛争――中・近世の地域公共性と国家』京都大学学術出版会，2009年。

――――「中・近世ドイツ農村社会の武装・暴力・秩序」前川和也編『コミュニケーションの社会史』ミネルヴァ書房，2001年，381-408頁。

塙浩訳「カルル五世刑事裁判令（カロリナ）」『神戸法学雑誌』第18巻第2号（1968），210-299頁。

浜林正夫・井上正美『魔女狩り』教育社，1986年。

浜林正夫『魔女の社会史』未来社，1985年。

林毅『西洋中世自治都市と都市法』敬文堂，1991年。

――――『ドイツ中世都市と都市法』創文社，1980年。

――――『ドイツ中世自治都市の諸問題』敬文堂，1997年。

日置雅子「ドイツ・トリアー選帝侯領における近代の魔女迫害――Dr.D・フラーデに対する魔女裁判と“Reichskhündig Exempel”としてのトリアー」『愛知県立大学外国語学部紀要（地域研究・国際学編）』第38号（2006），81-106頁；第39号（2007），99-124頁；第40号（2008），43-61頁。

平野隆文『魔女の法廷――ルネサンス・デモノロジーへの誘い』岩波書店，2004年。

藤本幸二「中近世ドイツにおける証拠法の変遷について――カロリーナ刑事法典における法定証拠主義を中心として」『一橋論叢』第125巻第１号（2001），69-86頁。

福田真希「フランスにおける魔女と国家――魔女裁判と悪魔学における「近代性」」『思想』第1054号（2012），30-47頁。

――――『赦すことと罰すること――恩赦のフランス法制史』名古屋大学出版会，2014年。

ブルデュー，ピエール著，石井洋二郎訳『ディスタンクシオンⅠ・Ⅱ』藤原書店，1990年。

マクファーレン，アラン著，酒田利夫訳『イギリス個人主義の起源――家族・財産・社会変化』リブロポート，1990年。

松本尚子「近世ドイツの治安イメージとポリツァイ――廷吏から治安部隊へ」林田敏子・大日方純夫編『ヨーロッパの探求13　警察』ミネルヴァ書房，2012年，17-70頁。

――――「ドイツ近世の国制と公法――帝国・ポリツァイ・法学」『法制史研究』第48号（1998），186-194頁。

ミシュレ，ジュール著，篠田浩一郎訳『魔女（上）（下）』岩波書店，1983年。

ミッタイス，ハインリヒ著，世良晃志郎訳『ドイツ法制史概説』創文社，1971年。

宮島喬『文化的再生産の社会学――ブルデュー理論からの展開』藤原書店，1994年。

牟田和男「魔女狩り積極派と批判派の抗争――東南ドイツの魔女裁判」上山安敏・牟田和男編『魔女狩りと悪魔学』人文書院，1997年，119-150頁。

――――「魔女狩りの研究史と現状」上山安敏・牟田和男編『魔女狩りと悪魔学』人文書院，1997年，315-345頁。

――――「魔女狩りは女性迫害だったのか」上山安敏・牟田和男編『魔女狩りと悪魔学』人文書院，1997年，283-314頁。

――――『魔女裁判――魔術と民衆のドイツ史』吉川弘文館，2000年。

――――「村の魔女狩り――民衆司法のメカニズム」上山安敏・牟田和男編『魔女狩りと悪魔学』人文書院，1997年，213-246頁。

森島恒雄『魔女狩り』岩波書店，1970年。

ライプニッツ，ゴットフリート・ヴィルヘルム著，佐々木能章訳『宗教哲学：弁神論』工作社，1990年。

若曽根健治『中世ドイツの刑事裁判――その生成と展開』多賀出版，1998年。